领导力与
职业生涯反思

[荷] 曼弗雷德·凯茨·德·弗里斯 著
(Manfred F.R.Kets de Vries)
丁丹 译

REFLECTIONS
ON LEADERSHIP
AND
CAREER
DEVELOPMENT

人民东方出版传媒
People's Oriental Publishing & Media
东方出版社
The Oriental Press

图书在版编目（CIP）数据

领导力与职业生涯反思 / (荷) 弗里斯 著；丁丹 译. —北京：东方出版社，2015.6
（曼弗雷德经典管理思想文库）
书名原文: reflections on leadership and career development
ISBN 978-7-5060-8300-3

Ⅰ．①领… Ⅱ．①弗… ②丁… Ⅲ．①企业领导学 Ⅳ．①F272.91

中国版本图书馆CIP数据核字（2015）第154202号

领导力与职业生涯反思
（LINGDAOLI YU ZHIYE SHENGYA FANSI）

作　　者：［荷］曼弗雷德·凯茨·德·弗里斯
译　　者：丁　丹
责任编辑：崔雁行　刘晋苏
出　　版：东方出版社
发　　行：人民东方出版传媒有限公司
地　　址：北京市东城区东四十条113号
邮政编码：100007
印　　刷：三河市中晟雅豪印务有限公司
版　　次：2016年7月第1版
印　　次：2017年9月第2次印刷
开　　本：880毫米×1230毫米 1/32
印　　张：10
字　　数：195千字
书　　号：ISBN 978-7-5060-8300-3
定　　价：49.90元
发行电话：（010）85924663　85924644　85924641

REFLECTIONS
ON LEADERSHIP AND CAREER DEVELOPMENT

谨以此书献给 Elisabet，

她知道耐心是智慧的良伴。

随曼弗雷德·凯茨·德·弗里斯
进行精神分析

曼弗雷德·凯茨·德·弗里斯从临床视角研究组织领导力长达 40 年，逐渐成为该领域的领军人物。《随曼弗雷德·凯茨·德·弗里斯进行精神分析》（*On the Couch with Manfred Kets de Vries*）概述了他这期间的工作成果。

《随曼弗雷德·凯茨·德·弗里斯进行精神分析》是一套三卷本丛书，收录的是凯茨·德·弗里斯发表在各类期刊杂志上的领导力文章和论文。这些文章和论文经过筛选，代表性强，主要涉及三大主题：全球化背景下的性格与领导力、生涯发展、组织中的领导力。最初的论文都写于或发表于 1976—2008 年期间。这些文章和论文，经过作者的更新和修改，代表着当今世界最有影响力的一位管理思想家的工作摘要。

已出版

《性格与领导力反思》
Reflections on Character and Leadership
《领导力与职业生涯反思》
Reflections on Leadership and Career Development
《组织的反思》*Reflections on Groups and Organizations*

目录

REFLECTIONS

ON LEADERSHIP AND CAREER DEVELOPMENT

第 1 章

自恋与领导力

//007

如果有哪个人格特质最适合大多数领导者，那就是自恋。弗洛伊德说："领导者自己需要只爱自己，他也许生性专横，绝对地自恋、自信、独立。"科恩伯格说："在强烈的权力需要和威信需要的驱动下，具有自恋型人格的人会千方百计往上爬；做一把手的人，很多都具有'自恋型人格'。'成为领导者'这一欲望背后的驱动力，往往是自恋。"

真正有效的领导者知道如何运用简单的语言，让自己的信息容易让人理解。我们可以看到政治领袖的演讲如何鼓动听众，比如，温斯顿·丘吉尔的"我能奉献的没有其他，只有热血、辛劳、眼泪与汗水"，约翰·肯尼迪的"不要问你的祖国能为你做什么，问问你能为你的祖国做什么"。

长期在共谋氛围下工作的经理人，经常出现压力症状，比如，最常见的有抑郁、失眠、易怒、发脾气、身心疾病（例如，胃病、头痛、溃疡）。更糟的是，有些经理人也许陷入共谋关系无法自拔，搞得组织人心惶惶、绩效下降。然而，很难说清共谋关系中谁是主犯，或者说谁是受害者、谁是加害者，因为双方都在用对方满足自己无意识的需要。

当孩子在屋子里玩耍时，体贴的母亲一直在听着孩子弄出的声响。与孩子需要呼应得好的母亲，十分擅长从大量正常噪音里听出遇难信号。当她们的"第三只耳朵"（这个器官不仅要用感官，而且要用共情、直觉和理解力）听到异常声响（也许意味着危险），她们会立即行动起来实施营救。

第 2 篇
领导力与人格　//087

引言　//089

普京，俄罗斯公司的 CEO：遗赠和未来

大多数俄罗斯人把经济迅速好转归功于普京及其政策。然而，真相要复杂得多。是的，在普京任职期间，俄罗斯发展迅速。但是根据某些专家的说法，如果能源价格保持在 1999 年的水平，俄罗斯经济在普京的领导之下实际上收缩了。如果拿俄罗斯公司的 CEO 与俄罗斯真实公司的 CEO 比较，普京的业绩看起来非常一般。

具有某种情结的经理人

某些父母喜欢给孩子定性，这一倾向也会促使孩子形成某种情结。有的父母经常不经意地发出孩子是喜怒无常的、没有吸引力的、懒惰的、固执的或者笨手笨脚的信号，他们不知道这些信号有多强的破坏力。这种父母的孩子，多数在长大之后发觉很难揭下孩提时代心目中无所不能且无所不知的父母给自己贴上的标签。这种事情在企业世家中特别常见。

第 7 章

领导原型：经理人角色阵
//143

在研究领导原型的过程中，我用一种不同于别人的方式看领导力——站在真实组织的战略制高点观察真实的领导者。我的目的是，帮助经理人看到并理解其工作行为与其根深蒂固的性格特质之间的连续性。领导者的态度和人际风格是其内心剧场（包括人生早期与权威人物的关系）、重大人生经历、其他经理人所树榜样和正式领导力培训共同作用的结果。

第 3 篇

领导力与生涯发展 //185

引言 //187

第 8 章

中年——世界停一下，
我要下车
//190

根据荣格的说法，中年过渡期从 35 岁左右开始，持续数年，具体持续时间因人而异。进入这个所谓的人生全盛期，我们可能会面临巨大的压力，因为在这个时期，我们的责任最重。男女都会经历一段时间的骚动不安，也就是所谓的更年期综合征。各种神经质症状和身心疾病纷纷出现。中年是离婚、疾病、猝死的高发时期。

第 9 章

CEO 生命周期

//216

每个人都有一个根深蒂固的愿望：自己可以长生不老。意识到自己必须放弃权力，这一愿望就会破灭。那种把公司当作成功的象征和自我的延续的CEO，往往特别难放手。对长期习惯了握有大权的人来说，交出权力相当于判死刑，所以他们避而不谈这个话题，下属和董事会成员往往被迫也避而不谈这个话题。

第 10 章

退休综合征：放手心理学

//236

高级经理人如果过了最佳状态期后还牢牢抓住权力不放，不仅会让组织付出高昂的代价，而且会给个人造成很坏的影响——让高级经理人脱离实际，生活品质下降，自己和下属反应歪曲，陷入孤独，过度看重外部成功象征而非内心祥和安宁。我们不该忘记，当遗憾代替梦想，当我们放弃理想，我们才是真正地变老。

引言

自传只有在揭露丑事之时才是可信的，把自己说得非常好的人极有可能在撒谎，因为任何人的人生，从内部审视的话，都不过是一连串失败。

——乔治·奥威尔

我写小说，别人说我写的是自传；我写自传，别人说我写的是小说。既然我这么愚蠢，他们这么聪明，那么就让他们决定我写的是什么或者不是什么吧。

——菲利普·罗斯

我认为，任何人都不该在生前立传。

——塞缪尔·戈尔德温

本书的几大主题，领导者—追随者关系、领导原型、俄罗斯之谜以及我们所有人步入中年后都会面临的挑战，很多我都有切身体会。总结我30多年以来的工作，勾起了我的很多回忆。这些回忆，有的久远，有的崭新。正是这些回忆告诉我，我对这些主题感兴趣。

恃强凌弱者和自恋者

我最早的回忆之一是，小时候有一次，我迷路了。不过，因为我当时还很小，所以我不知道，是我真的迷路过，还是我把母亲讲过多次的故事套在了自己身上。这个回忆有可能是"植入的"，尽管如此，在我的心目中，它是我的亲身经历。

我出生在一个名叫豪森（Huizen）的小镇，之后在那里生活了11年。豪森在荷兰中部的一个大湖泊须德海（Zuiderzee）——现在的艾瑟尔湖（Ijsselmeer）——旁边，那里有很多人还穿传统服装，女子戴帽檐很宽的白帽子，男子穿一身黑衣，看起来像乌鸦。镇周围是一望无际的草原，牛羊散养其间。有一天，据说是，我跟表弟一起闲逛，然后迷路了。妈妈发现我不见了，十分慌张，于是去找镇政府。在那个年代，如果有重要事情或紧急情况（比如，两个小男孩失踪）要通知，镇政府就会派一个人带上摇铃骑自行车四处喊话。通过这种方式，全镇人都知道有两个小男孩失踪了。最终，人们找到了我们俩。当时，我正站在一条小沟旁边，忙着把石头扔向沟对面一头越来越狂躁的牛。我到现在还闹不清楚，是牛先发狂然后我想把牛赶走呢，还是我先激怒了牛？也许是后者。我不记得我为什么要拿石头打牛。幸运的是，一个农民如天降神兵及时赶到，救了我们，避免了一场灾难。随后的很多年，母亲不断对我提起这个故事，她认为这个故事反映了我对权威和"恃强凌弱者"的态度——反感、反抗。

做探险家

有些东西从未改变。整个一生，我都富有冒险精神。孩提时代，我总想做探险家——我想去非洲中部或亚马孙的丛林，我想去撒哈拉或外蒙古的沙漠，我想攀登亚洲或加拿大的高山，我想去北极。野外一直在召唤我。第二次世界大战期间，我家从镇中心搬到乡下，这让我有机会实践我的冒险精神。乡下实在太好玩了！闲暇之时，我非常喜欢捉鸟捕鱼、逗猫弄狗。幸运的是，我家邻居养了很多小动物，有乌龟、鸭、鸡、火鸡、鸽子、兔子、狗和猫，都散养在院子里。不过，最威风的动物是鹅，它们如果感受到威胁，就会仰起脖子，"嘎嘎"叫唤，追着啄我。所有这些动物都进驻了我的内心世界。我在灌木丛、树林、草场玩耍，想象自己在探险，鹅神奇地变成了野牛、猫变成了狮子、梭子鱼变成了水虎鱼和鲨鱼。后来，我家搬到北海（North Sea）附近的一所公寓，我仍然喜欢户外活动。海滩是更惊险刺激的游乐场。

为了满足自己的探险欲，除了去户外玩耍，我还读德国探险小说家卡尔·麦（Karl May）的小说。特别是，读他的小说，我想象自己到了美国西部。根据他的描述，美国西部是一个危险的地方，那里住着牛仔和印第安人。他笔下睿智的阿帕奇酋长温尼图、温尼图的白人兄弟老沙特汉德，让我十分着迷。除了卡尔·麦那些令人战栗、引人怀旧的小说外，我还看埃尔热（Herge）的连环画《丁丁历险记》。《丁丁历险记》是一位年轻的比利时记者在世界各地（包括太空）的游记。为了进一步满足我（越来越强烈）的探险欲，我还看马尔屯·图恩德（Marten Toonder）的连环画 Tom Puss 和 Oliver B.Bumble（荷兰语分别是 "Tom Poes" 和 "Olivier B.Bommel"）。Tom Puss 是一只长着人脸的猫，Oliver B.Bumble 是一头长着人脸的熊。另外，我还看漫画家汉斯·克雷瑟（Hans Kresse）的 *Eric de Noorman*（荷兰语是"Eric de Norseman"）。他笔下的北欧海盗船游记，历史韵味浓厚，让我着迷不已。我还清楚地记得他为了支持正义而进行的多次探险。他到过俄罗斯、中国、蒙古、不列颠、北美，甚至传说中沉没于大西洋的岛屿亚特兰蒂斯。我记住了这些探险，并且在树林、灌木丛、海滩上用各种想象游戏把它们表演出来。

进入大学后，我迷上了俄罗斯小说家和剧作家，最初发现的是伊万·屠格涅夫。他的《猎人笔记》是一部短篇故事集，根据作者在母亲的庄园打猎期间所见所闻改编而成。我爱那本书，它满足了我对野外的向往。在那本书中，屠格涅夫还描述了农民遭受的苦难以及压迫剥削农民的不公平的社会制度。当时，荷兰一出版商把所有俄罗斯经典著作都翻译成了荷兰语出版，整套我都订阅了。这样，我发现了其他俄罗斯作家，像亚历山大·普希金、米哈伊尔·莱蒙托夫、尼古拉·果戈理、伊万·亚历山德罗维奇·冈察洛夫、列夫·托尔斯泰、安东·契诃夫、费奥多尔·陀思妥耶夫斯基和亚历山大·索尔仁尼琴。所以，毫不奇怪的是，我之后一直都对俄罗斯感兴趣。

悲哀的是，长大成人后，我认识到可供探索的东西并没剩下多少。尽管如此，我仍然像孩提时代心目中的英雄一样，去陌生的地方探险，途中还经常爬爬山、钓钓鱼或者打打猎。俄罗斯联邦开放后，我是第一批进入俄罗斯旅游的西方人之一。我喜欢到俄罗斯的荒蛮之地探险，从堪察加到西伯利亚，再到阿尔泰高地。我还去过一些苏联加盟共和国，像塔吉克斯坦、哈萨克斯坦和吉尔吉斯斯坦。我非常喜欢去没人去过的地方。

为了满足我的人类学研究欲，每到一个陌生的地方探险，我都尽量去熟悉当地的土著居民。我没有接受过任何人类学研究专业训练，只是知道了解一个群体的最好方式就是与之相处一段时间。在北极圈，我与因纽特人相处过一段时间；在亚马孙，我与印第安人相处过一段时间，我依靠他们的特殊技能找到了回去的路。与这些人相处，我懂得了谦虚，因为我意识到，在他们所处的自然环境中，他们是多么见多识广。与这些人相处，我还学会了欣赏朴素的东西，这能很好地矫正我在巴黎市中心的奢华生活。

在探险途中，我偶尔遇到过非常恐怖的事情，不过，那些事情往往非常刺激。一次是在阿拉斯加半岛，一天清早，一头饥饿的科迪亚克熊企图进入我的帐篷。这是值得一提的事故。另外一次是在同一地区，我跟着一位向导爬山，想找我远远在山顶看到过的两头熊。我们追随着它们的足迹往上爬，离它们越来越近，直到看见它们就在离我们不远的地方并排躺在一起。这个时候，我突然想到，现在是熊的交配季节。我想拍张照片，于是去拿背包里的相机。一头熊察觉到我的动作，径直朝我奔来。我丢掉相机，抓紧枪，正打算射击。这时，我身边的向导站了起来，挥动手臂让自己尽可能显得高大，朝那头熊大嚷大叫。那头熊害怕地停下脚步，在距离我们不到十米的地方转身离开了。

还有一次，我跨越塔阿边界，打扮得像个苏联士兵。这是进入阿富汗的唯一方式，因为当时苏联与阿富汗的战争正处于白热化阶段，附近山区炮火连天。我永远不会忘记，我的向导说我们"сумасшедший"，意思是"疯了"——当时我们正在攀爬一座陡峭的悬崖，我从来没有见过那么陡峭的悬崖。我们不仅有摔断脖子的危险，也有被游击队发现的危险——不知道他们发现我们之后会拿我们的脖子怎么办。我们乘坐一辆吉普车回塔吉克斯坦，沿着一条河道夜行，前方突然亮起四道刺眼的灯光——苏联坦克。我们没有被射成碎片，真是太幸运了。

　　这些故事很大程度上说明了我对独立自主和人身安全的态度。我从来没有失去过探索、尝试、挑战和质疑的冲动。工作中，当我努力打造更好的团队或者组织时，有些人说我是"行政大臣"，因为我对所有人提问，不管其职位如何。不过，我这样做的时候没有丝毫恶意（至少我希望如此）。

　　整个一生，反抗精神和冒险精神都不可避免地影响了我对各种领导者—追随者关系的处理。我们都是领导者和追随者，不管我们处于什么领域，社交也好、学习也罢，工作也好、家庭也罢。尽管学术机构不是最简单的一类组织，但是它们是我学习和工作的地方，是我在学习和工作中理解领导者—追随者关系的地方。我在阿姆斯特丹大学、哈佛大学、蒙特利尔大学待过，开始当学生，后来做教授，面对各种各样的院长。作为追随者，我有时必须小心翼翼地与领导者共舞。当然，和其他人一样，我与领导者共舞的方式，起源于我与父母的相处方式。正如我说过的那样，我对权威的反抗、对独立的需要在我人生很早时期就形成了。它们让我知道原来我对企业家精神感兴趣，它们给我指明了发展方向，让我成为精神分析师、教授、顾问，以及飞钓渔人和猎人。

　　然而，我对领导力的最早印象也有灰暗的一面，这面灰暗的印象主要源自我对纳粹占领荷兰时期的生活的模糊回忆，以及我听来的一些有关纳粹党在荷兰的所作所为。这里，我一定继承了我的家族（特别是我的母亲）对恃强凌弱者的反抗精神。第二次世界大战期间，我的外祖父收容了一批犹太人以及其他遭纳粹迫害的人。外祖父是个优秀的木匠，在房子里做了双层墙，制造出一个绝佳的藏匿之地。入口在一块地毯下面。前前后后总共有20人藏在他的房子里，包括一个跟着姐姐从波兰一直走到荷兰的12岁男孩。战争期间，食物配给受到严格管控，在这种背景下，对我的父母来说，养活那些"并不存在的"人，是一项艰巨的任务。

可以理解的是，因为不能去房子外面，那些躲在我家的人（包括我的祖父母，他们是犹太人）都过得非常无聊，于是对我过分关注，经常对我做的事情大惊小怪。藏人非常危险，极有可能被发现。最有可能的惩罚是死在集中营。小孩子是非常容易说错话做错事的。尽管记得不大清楚，但是我敢肯定，大人们一定嘱咐过我，别把藏人的事情说出去。但是，我确实记得，我的母亲是那么的机智勇敢（她生在德国，讲一口流利的德语）。当纳粹警察来我家盘查时，她能够冷静灵活地应对。我还确实记得，她把我的父亲从一个过渡营（关进死亡营之前的暂时拘留地）弄出来的英勇事迹。1944年的冬天非常残酷，荷兰弹尽粮绝，一切都被德国榨干了。我的母亲多次与她的姐姐一起骑着轮胎结实的自行车，去乡下与农民换食物。现在，我的母亲、我的外祖父母以及其他很多人一起被封为"国际义人"（righteous Gentiles，甘冒生命危险拯救犹太人免遭屠杀的非犹太人），名字被刻在了华盛顿大屠杀纪念博物馆的纪念碑上。

如果说早期童年经历告诉了我很多有关领导者—追随者关系的灰暗面，我也很快意识到自恋的很多方面。和很多小男孩（以及成年人）一样，我喜欢吸引别人的注意。我发现了一个给人留下深刻印象的好办法。那段时间，附近的男孩喜欢玩一个游戏：从树上跳下，看谁勇敢。我和哥哥下决心打败其他男孩。我们院子里有一棵很高的针叶松，有很多位置很好的枝丫，从那些枝丫跳下，不会受伤，而且非常刺激。从树上跳下，最糟糕的情况莫过于严重刮伤，但是真的很刺激，刮伤也值得。更妙的是，除了我的哥哥以外，没人敢这样做。我还记得，我的祖父有次碰巧看到我们这样做时，被吓了一大跳。通过这种游戏来吸引别人的注意，从本质上来说是无害的，属于健康的自恋。长大之后进入社会，我见识了自恋的另外一个极端：有害的自恋。

生涯发展

当我渐渐长大，看着身边的人渐渐变老，我对成年之后的生涯发展越来越感兴趣。在我开始教书的时候，已经有很多关于人生早期阶段的书和文章，首屈一指的是西格蒙德·弗洛伊德的《性学三论》。这部著作奠定了基础，但是成年之后的生涯发展呢？那个时候，个体发展领域的泰斗之一埃里克·埃里克森（Erick Erikson）正在哈佛大学讲这门课。我有幸选上了这门最受欢迎的课。见过他之后，我对他的研究产生了兴趣。我记得，一次在纽约，我陪埃里克森坐在出租车上。同行的还有一位好朋友兼好同事——Sudhir Kakar，他现在是位一流的学者和精神分析师。我们刚参加完一场庆典，主办方是国际精神分析协会（International Psychoanalytic Association），庆典是为了给埃里克森颁奖，因为他在个体发展领域做出了巨大贡献。司机像个疯子，把车开得飞快，冲路上的所有"白痴"大嚷大叫，对那些"白痴"评头论足。途中，他问我们是否知道人们的生活动力是什么？这个问题显然十分夸张，导致我们面面相觑。看到我们这种反应，他给我们所有人（包括人类行为学领域的泰斗）上了一堂有关人类心理学的课。当时真是太滑稽了，令人难忘。

讽刺的是，我在远远不到退休年龄的那个时候，写了一些有关退休的文章（本书最后一部分就是根据这些文章改编的）。现在，我很快就要退休了，为了写这本书，我回顾了那些文章，发现自己竟然不想做什么改动，这真让我吃惊。我相信，我之所以在那个距离我退休还很远的时候冲动地写出一些有关退休的文章，是因为我感受到了我的父亲在被迫退休之后的闷闷不乐和茫然若失。

我的父亲在16岁时进入了阿姆斯特丹的一家家族公司，之后就一直在那里工作。"二战"过后，那家公司的所有人去世，临终前把他的妻子儿女和公司托付给父亲，父亲答应了。之后，父亲努力拓展业务，在这一过程中让那个人的妻子儿女富了起来。后来，那个人的孩子们长大了，不幸的是，他们当中没有一个人具有我父亲那样的企业家精神和经商能力。在那家公司，我父亲的薪水一直不错，但从未得到股份（父亲也没要过）。父亲在65岁时被人排挤出来——那个人的一个女婿（最有能力的一个晚辈）想做董事长。对父亲来说，这一职位变动是一场灾难，因为就像很多企业家一样，公司就是他的生命。最有趣的是，在我的父亲退出后，那家人出现了内讧，公司破产。看到这么多与自己共事一生的人失业，父亲非常难过。

父亲被人排挤出来后，为了防止自己变糊涂（在我看来，是因为他不服老），决定创办自己的公司而不是退休。他不是那种仅仅停留在空想阶段的人，而是说干就干。这给我留下了深刻的印象。我已经学会了不依赖别人，了解到了独立自主的价值：现在，我亲眼见识了什么叫不依赖别人、独立自主，而且，认识到了社会上那个"什么年龄干什么事"的说法是多么武断。

我走了一条不同于我父亲的、具有我自身特色的"企业家"之路。我是学术领域的企业家。我教书、写书、游戏于思想界，在欧洲工商管理学院（INSEAD）创办了世界上最大的领导力培训中心之一。此外，我还一心二用，经营着自己的咨询公司。我非常清楚，社会上有些人选择提早退休，不过，我一点都不羡慕那些人。

我不想在还没弄清退休之后要做什么的时候就退休。我一直对尝试新事物感兴趣。另外，我还相信，年龄不过是个数字——是记事手段。我在生活中扮演多种角色，只要我的脑子还能用，我当然就不会退休。我怎能从人生中退休？我知道，我迟早会死，但是退休并没有和死亡打包在一起。可探索的事情和地方还有很多。喜剧演员乔治·伯恩斯（George Burns）说过："你不能阻止自己年龄渐增，但你不一定非得变老。"

有关本书

本书开篇，我将深入讨论基本心理过程如何影响个人和组织绩效，并且结合有关领导者和组织的案例研究进行分析。第2篇，我将讨论多种多样的领导风格，并且把弗拉基米尔·普京当作"俄罗斯公司的CEO"（CEO of Russia,Inc.）进行一次长长的案例研究。第3篇，我将讨论生涯周期，以及领导者和经理人如何处理好（或者未能处理好）诸如继任和退休之类的通过仪式（rites de passage）。

第1篇 领导力的起源 考察伟大领导者所具有的品质，以及领导者与追随者之间的互动（良性的和不良的）。我从精神分析角度出发，描述在领导者—追随者关系、领导力培训和咨询干预中起作用的心理过程。

第2篇 领导力与人格 以第1篇介绍过的临床导向为基础，介绍一系列性格类型和领导原型，考察它们如何在组织中起作用，还考察作为上司、同事或者顾问如何应用这方面的知识。

第3篇 领导力与生涯发展 考察我们步入中年后面临的危机和机会。中年既是个人发展的关键时期，又是职业发展的关键时期，因为我们会面临家庭、工作的重大变化。

　　结语篇 探讨有哪些方式可以帮助我们接受变化、改变人生观，让我们有机会"重生"。

曼弗雷德·凯茨·德·弗里斯

2009 年，巴黎

REFLECTIONS
ON LEADERSHIP AND CAREER DEVELOPMENT

第 1 篇

领导力的起源

引言

　　我们很多人似乎都很关心领导力的起源问题。在 Google 输入关键词 "origins of leadership"（意思是，领导力的起源），可以得到 500 多万条搜索结果。领导力的起源，就像人性的很多方面一样，可以追溯到我们基本的动机系统。这些基本的动机系统，进一步可以追溯到我们的早期经历。我们的早期经历决定着我们将在人生剧中扮演什么样的角色。我们有些人扮演领导者，有些人扮演追随者，能否成功扮演各自的角色，取决于我们能否在舞台上为自己找到正确的位置。

　　本书第 1 章讲的是自恋和领导力。自恋是人性的一个重要方面。大家都知道那喀索斯的故事，那个男孩拒绝所有女人的求爱，只爱自己的镜中之影，为不能圆自己的爱情之梦而悲伤，最后痛苦地死去。不过，这个故事的真正英雄是预言家泰瑞西亚斯。那喀索斯的母亲生下那喀索斯后，担心那喀索斯因为太美而活不下去，于是让泰瑞西亚斯为那喀索斯算命。泰瑞西亚斯先是预言那喀索斯会长寿，然后警告说："如果那喀索斯真正了解了自己，就会死去。"泰瑞西亚斯的这记警告，道出了我们作为人类面临的最大挑战之一：要想心理健康，我们必须走出童年时期那种认为"任何人的存在都要以我为中心"的自恋。如果我们走不出，那么我们的一生都将在孤独和幻想中度过。那喀索斯不能把自己与所爱对象区分开来，于是早早地死去。即使在穿过环绕地狱的冥河之时，那喀索斯仍然禁不住以河为镜照照自己。故事的结局是，那喀索斯化作了一朵春花——美丽与存在之短暂的终极象征。

不足为奇的是，领导者往往非常自恋。正如我在本书第1章中将要解释的那样，自恋一般含有贬义，当然也有健康的自恋。可以把自恋看成一个轴，一端是夸大、炫耀，另外一端是诋毁、冷淡，健康的自恋位于两个极端之间的某处。我的咨询室常常接待一些自恋的领导者，根据我的观察，我把在领导情境中起作用的自恋分为三大类，每类都在早期童年经历和早期亲子关系中有各自的源头。我把这三大类自恋分别命名为反应型、自欺型和建设型。在本章第二节，我将考察这三种不同类型的自恋如何在组织中起作用。这三类自恋者都很好识别，我关注的主要问题是：如何管理自恋者的自恋倾向？可以采取什么措施，控制自恋者的行为，保护与自恋者共事的人？

第2章深入探讨"影响力游戏"（influence game）。我们都认为我们见到一个领导者就能看出他是什么样的人，但是有效的领导者具有什么性格和品质呢？为了让人们愿意追随自己，领导者要做些什么？我不想太过深入地探讨领导心理学，而是以政界和商界某些大腕级的、"英雄般的"领导者为例，包括查尔斯·戴高乐、道格拉斯·麦克阿瑟、温斯顿·丘吉尔、亨利·福特和沃尔特·迪斯尼，考察他们的领导行为怎样把他们带到王者之位。除了一些无形的能力，比如确定工作重心的能力、同理能力、理解并操纵象征的能力、制造意义的能力之外，他们的有效性在很大程度上还来源于艰苦奋斗的能力。他们需要了解下属，他们需要不达目的誓不罢休。丘吉尔的演讲非常华丽，但是他的座右铭要平实很多："永不退缩"（Keep Buggering On）①。然而，最为重要的也许是，有效的领导者具有演员的品质，不过他们是自编、自导、自演自己人生剧的演员。对他们而言，真实或者说个性与表现的一致性非常关键：走错一步，不单单是绩效不佳，而是整个公司或者整个国家的毁灭。

状态最佳时，组织剧是生动的、好玩的、互利的；出现问题时，组织剧会变成共谋，我把这种状态叫作"神经质合作"（a neurotic form of collaboration）。在第3章，我将探讨"组织剧场"（organizational theater）中的各种剧型。我用来剖析领导者—追随者关系动力学的方法，借鉴自一个非常不同的研究领域——夫妻治疗，因为我发现这个方法在工作背景下也非常适用。组织领导者是演员兼导演，不仅要演戏，而且要挑选演员、分配角色。这要求他们非常正直、可信。导演非常容易给某些演员定型，让他们一再扮演同类角色，这样，他们只能按照导演的期望去演，不能发挥任何创造性。一旦那个阴毒的、很大程度上无意识的投射性认同过程（把自己的不足推到别人身上）蔚然成势，就会产生巨大的心理能量并浪费掉。领导者和追随者被困在共谋关系中，压力重重。压力尤其大的是，双方都需要维持不良关系的平衡。第3章描述组织内部几幕典型的不良剧情，对它们追根溯源到童年发展，就个人和"组织侦探"（organizational detective，指内部顾问和外部顾问）如何打断、揭露这些过程，让修复工作得以进行，提供一些粗浅建议。

一个建议是，培养潜意识沟通和非言语沟通能力，即"用第三只耳朵倾听"的能力。"用第三只耳朵倾听"，是治疗师、领导力培训师和顾问进行个人或组织干预时使用的关键技能之一，我将在

① "bugger"是句脏话，与中文的"干""操"类似。——译者注

第4章详细介绍。我写这章,是从受过一些临床训练的管理顾问或者领导力培训师的视角出发的。我应用临床干预范式在组织领域工作,不仅借鉴心理治疗,而且借鉴认知理论、家庭系统理论、群体动力学、动机访谈、神经精神病学和发展心理学。在本章,我考察所有心理治疗干预的一个要素——反移情。在本书系第一本书《至高无上的囚徒》中,我讨论过移情,这个过程最初是由弗洛伊德发现的,他认识到,干预期间,病人把过去对别人的情感转移到他的身上。移情是指,个体在现在的关系中不恰当地再现童年时期对自己而言非常重要的关系。人类的所有关系都既包含现实反应,又包含移情反应。

弗洛伊德最初认为移情很讨厌,后来认识到移情可以作为深入了解工具,病人、治疗师都可使用。确实,整个一生,我们所有人都把一些原始的情感转移到现在的情境。移情的另一面是反移情,也就是,顾问或者治疗师对病人的反应受到病人在其身上唤醒的原始情感的影响。反移情是个有用的工具,咨询师可以用它来揭示个体内心剧场的深层意义,即个体内心深处看重的东西。而且,顺便提一句,反移情也是为什么所有想做一个好咨询师的人,必须先对自己进行治疗的原因之一。

第1篇以这个分析说明收尾。在第2篇,我将对一些领导者进行精神分析,阐释领导人格在组织内部起作用的多种方式。

第1章 自恋与领导力 [①]

如果坦白自己最隐秘的欲望，即那个激发我们的一切行动的东西，我们每个人都会说，"我想被赞美"。但是没有人会这么坦白，因为这是一个可怜的、耻辱的弱点，源自孤独感和不安全感，坦承这个弱点是不光彩的，就像坦承犯过罪一样。

——克瑞安（Corian），《对光荣的渴望以及光荣带来的快乐》（*Désir et honneur de la gloire*）

心有所爱，就会变得谦卑。因为心有所爱的人，剜去了一部分自恋。

——西格蒙德·弗洛伊德

领导者和追随者

尽管有很多人在研究什么能造就一位好领导，但是我们对这个问题仍然了解甚少。近期的领导力学者拉尔夫·斯托格迪尔

[①]　本章部分内容以前在杂志上发表过，请见 Kets de Vries, M.F.R.and Miller, D. "Narcissism and Leadership: An object relations perspective, " *Human Relations*, 1985, 38（6）, pp.583—601。

（Ralph Stogdill）说过一句让人灰心的话："领导力的定义，几乎和企图给领导力下定义的人一样多。"（Bass 1981，p.7）在经典著作《领导力手册》（*Handbook of Leadership*）中，斯托格迪尔回顾了1902—1967 年间学者提出的 72 个定义。

领导力文献的急剧增长可以从《领导力手册》的参考文献数目看出：1974 年版的《领导力手册》有 3000 多篇参考文献；7 年后，有 5000 多篇参考文献。现在如果再版，参考文献一定还会更多。

因此，显然有很多理论相互竞争。有伟人理论、特质理论、环境理论、个人—情境理论、互动—期望理论、人本主义理论、交换理论、行为理论和知觉认知理论。在这种混乱状态下，有些学者完全放弃了这一问题，转而研究更具体的问题，比如，权力或者动机。然而，有些研究者则没有那么悲观，认为如此丰富的研究成果预示着有望提出一个整合的领导力理论。他们提出了权变范式，企图回避各种相互矛盾的发现和相互竞争的理论争相开放的状况（House、Baetz，1979）。有些人试着解释各个研究之间的差异，指出"领导力在有些条件下起作用，在有些条件下不起作用，而且，领导者行为与组织绩效（用常见的公认标准加以衡量）之间的因果关系是双向的"（House、Baetz，1979，p.348）。

尽管领导力文献已有很多，但是我们要说，领导力仍然有待进一步研究，而且要采用认知—情感导向，也就是，既考虑认知维度又考虑情感维度。精神分析和精神病学文献提出了这一导向。使用这一导向，就可以对领导者的内心世界加以分析，他们的个性和性格就可以与他们的行为和情境关联起来。要揭示内在思维过程并且分析对应的行动，一般就要采用"心理—政治剧"（psycho-political drama）研究（Zaleznik、Kets de Vries，1975；Kets de Vries，2001，2006），这类研究把管理者的人格与角色行为和管理情境关联起来。

在我看来，大多数领导者似乎有个共同点：能够唤醒追随者的原始情绪。有类领导者很有感召力，能让追随者觉得十分自信、自豪；或者说很有蛊惑力，能让追随者觉得无助、渴望有人可依赖。马克斯·韦伯（Max Weber，1947）用魅力（charisma）一词来解释某些领导者对追随者奇怪的影响力。他认为，魅力包括：

一种个性品质，能让一个人与普通人区分开来，被视作天赐力量，或者至少是一种极其特别的力量。这种品质很少见，具有这种品质的人，经常被视作神族后裔，并因此被奉为领袖。（Weber，1947，pp.358—359）

我们也许不想像韦伯那样把领导力看得过度神秘，但是，我们不可以忽略一个事实：有些领导者会利用（不一定是完全有意识地利用）追随者的无意识情感来诱导出追随者的退化行为。在这个过程中，有些追随者也许会试图拥立一个理想化的、无所不能的领导者，这个领导者会满足他们的依赖需要，也许还会导致他们暂时关闭自己的理性功能，这一关闭，可是会造成破坏的。

尽管有些领导者会诱导出追随者的退化行为，但是有些领导者则会超越个人目的，营造良性工作氛围，调动追随者的能动性，激发追随者的创造力。扎莱兹尼克（Zaleznik，1977）在写下面这段话时，脑子里浮现的就是上面那种人：

我们经常听到有人用含有丰富感情色彩的词语形容领导者。领导者很容易激起强烈的情感，万分认同或者万分抵触，万分爱戴或者万分憎恶。在领导者说一不二的情境下，人与人的关系往往看起来不稳定、紧张，有时甚至杂乱无章。在这样的氛围下，人们会更关注个人利益；一群只顾个人利益的人聚在一起，往往会产生一些意外结果。（p.74）

　　詹姆斯·麦格雷戈·伯恩斯（1978）在比较"交易型"（transactional）领导与"变革型"（transformational）领导时，也许有着类似的想法。交易型领导者用奖励（不管是经济的、政治的，还是心理的）换取追随者的服务，而变革型领导者理解并且利用潜在追随者的现实需求。但是，除此之外，成功的变革型领导者还懂得挖掘追随者的潜在需求，力求满足他们的高级需要，让他们最大限度发挥潜力。最妙的变革型领导，领导者与追随者相互激励、相互提升，把追随者转变成领导者，把领导者转变成道德代理人（Burns，1978，p.4）。

　　总之，领导力可能具有病态的破坏性，也可能具有强大的感召性。但是，领导者身上有什么东西，让他们成为这类领导者而非那类领导者呢？我认为，答案在于领导者有多自恋。

领导者的自恋倾向

　　自恋者有个假定：任何人的爱或忠诚都不保险。他们觉得必须依靠自己而非别人来满足人生的需要。他们假装自给自足，但是在内心深处，他们体验到剥夺感和空虚感。为了应对这些感受，也为了掩饰不安全感，自恋者开始一门心思地让自己变得强大，不管是从权力、美丽、地位、威信着手，还是从优越性着手。与此同时，自恋者期望别人也像他们自己一样十分尊重他们，迎合他们的需要。这些人有个突出特征——喜欢利用别人。自恋者活在一种错觉当中，也就是，误以为自己享有特权，于是让自己的愿望凌驾在别人的愿望之上。他们认为，在生活中，自己应当得到别人的特殊对待。

然而，必须强调的一点是，这些特点在不同人身上有不同程度的体现。为了有效地运转，所有人都需要一定程度的自恋，所以我们都会在某些时候表现出自恋倾向。在自恋程度有限的人当中，我们可以看到那些才华横溢、能够为社会做出巨大贡献的人。然而，极端自恋的人，让自恋倾向有了不好的名声。在这群人当中，我们可以看到一些自私、死板、狭隘、抵制变化、适应能力差的人。破坏性自恋对领导力研究的启示可能非常大。

尽管人们很早就确认出自恋型人格，可是直到最近才对它进行批判性审视。例如，《精神疾病诊断与统计手册》（*Diagnostic and Statistical Manual of Mental Disorder*，美国精神病协会，2000）列出了很多条诊断标准来描述自恋型人格障碍。这些标准，很多也适用于判断一个"正常的"人是否具有自恋人格，只是要调低一些。根据该手册中的说法，这些人在幻想和行为上"普遍地夸大自我"，需要赞赏，缺乏同理心，这些特点在各种情境下都有表现。自恋型人格多形成于成年早期，在临床上符合下列五条（或者五条以上）就可诊断为自恋型人格：

1. 夸大自己的重要性（例如，夸大自己的成就和才干，做出一点成绩就认为自己是最优秀的）。

2. 沉迷在幻想中，幻想自己有无穷的成功、权力、才气或者美丽，幻想自己会邂逅理想的爱情。

3. 相信自己是"特别的"、独一无二的，认为自己这些特别的、独一无二的"能力"只有少部分身居高位的人（或机构）才能理解，而且认为只有身居高位的人才值得自己去交往。

4. 对赞美上瘾，听不进批评。

5. 有特权感。无故期望别人特殊照顾自己、自动满足自己的期望。

6. 喜欢利用别人。

7. 缺乏同理心，不在乎别人的感受和需要。

8. 常常嫉妒别人，相信别人也嫉妒自己。

9. 表现出一种高傲自大的行为或态度。

（美国精神病协会，2000，p.661）

我之所以关注自恋是因为，如果有哪个人格特质最适合大多数领导者，那就是自恋。弗洛伊德（1921）在研究领导者—追随者关系时发现了这一点，他说"领导者自己需要只爱自己，他也许生性专横，绝对地自恋、自信、独立"（pp.123—124）。后来，他引入了"自恋力比多型人格"（narcissistic libidinal personality）的概念。其特征是，主要兴趣是自保，为人独立，别人胁迫不到。可能还有很强的攻击性，这种攻击性有时表现为时刻准备采取主动。具有这种人格的人，给人的印象是个性很强。他们特别适合成为别人的道德思想堡垒，简而言之，成为真正的领袖（Freud，1921，p.257）。

类似的，威尔海姆·赖希（Wilhelm Reich）把一类人称为"生殖器崇拜—自恋型人格"（phallic-narcissistic character），他把这类人描述为"自信的、灵活的、精力充沛的，常常摆出傲慢姿态，令人印象深刻……率直，在生活中倾向于居于领导地位，不甘居于人下……如果虚荣心受到伤害，他们就会要么变得冷淡缄默、灰心不已，要么变得激愤好斗"（Reich，1949，p.201）。

后来，精神分析理论有了新的发展，自恋成了一个特别重要的研究主题。20 世纪 40 年代客体关系理论的引入、20 世纪 70 年代自我心理学的引入，成果尤其丰富。对自恋概念最为重要的修订，是诸如奥托·科恩伯格（Otto Kernberg，1975）、海因茨·科赫特（Heinz Kohut，1971）之类的临床心理学家做出的。这里，我不打算详细讨论一个理论上的争论：自恋主要是发展停滞或者退化的结果，还是有自己的发展路线？我的目的是探讨自恋与领导力的关系，科恩伯格和科赫特都认识到了两者存在联系。例如，科恩伯格说"在强烈的权力需要和威信需要的驱动下，具有自恋型人格的人会千方百计往上爬；做一把手的人，很多都具有自恋型人格"（Kernberg，1979，p.33）。科赫特在集中探讨作为认同对象的领导者时提到，"自恋的人往往也绝对的自信，正是这种绝对的自信帮助他们走上高位"（Kohut，1971，p.316）。

"成为领导者"这一欲望背后的驱动力，往往是自恋。往上爬的过程异常艰辛，也许只有非常自恋的人才愿意费这个劲。

三类自恋者

现在，我要考虑三类自恋导向，首先说说最恶性的或者最病态的，最后说说偏良性的、偏适应性的。我把这三类自恋导向从恶性到良性分别命名为反应性（reactive，或称"被动性"）、自欺性（self-deceptive）和建设性（constructive）。为了阐述每类自恋，我举了一些例子，这些例子来自我的临床经验，记录了具有不同形成背景的经理人如何在多种多样的领导情境下表现出自恋行为。不过，在详细讨论这三类自恋之前，我先简要探讨一下自恋起源于早期童年经历的何处。探讨的依据是精神分析理论的一个分支，客体关系理论。

个体从婴儿渐渐长大成人，在这个过程中，形成表征自己和他人经验的相对稳定的方式。怎么做呢？就是在内在世界形成心理表征，也就是所谓的"内在客体"（internal object），这些内在客体是累积感知的表征。有幻想、理想、观点和形象，这些东西结合在一起，构成了个体对世界的认知地图（Klein，1948；Fairbairn，1952；Jacobson，1964；Guntrip，1969；Mahler、Pine、Bergman，1975；Kernberg，1976）。自然，最早的"客体"是父母，父母对孩子采取什么类型的教养方式，决定着孩子形成什么类型的"内在世界"。因此，客体关系理论探讨的就是外在世界现实的人与内在世界对这些人的心理表征有什么关系，以及这些心理表征对心理机能有什么影响（Greenberg、Mitchell，1983）。因此，我们与他人的互动，不仅取决于我们如何看待现实中的他人，而且取决于我们如何看待内化了的他人。这些心理表征深刻影响着我们的情感和行为。

好的内在客体，可以用作精神支柱，帮助个体应对生活中的逆境，构成心理健康的基础。没有好的内在客体，就会出现各种各样的心理障碍。病态自恋就起源于此。根据病态程度的不同，自恋可以分为三类。

反应性自恋

在描述救世主式的魅力型领导时，科赫特（1978）把他们的病态自恋的发展归因于早期童年未能整合好两个重要的心理表征，即"夸大的自我"（grandiose self）和"理想化的父母形象"（idealized parental image）。第一个概念指早期的无所不能感，孩子想展现自己不断增长的能力，赢得赞美。第二个概念指孩子想体验与某个理想化的人物融合的感觉。一般而言，孩子内心的声音渐渐从"我是完美的，你赞美我"变成"你是完美的，我是你的一部分"。

临床研究指出，这些早期体验（每个人成长过程都有这些体验）会因为与阶段相称的发展而缓和下来（Winnicott，1975）。在这一过程中，孩子不再因为父母辜负了其原始期望（辜负是不可避免的）而沮丧不已，渐渐地懂得"完美典范"与"仅仅够好"之间的区别。孩子了解到，父母既不是什么都好也不是什么都坏。孩子内化了一个更协调、更全面的父母形象，对父母的认识更符合实际。据说，原本处于分裂状态的好客体与坏客体的融合，对信任的发展必不可少，也就是，如果未能融合父母的好形象与坏形象，就很难相信父母是永远可靠的（Klein，1948）。而且，童年早期成功形成与父母的安全依恋关系，有利于自信的建立，也有利于其他人际关系的发展。科赫特（1971）相信，这个过程是形成永恒持久的心理结构的基础。

不幸的是，与阶段相称的发展并非总会发生。孩子成长过程中（包括婴儿时期），如果父母对孩子的需要不够敏感，孩子也许就会把父母的行为体验为冷淡的、不通情理的。结果，童年需要就没有得到缓和、修正，而是继续膨胀。这进而会造成整个成年时期一直渴望并寻求自恋补给品。反应性自恋就是这样形成的。在一篇经典文章中，科赫特和伍尔夫（Kohut、Wolf，1978）指出，童年时期，接受的刺激过少，经常得不到父母的恰当回应，个体就会形成"破碎的自我"（fragmented self）。

童年时期的这种有缺陷的互动会让整个成年时期都有一种弱小感。为了应对这种弱小感，有些个体为自己创造出"特别的"自我形象以做补偿，并且被动地逃避"父母从未爱过自己"这一始终存在的感觉。这种独一无二感会对个体如何应对外在环境产生重要影响。能力与愿望之间的任何差距，都有可能引发焦虑，损害现实检验功能（区分幻想与现实的能力，或者说，区分"内在"与"外在"的能力）。具有这种被动导向的个体，经常歪曲外界事件，借助原始的防御机制来避免丧失感和失望感。如果个体处于领导职位，换句话说，如果个体在公共舞台上表演，那么这可能引起严重后果。因此，我们把对孩子需要不敏感、总是拒绝孩子要求的父母造成的反应性自恋看作最病态的一类自恋。

在进行这些推断时，我们应该记住，早期经历本身很少对成年机能造成直接的、决定性的、因果性质的影响。每个人一生之中都还会继续经历很多具有人格塑造作用的事情，而且，人类具有很强的复原能力。然而，早期经历确实对核心人格的塑造有着重要作用，而核心人格后来又会影响个体追求哪种环境。这会影响经历，进而影响人格。因此，我们正在谈论的是，人格、行为、情境三者的交互作用（Erikson，1963；McKinley Runyan，1982）。

自欺性自恋

还有第二种早期童年发展，它会导致另外一个类型的自恋。具有这种形成背景的领导者，曾经在父亲或母亲或父母双亲的引导下相信，他们在各方面都是可爱的、完美的，不管他们做出什么事情。不幸的是，与父母表面上的纵容不同的是，真实情况恰好相反。父母利用孩子来满足自己的需要，把自己隐藏的欲望寄托在孩子身上，给孩子造成过重的负担。当父母把不切实际的希望寄托在孩子身上，就会让孩子产生错觉。他们让孩子搞不清楚自己的真实能力。自欺型领导者也许具有科赫特所说的"受激过度"（overstimulated）或者"负担过重"（overburdened）的自我。父母的反应不恰当，而孩子年龄又小，因此孩子从未真正学会修正夸大的自我形象或者理想化的父母形象。完美典范太过苛刻，孩子就无法形成具有安抚作用的内在客体。这些孩子成为父母的傀儡，父母把自己未能实现的很多愿望委托给孩子去实现。这一委托最后经常变成"不可能完成的任务"。

有些时候，这些人不切实际的信念也许会起到激励作用、成就他们，最后确实让他们获得巨大成功。弗洛伊德（1917，p.156）曾经指出："如果一个人一直是母亲毋庸置疑的心肝宝贝，那么这个人一生都会对成功充满信心，但是这种信心很少带来实际的成功。"如果真的带来了实际的成功，那么这个人一定非常非常能干，才足以满足父母夸张的期望。这个人，要不是父母寄予了很高的期望，也许会十分平庸，过着平凡的生活。

自欺性自恋者，因为在父母的影响下形成了对自己的错误认识，变得自负、冷漠、自私，不顾别人的感受，所以容易出现人际关系问题。因为他们很难形成自我同一性，所以他们的行为具有"渴求理想"（ideal-hungry）的特点。

反应性自恋与自欺性自恋的成因在概念上很好区分，但是在实际中很难区分。因为父亲与母亲也许对成长中的孩子有着不同的反应，一方也许冷淡、带有敌意、总是拒绝孩子的要求，而另外一方也许非常通情达理。此外，正如我早先指出的那样，后来的人生经历也许会对个体的人格发展起到缓冲作用。

建设性自恋

在描述健康性或者建设性自恋者童年时期的客体关系时，米勒（Miller，1981）说：

攻击冲动减弱了，因为撼动不了父母的信心和自尊……争取自主并没有被［父母］体验为攻击……父母允许孩子体验并表达"普

通的"冲动（比如，嫉妒、愤怒、蔑视），因为父母不会为了体现
自己的价值观而要求孩子是"特别的"（"特别的"只是一个例子，
可能有其他要求）……（在最佳条件下）孩子不需要取悦任何人，
可以在每个发展阶段形成并展现自己活跃的一面，不管这一面是什
么。因为孩子可以展现矛盾情感，所以能够学会既把自己也把主体
［他人］看成"好坏兼有的"，而不需要让"好"客体与"坏"客体
分裂开来。

　　建设性自恋者的行为方式与反应性自恋者和自欺性自恋者都不
相同。他们并不觉得需要歪曲现实来应对生活中的挫折。他们也不
容易焦虑。他们较少使用原始防御机制，较少压抑自己的感受、愿
望和念头。实际上，他们往往很有活力，因为他们相信自己有价
值。这样的人内化了相对稳定、相对良性的客体，这些客体能够支
撑他们走出人生逆境。他们愿意表达需要，敢作敢当，不管他人反
应如何。失望之时，他们不会怨恨，而是采取行动进行补救。也就
是，他们相信是金子总有发光的一天，有耐心等待、寻找自己的用
武之地（Erikson，1978）。他们胆大心细，经常内省。

自恋者的防御系统

　　那么这三类自恋的领导者如何运用各自的防御系统？观察他
们的行为，最令人吃惊的发现是，前两类自恋者的防御机制是多么
原始（Kernberg, 1975）。防御系统的核心是名为"分裂"（splitting）
的心理过程，其他所有防御机制都可以看成这一非常原始的防御机
制的衍生物。

　　分裂是把一切事情看成非黑即白（要么都好，要么都坏）的倾

向。当个体未能把内在客体相互对立的品质整合好，这些表征就会保持独立，避免好的与坏的相互污染。具有强烈分裂倾向的个体，对自己、对他人的认知表征、情感表征是过分简化的。他们不能领会现实中的人际关系的模糊性。他们把人际关系两极化，要么过度丑化一个人，对这个人恨到极致、怕到极致、攻击到极致；要么过度美化一个人，对这个人爱到极致、崇拜到极致、忠诚到极致。因此，分裂有助于避免心理冲突，维持"自我在各方面都是好的"的虚假感受。所有的罪恶都归咎于他人。当然，维持这一虚假感受也要付出代价，那就是损害对现实的认识。

与分裂防御密切相关的，是理想化（idealization）和贬低（devaluation）这两种原始防御机制。首先，他们需要创造一个不切实际的、什么都好的、无所不能的他人表征。这一过程可以看成对被害客体的防范。强烈的无助感和渺小感，使得他们需要一个无所不能的保护者。然而，没有哪个人可以长期支撑这些夸张的期望。因此，在需要得不到满足时，他们就会对理想化人物进行报复性的贬低。

分裂的其他衍生物有投射（projection）和投射认同（projection identification）（Ogden，1982）。投射和投射认同都通过无意识地表达不受欢迎的无意识冲动或者欲望来降低焦虑。然而，投射与投射认同的主要区别是，前者类似于独角戏，而后者适用于人与人之间。

投射是指把自己的感受、念头或者动机安在他人身上，经常涉及不被接受或者不受欢迎的冲动。例如，有位经理人，不能接受自己对某位同事的竞争心理或敌意，于是说自己不喜欢那位同事。相比之下，投射认同是指一种非常原始的前语言交流互动模式。投射认同的典型例子是，母子互动。婴儿无法说出自己的感受，而是让母亲体验同样的感受。尽管投射认同可以看成一种非常原始的心理过程，但是也被看成更成熟的心理过程的基础，比如，共情、直觉。

对接收者而言，投射认同比简单的投射要烦人得多、难处理得多。然而，这两种防御机制都从不涉及任何个人责任感，反而经常涉及歪曲现实。这些防御机制在不同类型的自恋者身上的出现频度、严重程度、强烈程度有很大的不同，反应性的频度、强度最高，建设性的最低（在本书第4章，我将进一步阐述投射认同）。

组织内的自恋者

我在前面详细介绍了自恋的临床指标，但是，需要强调的是，前两类自恋的领导者在这些指标上有不同程度的表现。根据我的经验，反应性自恋者倾向于冷淡、无情、自大、爱出风头。他们可能表现出支配欲和控制欲，还可能非常喜欢利用别人。自欺性自恋者症状较轻，他们想要得到大家的喜欢，性情要温和得多。然而，他们仍然缺乏同理心，主要关注自己的需要，热衷于直接的马基雅维利行为。他们的行为具有"好像"（as if）特点，因为他们缺乏强烈的内在信念，也没有稳定的身份感（Deutsch，1965）。最后，建设性自恋领导者也是志向远大的，可能喜欢操纵别人，对批评高度敏感。但是，他们拥有足够的自信、适应能力和幽默，往往能够取得真正的成就。他们重视人际关系，也知道如何照顾别人的感受，因此与人相处得很好。

现在，我根据观察，分别描述三类自恋者在两个管理情境下的表现。第一个是领导情境或者人际交往，第二个与他们如何理解外部环境、如何做决定有关。

反应自恋型领导者

反应自恋型（以下简称 RN）领导者可能是极其苛刻的工头。他们听不进反对意见，只能容忍殷勤的下属，会"驱逐"其他下属。在他们手下生存，就要钩心斗角。为了往上爬，他们会不择手段利用别人，根本不在意对别人造成什么伤害。在三类自恋领导者当中，RN 领导者最缺乏同理心。他们对下属的态度波动极大、阴晴不定。结果，他们所在的组织，员工离职率往往非常高，要求团队合作和下属能动性的项目受到严重影响。

RN 领导者在为组织制定重要决策时，会展现出他独具特色的不良行为模式。制定决策之前，他们往往很少扫描、分析内外部环境，觉得环境基本上在他们的控制之下，不会带来无法轻易应对的挑战。RN 自大，爱出风头，一心幻想获得无限的成功，这让他们经常承接风险极大、几乎注定会失败的项目。他们的领导风格是变革型而非交易型。他们想吸引隐形观众的注意，展示他们的聪明才智。

第一，RN 领导者好大喜功，经常把太多资源不合理地投在风险极大的项目上。第二，RN 领导者不是那种真正听取顾问、同级或下属意见和建议的人。他们认为依靠自己一人的见识就足以做出正确的判断，不懂得利用智囊团这项资源。第三，即使有可靠的证据明确地表明项目出了问题，RN 领导者也不愿承认。他们强烈相信自己是不会出错的。他们不会爽快地承认自己犯了错，而是变得特别死板，对批评敏感。因此，他们容易一错再错下去（Miller、Friesen，1980，1984）。当 RN 领导者认识到局势恶化得那么快，他们的分裂倾向就会导致他们谴责别人，看不到自己才是造成一切恶果的罪魁祸首。

自欺自恋型领导者

这些人具有很多 RN 经理人的特质，但是在管理情境中的表现较不明显。作为领导者，自欺自恋型（以下简称 SD）经理人比 RN 经理人平易近人得多。与 RN 相比，SD 更关心下属，更喜欢听取别人的意见和建议，不那么喜欢利用别人。然而，他们也对批评高度敏感，也有很强的不安全感和很强的被爱需要。然而，SD 领导者更能容忍不同意见，在别人表达不同意见之时，他们的反应还算比较冷静、平和。但是批评容易导致他们怀恨，惯于吹毛求疵者不大敢惹他们，他们倾向于提拔比较软弱而非比较有主见的下属。

然而，尽管 SD 领导者经常对下属表示关心，但这只是因为他们想显得富有同情心，其实没有几分真诚。他们只是想做正确的事，不会真的为下属操心。这种模式的一个例外是，当领导者把某个下属理想化并且依恋上他，就会做权力范围内一切能做的事情来"绑住"这个下属，按照他们自己的形象来培养这个下属。当然，不足为奇的是，这个备受重视的下属一般会把他们奉为偶像，而且通常不是一个非常强的人——在他们的地盘，当然不会非常强。如果下属表现出个人能动性，他们会把这解释为不忠。理想化很快变成贬低，甚至愤怒，下属在组织内的结局就可想而知了。

与 RN 领导者不同，SD 领导者也许渴望发现周围的问题迹象，特别是威胁。他们没有安全感，因此花费大量时间分析内外部环境，以确保能够化解威胁，避免犯下代价高昂的错误。他们监视竞争对手，拜访客户，建立情报网。他们进行很多的分析和评价，多到导致行动瘫痪。

制定战略决策之时，SD 领导者有一定程度的绩效焦虑。他们想把工作尽可能做到最好，以赢得尊重和赞美，但是他们担心自己是否有能力做到。他们害怕失败，所以非常保守，比 RN 领导者要保守得多。SD 经理人经常深入研究局势，征询他人意见。制定决策之前，他们喜欢与各种人交换意见，这与 RN 领导者不良的行为模式有很大的不同。SD 领导者大多是交易型领导者。SD 领导者更可能征询保守之人（与他们类似的人）而非大胆之人的意见。SD 自恋者普遍都喜欢拖延，他们的完美主义和犹豫不决可能会导致组织停滞不前。注意：RN 自恋者想实现自己大胆的、疯狂的梦想，让整个政界或者商界为他们惊叹，敬重他们，而 SD 自恋者只想身边与他们有直接接触的人爱他们、赞美他们；另外，SD 自恋者的症状会因为焦虑程度的变化而时强时弱，而 RN 自恋者的症状几乎一直都很强。

建设自恋型领导者

建设自恋型（以下简称 CN）领导者对操纵利用决不陌生，时有机会主义举动。但是他们一般能与下属相处得非常好。CN 对自己的能力非常有信心。CN 具有很强的任务导向，有时也许给人不近人情的印象。

尽管 CN 领导者喜欢受赞美，但是他们对自己的能力和局限有足够符合实际的认识，也能够看到别人的才能。CN 领导者可以是很好的倾听者，他们尊重下属的意见，但是仍然愿为集体行动承担最终责任。

这些领导者相信自己、依靠自己。他们为人真诚。他们有能力鼓舞别人，有能力打造共同事业，有能力超越一己私利。然而，因为他们依靠自己，所以他们有可能显得冷淡、傲慢或者对别人的需要漠不关心。在人际交往或团队建设中，他们也许不提互利互惠，而是提一些抽象问题，比如，"为了公司好""帮助员工"。然而，CN 一般都有幽默感，这让他们容易看得开。为了激励下属为伟大目标奋斗，领导者必须有创造力和远见；他们的独立有助于这种创造力和远见。因为他们没有另外两类领导者的死板，所以他们的领导风格大多既有变革型的特点又有交易型的特点。

不同的 CN 领导者，决策风格有很大的不同，他们的领导风格更多地取决于组织所处的局势，而不是他们本人的喜好。他们有很强的适应能力，因此能在制定重大战略决策之前进行大量的分析、环境扫描和咨询。但是，他们的适应能力也让他们用委派方式处理比较常规的问题，也就是，把常规性事务交给下属负责。他们会避免过于大胆或者过于保守，努力维持适当的冒险水平。

如何管理自恋者

显然，建设性自恋者给组织造成的问题相对较少。那么如何管理另外两类病态程度相对较重的自恋者，防止他们对组织造成破坏呢？如果组织是集权型的、病态自恋者是 CEO，那么当 CEO 的存在阻碍了组织的发展时，就只能依靠有一群强大的、警惕的非执行董事发动"政变"撤换 CEO。如果病态自恋者是掌握着组织经济命脉的人，比如公司所有人，那么就不能使用以上措施。然而，当组织是分权型的、病态自恋者职位较低时，情况就要乐观很多（Kets de Vries、Miller，1984）。

实际上，如果病态自恋者职位较低，那么有很多措施可以防止他们对组织造成破坏。第一个措施也许是，仅仅想办法发现病态自恋者的存在。采取这个措施时需要记住一点：不要只根据一条标准作出诊断，只有在当事人表现出五个或五个以上症状时，才可以说他是自恋型人格。

必须强调的一点是，自恋者的人格并不容易改变。尽管可以对自恋者进行一定的行为矫正——让他们意识到其行为模式的不良后果，教他们改变其应对某些情境的方式——但是核心人格是改变不了的。如果行为矫正不管用，那么干预焦点就应该是给自恋者调换职位，让他没有机会作出破坏，或者降低他的影响力。围绕这个焦点的措施有很多。例如，进一步分权，让更多人参与战略决策的制定，允许基层经理人负责比较常规的事务。跨部门委员会、工作小组、经理人委员会可以提供有用的论坛，让众多经理人发表意见，让自恋领导者（以及，特别是他们的下属）有机会向别人学习，让别人削弱他们的影响力，改变一言堂的局面，打击不切实际的想法。

定期绩效评价、360度反馈等活动也是有用的。在这样的活动中，下属有机会向公司表达对上司的意见。如果下属普遍不满意某位上司，而且这位上司负责的部门整体绩效也不好的话，那么就需要进行干预，让这位上司参加领导力培训，给他调换职位，如果他仍然不思改进，那就解雇他吧。实际上，如果公司有这样的活动，那么自恋者也许就不会公然利用别人。

组织高层决策者如果发现某些经理人有自恋倾向，那就要开展领导者或者领导力培养活动。在给自恋经理人安排下属时，尤其需要警惕。最大的一个危险在于，安排没有安全感、没有经验的人做自恋经理人的下属。非洲有句谚语说："大树之下，寸草不生。"尽管在自恋者手下工作也许是很好的磨炼机会，但是一般的员工没有力量也没有手段对抗自恋者，起不到平衡作用。因此，在给具有自恋倾向的经理人安排下属时，要选择那种非常自信、非常有安全感、不怕表达自己意见的人，只有这种人才能帮助他们在制定决策时不至于太脱离实际。

组织在进行招聘、晋升时，也需要留意候选者是否有过度自恋的迹象。让受过训练的临床心理学家或者领导力培训师对候选者进行心理测评，对候选者以前的上司、下属进行访谈，也许可以找出过度自恋者。然而，最简单的方法无疑是，根本就不聘用过度自恋者。作家奥斯卡·王尔德——一个自恋者——曾经说过："爱自己是一场毕生浪漫的开始。"确实浪漫，不过代价昂贵！

第2章　为什么追随领导者 ①

　　他是一个非常矛盾的人，既高尚又卑鄙，既令人鼓舞又令人害怕，既傲慢又羞怯，既是最好的人又是最坏的人，最是喜怒无常、滑稽荒谬、卓越崇高。他身上有两点是不变的：其一，永远穿着军装；其二，总是特别会气人。他就像一只火烈鸟，耀眼夺目、飞扬跋扈、难以亲近，犯了错不会承认，而是用淘气、幼稚的把戏掩饰。但是，他也天生具有伟大的人格魅力、钢铁般的意志、冲天凌云的智慧。无疑他是这个国家制造出来的最有才华的军人。

　　　　　　　　　　　　　　　　　　　　　　——威廉·曼彻斯特

　　这段话是威廉·曼彻斯特所写麦克阿瑟传记《美国恺撒》的开篇之语。曼彻斯特描写了一个巨人，一个不容易被忽视的人。我们发现自己面对的是一个十分精通"影响力游戏"的人。麦克阿瑟极富传奇色彩。人们很难始终对他保持中立态度：认识他的人，要么敬佩他，要么讨厌他。尽管很多人对他的行为（爱出风头、傲慢不逊、反复无常）皱眉，但是没有人质疑他的领导品质。正如他的

---

① 本章内容以同名文章在杂志上发表过，详见 Kets de Vries, M.F.R. "Why Follow the Leader," *Bedrijfskunde*, 1987, 3, 197—207。还有一个版本，详见 Kets de Vries, M.F.R. *Prisoners of Leadership*. New York：Wiley, 1989。

一个部下说过的那样："我会追随那个人——不管到哪里——眼中只看到他。"（Manchester，1978，p.5）

诸如此类的描写很有感染力，能够迅速激发起我们的想象力。不幸的是，有关领导力的学术论文则完全不是这回事。例如，读斯托格迪尔的鸿篇巨制《领导力手册》（Bass，1981），既让人越来越清醒，又让人越来越迷惑。最漫不经心的读者也会迅速发现，在领导力领域找路，就像在流沙上行走。一位政治学家曾经挖苦道："领导力研究走过的所有道路，最后都以吞没研究主题作为尽头。"（Wildavsky，1980，p.12）尽管领导有效性可能很难定义也很难度量，但是我们看到它时一般会认出它。真正有效的领导者知道如何激励我们。真正有效的领导者能够超越单纯的管理角色，把自己归为另外一类人（Zaleznik，1976）。这样的领导者扮演变革角色（MacGregor Burns，1978）。要想知道有效的领导者如何起作用，最好看看他们如何对待身边的人和事。然而，有位领导力学者曾经指出："有关领导者实际在做什么的证据，少得惊人。"（McCall，1976，p.139）这让直接观察和一手报道更重要了。

然而，我们很难测评有效领导者的品质，因为有三组变量在相互作用着。显然，领导并非单单是领导者的事情，而是领导者、追随者以及所处背景的复杂互动。这个所处背景，有时被人称作"历史时刻"（historical moment）（Erikson，1978）。因此，我在本章的主要焦点是领导者实际在做什么，我希望，我的结论可以作为前人在个体水平上研究领导力所得结论的补充（Stogdill，1948；Bass，1981）。我将以知名的商业领袖和政治领袖为例，诠释他们的行为和行动，探讨领导者的哪些品质会造就领导有效性（McGregor Burns，1978；Levinson，1980；Tucker，1981；Kets de Vries，1987，2001）。探讨的结果是一个类似于"购买清单"的东西，也就是综合了各种各样有效的领导者可能具有的品质，因此一个领导者一般不可能拥有清单上的所有品质，而是有些领导者因为具备其中这几个品质而有效，有些领导者因为具备其中那几个品质而有效。然而，聪明的领导者不会单枪匹马逞英雄，他们懂得依靠别人的力量，他们知道如何打造成员优势互补的团队，即经理人角色阵（executive role constellation）。

领袖还是傀儡

在领导力文献中，我们既可以见到"伟人"（great man）理论（Borgatta、Couch、Bales，1954；Jennings，1960），又可以见到"环境"（environmental）理论（Mumford，1909；Murphey，1941；Pfeffer、Salancik，1978）。前者强调领导者对环境的影响，而后者把领导者看成"公交车司机，只有公交车是去往乘客想去的方向，乘客才会上车"（Simon，1967，p.134）。根据这种观点，谁坐在领导位子上并不重要，各种社会力量会决定坐在领导位子上的人采取什么行动（Pfeffer，1977）。赫伯特·西蒙（Herbert Simon）并不认为领导者没有一点影响力，而是认为领导者可以决定"路线的小方向"（1967，p.134）。然而，我自己的观察是不同的。根据我的经验，实际上，领导者可以不只是公交车司机，领导并非仅仅是各种社会力量联合作用的结果。诚然，领导者受事件的影响，但是他们也可以充当事件的催化剂。罗伯特·塔克（Robert Tucker）的一个暗喻可以借来用一下："领导者并非仅仅是剧中的演员（不管多么伟大），还是剧作家。"（Hoffman，1967，p.109）某些情境，像危机，也许会帮助领导者走向卓越，但是，在很多重要时刻，领导者通过自己的作为（或者不作为）成就自己。然而，争论人与情境谁主谁次，就像先天遗传——后天教养问题一样，是争不出结果的，最终只会陷入僵局。尽管如此，为了恰当地理解领导的错综复杂性，我们必须考察人与情境的交互作用（Bass，1981）。

领导者及其追随者

威尔纳（Willner，1984）在讨论魅力型领导时，探讨了"领导者与追随者之间发生了什么"这一问题的几个关键方面。她认为，很多领导者——追随者关系具有以下几个特点：

- 在追随者看来，领导者是某种超人；
- 追随者盲目相信领导者的言论；
- 追随者无条件地服从领导者的指挥；
- 追随者给予领导者无限的情感支持（p.8）。

尽管威尔纳说的是真正的变革型领导（以第三世界国家的领袖为例），但是诸如"领导者形象"（leader-image）、观念接受、服从和情感承诺之类的因素，似乎在任何一类领导中都起到重要作用。

什么造就有效的领导者

几十年前，查尔斯·戴高乐，一位变革型领导者，写道：

……不神秘就不会有威信，因为熟悉会滋生轻蔑……领导者的所作所为、所思所想，必须总叫别人不能完全摸透，让他们困惑，激励着他们，牵扯着他们的注意力……如果你想对别人施加影响力，那么你必须仔细观察他们，明确地表示：他们在你心中的位置是独一无二的，他们受到了独一无二的对待……

一般来说，内敛的人，话也很少……相由心生……伟大的领导者总是在幕后运筹帷幄。

（De Gaulle，1975，pp.58—59）

戴高乐还列出了有效领导者的其他几个特点：

● 愿意发起伟大事业，决心坚持到底（p.46）；
● 富有远见卓识，树立远大目标，从大局出发（p.64）；
● 熟悉具体情况，不纸上谈兵，不搞形而上（p.80）；
● 战略上藐视敌人（p.140）。

戴高乐知道自己在谈论什么，他有很多机会彻底检验自己的想法。他的领导观不允许平庸。他自己就是一位魅力型领导者（Weber，1964），那种对追随者有着强大吸引力的领导者，那种成为变革代理人并且能够"塑造、改变、提升追随者动机、价值观和目标"的领导者（MacGregor Burns，1978）。

戴高乐做过多年士兵和抵抗战士，这期间的磨炼为他成为法国元首做了准备。当他最终有机会掌权了，他应付得游刃有余。戴高乐是影响力游戏的高手，知道如何通过对人民直接的、强烈的吸引力来巩固权势。危机管理，例如，处理阿尔及利亚问题，是他的强项。面对困难，他果断、大胆。阿尔及利亚一直是法国的属国，阿尔及利亚的脱离掌控严重损害了法国人的自尊，在这种情况下，戴高乐成功地让法国人团结起来，恢复了法国人的自信。他的风格、他的演技、他的自信，让他的很多原本非常不受欢迎的行动变得顺眼。

仔细分析他的言论，我们可以确认出几个主题，这些主题在其他仍然在位的领袖的言论中也可以看到。

描绘梦想

正如戴高乐指出的那样，有效的领导者富有远见，能够描绘出让人十分向往的愿景。他们十分擅长确定工作重心。这样做的，并非只有戴高乐一个，还有比如富兰克林·德拉诺·罗斯福，他的"新政"成了抵抗 20 世纪 30 年代大萧条的有力武器。阿道夫·希特勒在其自传《我的奋斗》中描绘了新德国愿景，预言了千年帝国的到来。圣雄甘地构想出一个脱离英国殖民统治的独立印度，印度教徒和穆斯林教徒和谐地生活在一起。小马丁·路得·金的黑人白人和谐共存"梦想"也有类似的愿景性质。较近的有巴拉克·奥巴马，在 2009 年国情咨文中，他满怀激情地说："国际关系新时代已经开始……美国再次领先的时候到了。"在描绘梦想之时，领导者经常使用与旅行有关的比喻：走某某之路，处在十字路口。

这些领导者的伟大梦想，为追随者指出了方向，让追随者愿意为伟大事业奋斗到底。这样的领导者似乎能够把内部私人世界中的形象塑造成外部公共舞台能够接受的样子。这些人与别人的不同之处在于他们拥有十分强大的内在剧本（内心用来表征经验的代码），指引着他们；他们的内在剧本还可以传播给他们的追随者，创造出共享现实（Kets de Vries、Miller，1984；Zaleznik、Kets de Vries，1985；Kets de Vries，2009）。我们可以假设，内在剧本的形成基础是，个体对早期自己与重要他人关系的诠释。他们的内在剧本会变成"支撑神话"（sustaining myth），让群体中的其他人知道作为群体的一分子意味着什么。最后，他们的内在剧本为群体的行动奠定基础。

说到这，麦克阿瑟将军是一个很好的例子。读他的《回忆录》（Reminiscence），我们可以看到：他的内心世界充满祖父、父亲、兄长的英勇形象。他的人生任务是效仿他的父亲，用他父亲军中同僚的话说，他的父亲"雄伟……无所畏惧……在丛林中会与一群猛虎搏斗……成了军中英雄"（MacArthur, 1964, p.9）。另外一方面，他的妈妈总是对他说："如果你保持冷静，你就会赢。你必须相信你自己……否则没人会相信你。相信自己，依赖自己，即使你做不到，你也会知道你尽过力了。"（MacArthur, 1964, p.18）麦克阿瑟坚信父母是可靠的、可信的，内化了这样强大的支持系统，难怪他变成了那样的领袖。此外，考虑到麦克阿瑟的特殊背景，所以毫不奇怪的是，他的一个人生任务是"收复"，即把菲律宾（他的父亲在那做过总督）从日本侵略者手中解放出来。

在商业领域，我们可以观察到类似的过程在起作用。例如，汽车制造商亨利·福特"内心世界"的一个重大主题就是，在心理意义上，努力对农民进行某种形式的补偿。实现这一目的的"工具"就是 T 型车，也称"农民车"（Jardim, 1970）。《读者文摘》（Reader's Digest）曾经是世界上读者群最广泛的杂志，其创办者之一德威特·华莱士（DeWitt Wallace）的梦想是，推出简版书籍文章，提升和改善读者生活。沃尔特·迪斯尼的愿景是，打造童话王国，娱乐全体家人。

操纵象征

有效领导的另外一个重要部分是沟通。领导者需要能够向追随者表达自己的梦想，这样做的时候，他们经常采用的方式是，效仿历史人物或者神话人物（让人们把对历史人物或者神话人物的崇拜信任转移到他们身上），还利用仪式、象征和布景（于无声中造雷霆之势）。这里，领导力和表演力等价。有效的领导者，口才极佳，知道如何运用幽默、讽刺和俗话。有效的领导者与众不同的一点是，他们知道如何直接与听众的潜意识对话，如何利用形象语言，比如微笑和暗喻，形象语言会促进追随者对他们的认同。他们特别擅长把握时机、制造悬念。

这些象征沟通容易调动人们的情绪，进而诱导出追随者的依赖反应、退化反应和移情反应（Kets de Vries、Miller，1984；Kets de Vries，2006）。领导者用这样或那样的方式在追随者身上制造出一种被照顾的欲望和需要。因为他们已经让追随者对他们寄予期望，所以他们理所当然地成为满足追随者这些欲望和需要的不二人选。

领导者让追随者忆起过去的支配服从关系。在移情过程中，追随者形成一种错觉，把童年时期的重要他人与当前人物混在一起。领导者鼓励追随者对他们移情，帮助维持追随者的错觉。连无能的领导者也经常能够享受这种错觉的好处，从移情中受益。

弗洛伊德曾经把领导者与追随者之间古怪的心理关系比作催眠师与催眠对象之间的心理关系（Freud，1921，p.81）。双方之间的对话经常涉及简化、极端和对比；渲染是必需的。真正有效的领导者知道如何运用简单的语言，让自己的信息容易让人理解。

我们可以看到政治领袖的演讲如何鼓动听众，比如，温斯顿·丘吉尔的"我能奉献的没有其他，只有热血、辛劳、眼泪与汗水"，约翰·肯尼迪的"不要问你的祖国能为你做什么，问问你能为你的祖国做什么"。

类似地，商业领袖也善于打动人心。亨利·福特的第一个决定是，给工人支付一天五美元的工资（几乎是当时平均工资的两倍），这一决定让他暂时成为工人阶级的救世主。IBM 王国创建者托马斯·沃森对服务宗教般的虔诚被传为神话，麦当劳的创立者雷·克罗克强调质量、服务、洁净和价值。

共情能力

能够调动正面情绪（特别是在局势紧张之时），是有效领导的核心之一。有效的领导者拥有高超的人际技能，不管是一对多还是一对一。一般情况下，领导者是在一群核心亲信的支持下谋权掌权的。那些登上高位的人非常擅长影响、控制、操纵追随者。他们似乎特别会安抚人心。他们清楚关键部下需要哪种指导。他们能够诠释他们的动力。他们还能营造良好环境，包容追随者的情绪。比较有效的领导者对他人特别敏感，能够倾听、理解他人的观点。麦考尔（McCall）、摩根（Morgan）和隆巴多（Lombardo）（1983）在比较成功的商业领袖与不成功的商业领袖时发现，"经理人职场失败最常见的原因是，人际敏感性差"（p.28）。他们在研究中发现，无效的领导者是生硬的、粗暴的，喜欢胁迫人，不愿把自己和影响对象放在平等地位上。我在领导力病理学方面的研究也有类似的发现（Kets de Vries，2006）。

营建网络

有效的领导者还擅长在组织营建网络，即打造情报网、经营关系网，管理控制关键下属（Kotter，1982；Luthans、Rosenkrantz、Henessey，1985）。他们靠情报网监控下属，让下属不敢有异心；

他们依靠关系网笼络下属，让下属心甘情愿为他们卖命。聘用、解聘、晋升以及资源分配是经营关系网的工具。信息管理，是打造情报网的工具。

富兰克林·德拉诺·罗斯福的网络营建能力被传为神话。他上任之后的第一件事是打造了一个情报网，防止自己被华盛顿错综复杂的官僚政治吞噬掉。在他任总统期间，著名分析家理查德·诺伊施塔特（Richard Neustadt）写过：

[罗斯福]不仅让机构保持重叠、让权力保持分散，而且让脾性相冲、政见相左的人共同辅佐他。因为个性相竞、职权相争，所以下属们无法擅自决定不该自己决定的事情，只有上报给他去决定。他鼓励下属们互相撕咬，因为他觉得，下属们的争吵带给他的不仅有压力而且有情报……

（Neustadt，1960，pp.157—158）

制造意义

领导力文献一再强调的一点是，有效的领导者能够从看似毫无联系的事件中理出联系（Isenberg，1984）。领导者是意义制造的高手，擅长在杂乱中发现规律。有效的决策者，有能力从大量看似没用的信息中找出有用的信息。他们还知道如何避免自己被信息过载压垮。他们是所谓的"减压器"（reducer）[与"增压器"（augmenter）相对]，也就是，他们有能力限制外界刺激对他们的冲击（Lipowski，1975）。这一特点让他们能够处理复杂的、新奇的、有趣的情境，同时保持绩效不降低、认知不失调、健康不受损。他们知道如何通过选择性的组合与选择性的对比构造不同的联系，这让他们十分擅长把原本相互独立的信息关联起来。分割信息、整合信息时，他们非常灵活，能够根据情境需要加工信息（Suedfeld、Rank，1976）。如果情境要求简单的信息加工，那么他们就会拒绝不和谐的声音。但是，如果情境允许，那么他们会尽量整合更多的观点，寻找新奇的解决方案。

我遇到过的商业领袖，很多都有一个与众不同的地方：能够容忍很高的唤醒水平。用诗人吉卜林（Kipling）的话说就是，在别人都惊慌失措时他们能保持冷静。他们能够成功地处理危机，既不会觉得过于投入，又不会觉得不舒服或者精疲力竭。

激发斗志

有效的领导者向追随者表达高绩效期望，并且表现得相信追随者有能力满足这些期望（House，1977）。他们的高期望似乎有利于增强追随者的自尊感和胜任感，以及有效性。有效的领导者知道如何鼓舞追随者。他们让追随者觉得自己是重要的，让追随者愿意为共同目标奋斗；他们激发追随者的潜能，鼓励追随者创造奇迹。

政界有很多领导者知道如何激发追随者的斗志。2008 年，巴拉克·奥巴马获得民主党总统提名，在提到美国当前遇到的困难和挑战时，他反复重复一句简单话："是，我们能。"这句话很有感召力，让听众情绪激昂。多年前，奥巴马的一个前任，约翰·肯尼迪，在听众身上诱导出同样的反应，他说"我们站在新前沿的边缘"。戴高乐在"二战"开始时说"法国输了战斗，但没输了战争"，向追随者表达了同样的信心。比戴高乐早 100 多年的拿破仑·波拿巴满怀信心地宣称："每个法国士兵的弹药盒里都装着一个法国元帅的指挥棒。"这些领导者有一个共同点：能够在追随者中间营造激昂的氛围。他们知道如何最大限度发挥追随者的潜能，让追随者的表现超过期望。

熟悉业务

斯托格迪尔的《领导力手册》（Bass，1981）在列举有效领导的重要因素时提到了技术技能。领导者需要熟悉业务，也就是需要知道自己在谈论什么，否则就会很快丧失可信性。边做边学只是权宜之计。领导者不仅需要看到全景，而且需要熟悉细节，这样，他们提出的想法才会符合实际。因此，领导者需要在一定程度上熟悉具体工作。

克莱斯勒公司的前主席李·艾柯卡（Lee Iacocca），就是一个好例子。20世纪80年代，公司一把手的演技对公司的发展非常重要（艾柯卡在公司电视广告甚至大众娱乐节目中频频亮相）。没有演技，公司就不会得到政府的资助、工会的支持（答应削减工资），也不能说服顾客购买其汽车。然而，还有另外一个关键因素，非常熟悉汽车行业。他知道制造一辆汽车意味着什么，他明白不同生产步骤如何衔接，他知道如何运用控制系统把公司各子公司连接起来。正是这些特殊知识让他得以如此有效地表达复兴愿景。1992年，艾柯卡离开公司。自那以后，公司发生了很多变化——不幸的是，越变越差。

百折不挠、坚持不懈、始终如一

做领导者，肯定需要一定的韧性或者"坚韧度"（Kobasa，1979），因为环境变化太快，工作压力很大，这种情况下，只有具有足够韧性才能坚持下去。有效的领导者知道如何管理压力，他们与其他人的不同之处是，拥有正面的、稳定的自我形象（Kets de Vries、Miller，1987）。他们坚信自己可以掌控自己的人生（Rotter，1966），把变化看作挑战（Kobasa，1979）。

与坚韧一起的，还有坚持不懈和始终如一。有句话说得好，永不放弃的人很难打败。真正的领导者不会轻易放弃，他们会不断尝试，直到实现目的。不管遇到多少困难，他们也会坚持最初的目标。有时，遇到烦心之事，他们也会唠唠叨叨纠缠不休，但是，他们深信坚持就是胜利。此外，如果需要，他们会坐等最佳时机。内在剧本的突出主题，让他们得以坚持下去。他们看起来正直、可信。他们始终如一、至死不渝，不会反复无常、阴晴不定，因此比较容易相处，是很好的合作伙伴。

很多企业家和机构创始人的人生史中，坚持不懈和始终如一两个因素一而再再而三地出现。欧洲统一运动的"总设计师"让·莫内（Jean Monnet）在回忆录中写道：

我不是乐观主义者。我只是坚持不懈。如果一件事情必须去做，那么只要没去尝试过，怎能说这件事情不可能做到呢？……一直把事情放在心上，总归能找到解决办法……我会耐心地等待合适的时机。在干邑（法国生产白兰地之地），人们擅长等待。要酿出上好的白兰地，等待是唯一的方式。（Monnet, 1976, p.44）

《读者文摘》创办人德威特·华莱士是商界的例子。他提出创办《读者文摘》那个类型的杂志时，很多人都不看好，但是，他不屈不挠，坚持不懈，终于获得成功。类似的，沃尔特·迪斯尼等待了很长时间才等到大众接受他的米老鼠。他最初推出两部米老鼠电影，人们没什么反应，后来，他为这两部电影配了音，才引起人们的注意。不过，光有百折不挠、坚持不懈、始终如一是不够的，必须还有行动力。

行动力

很多人想法很多，但总是停留在只说不练阶段。有效的领导者是不同的，他们走得更远，他们是行动者，他们创造自己的环境（Weick，1979）。这样的人，擅长主动与人结交并且维持好关系。他们知道如何提出新想法并且让新想法切实可行。

支撑行动力的是强烈的成就动机，也就是，强烈地希望做得比前人更好。杰出的企业家都有很强的成就动机。他们愿意有所筹谋地冒险，而且不过度冒险（McClelland，1961）。

结语

本章，我的目的是指出在区分有效与无效的领导者之时需要考虑哪些重要品质。尽管我承认社会环境、追随者心理的重要性，但是这里我没有考虑那些因素。

领导者是象征。他们是追随者认同的对象，出错时的替罪羊。纵观历史，我们可以看到几经沉浮的领导者。在起起落落中，权力变成连接领导者与追随者的力量，很多关系的基础都是权力。不幸的是，有效领导与善用权力并非是形影不离的。领导者—追随者互动中始终存在着群体退化压力和自大妄想，进而可能造成权力滥用、领导者变质。然而，真正有效的领导者，始终对权力病保持警惕，经常进行自我反思，既不让自己变成光说不练的人，也不让自己变成一味埋头苦干的人。最后引用老子的一句话："胜人者有力，自胜者强。"

第3章 领导者与追随者之舞 [①]

"你好!"小猪皮杰说,"你在做什么?"

"搜寻。"小熊维尼说。

"搜寻什么?"

"跟踪一个东西。"小熊维尼非常神秘地说。

"跟踪什么?"小猪皮杰靠近过来。

"这个问题正是我要问自己的。我问自己,是什么?"

"你认为你会怎么回答?"

"我必须等待,直到抓住它。"小熊维尼说。

——艾伦·米尔恩:《小熊维尼》

1994年8月24日,迪斯尼动画工作室高层之一杰弗瑞·卡森伯格(Jeffrey Katzenberg)辞职。卡森伯格在与迪斯尼主席迈克尔·艾斯纳(Michael Eisner)合作18年后负气出走,这件令人震惊的大事马上成为头版新闻,在整个娱乐界掀起波澜。很多业界分

[①] 本章部分内容节选自 Kets de Vries, Menfred F.R.（1999）。"What's Playing in the Organizational Theatre? Collusive relationship in Management，" *Human Relations*，52（6），pp.745—773。

析家认为卡森伯格的出走是迪斯尼的巨大损失。他打造了一系列成功的动画电影（包括赢利颇丰的《狮子王》），是迪斯尼快速发展的主要引擎。公司总裁弗兰克·韦尔奇（Frank Welch）猝然死亡，迪斯尼启动继任程序。卡森伯格的出走让原本顺利的继任过程充满危险（特别是考虑到艾斯纳刚刚做过心脏四重搭桥手术）。另外，卡森伯格很快成为一家新公司的合伙人，这家新公司就是梦工厂，后来成为迪斯尼最大的竞争对手（Auletta，1994；Huy，1995）。

10年前，即1984年，艾斯纳和卡森伯格一起离开派拉蒙影业，接手了垂死的迪斯尼。当时，迪斯尼的进账只有14亿美元，非常令人失望。到了1994年，迪斯尼的进账已经达到85亿美元。电影制作室（由卡森伯格负责）的税前利润从1984年的200万美元增长到1994年的8亿美元。这十年期间，没有哪个电影制作室的盈利高过迪斯尼。迪斯尼的盈利情况如此之好，所以艾斯纳与卡森伯格的破裂似乎不是由于简单的财务问题，人的因素应该在其中起到了重要作用。两人之间的关系怎么啦？18年的合作无间因为什么而变质？到底发生了什么事情？

他们之间关系的破裂和婚姻的破裂有很多类似之处。这场让公众哗然的破裂真相到底如何，已经很难弄清了。观察家们表达立场时，大都习惯把一个人看作坏蛋，把另外一个人看作英雄。破裂事件两个主角各自的支持者都纷纷指责对方是粗暴的夸大狂，比如，有些人指责卡森伯格居功自傲，有些人指责艾斯纳只容得下应声虫、带领迪斯尼走向毁灭。

把相互攻讦放在一边，我们可以猜测：关系的显性要求与隐性要求也许并不一致。"破裂"的各个版本，让"破裂"看起来像一个依赖与反依赖、自主与控制、自恋与情感的故事。似乎只要双方都在伙伴关系中扮演着合适的角色，就存在某种平衡。但是，当卡森伯格试图改变那种局面，坚持自己的权利，显示自己的权威，要求坐上迪斯尼的第二把交椅（在弗兰克·韦尔奇死后）时，艾斯纳怒了。

根据对两个主角都比较熟悉的人的说法，艾斯纳总是对得力干将相当冷淡。这些人注意到，艾斯纳在对下属论功行赏这个方面行动不够积极，能拖就拖。更糟的是，有些人指出，那些年间，他似乎变得越来越傲慢、苛刻。他总是让卡森伯格居于下位，事事要他批准，事事求着他。另外一方面，有些人评论说，卡森伯格也不是什么好好先生。根据他们的说法，他手段强硬，以铁血著称，但正在试着改变这一形象，时不时展现出温软、安抚的一面（Grover，1994）。

从现有的这些信息中，我们可以猜测，当卡森伯格向艾斯纳明确表示想与艾斯纳平起平坐时，关系平衡打破了。显然，艾斯纳不会让卡森伯格如愿。艾斯纳不可能接受他们的关系发生这一变化，他似乎不愿妥协，觉得卡森伯格太咄咄逼人。不管两者的关系靠什么"胶水"来维系，现在这个"胶水"不起作用了。

我们可以断定，不幸的是，双方都不明白这个"胶水"的本质。尽管合作共事多年，但是他们似乎对两人关系的具体情形知之甚少，似乎不太清楚各自的角色。因此"悲剧"不可避免地发生了。正如肯·奥勒塔在《纽约客》上写到的那样："卡森伯格离开了一份他喜欢的工作，迪斯尼失去了一位它不想失去的经理人。意识控制不了的原始力量在起作用。"

怪谁呢？谁是罪魁祸首？这一结果可以避免吗？可以就艾斯纳和卡森伯格在这幕组织剧中的角色说些什么？哪种心理动力学力量在起作用？

从根本上说，我们都是演员。我们都在舞台上。我们喜欢演戏，而且，我们喜欢让别人参演我们的人生剧。无论身在何处，我们都在演戏，喜剧、悲剧、浪漫剧，应有尽有！演戏既是私人生活的一个重要部分，又是组织生活的一个重要部分。

在组织生活中，就像在私人生活中一样，鸿篇巨作在不断上演。像迪斯尼的高层一样，组织领导者钟爱演戏。正如我在第 2 章提到的那样，某种形式的演戏是他们工作的一个重要部分。演戏是影响下属的一种方式。领导者必须鼓舞追随者，与追随者分享公司愿景，恳请追随者帮助他们实施伟大的想法。领导者发现，为了完成那些任务，些许印象管理是必要的。他们需要下属的配合，他们需要下属帮助他们做事情。

尽管高级经理人与下属（甚至同级）之间所有这些互动也许看起来都是自发的，但是事情真相可能完全是另一回事。职场中的"戏剧"，有的并不像乍看起来那样是自发的。敏锐的观察者很快就会注意到，上下级之间的这些互动随着时间的推移呈现出某种模式。仔细审视就会发现，有些呈现出这种模式，有些呈现出那种模式。此外，这些组织心理剧的参演者有时会陷入某种恶性循环，造成各种各样的组织病。当然，这并非意味着没有建设性的人际互动模式。经理人之间的相处，除了偶尔造成压力外，往往还会带来进一步的成熟、创造力、高峰体验、转变和变化；很多职场关系具有亲密性和自主性，能为进一步成长创造条件。但是，在有些情况下，事情并非如此。

在本章，我要考察组织中可以看到的某些共谋互动模式。为了理解这些模式的形成源头，我以不同性格类型作为出发点，借用心理动力学导向夫妻治疗中的概念，确认出最常见的几类共谋及其后果（Reich，1949；Shapiro，1965；Storr，1979；Millon，1981；Kets de Vries、Perzow，1991；McWilliams，1994）。最后，我将就如何识别并管理这些不良行为模式谈谈几点看法。

幻想的啮合

共谋关系，始于"求偶"（courtship）。所谓求偶，就是双方评价对方是否适合用作投射对象。用组织学术语来说，"求偶"一幕在招募新人并对新人进行社会化期间上演。培训与发展（在此期间塑造员工行为）、入职，是评价新人是否适合参与关键演员（定基调、定义公司文化的演员）发起的互动的重要时机。在求偶期间，双方通过投射认同（本书第 1 章讲过）向对方发送并且接收来自对方的有意识和无意识的信号。双方也许在对方身上发现被否认、被拒绝或者被投射的那部分自我，双方都在对方身上寻找对方适合参演"主流剧本"（prevailing script）的证据。起初探究的问题是，每方在多大程度上可以充当另外一方投射认同的好"容器"。然而，主流剧的具体内容并不是公开的，信号非常微妙、隐秘。但是，这些试探是共谋的序曲。数次试探后，人—组织匹配度得到确定。个性不匹配的新人最终不得不离开组织。

"共谋"一词是用来表示，剧中演员陷入这些也许会阻碍成长和发展的相互投射认同中。在这种背景下，共谋应该理解为意识之外的、重复出现的人际互动，之所以发动起来并维持下去是为了管理并控制过去冲突引发的焦虑。精神分析学家杰格·威利（Jürg Willi）把共谋定义为"希望一起就各自生活中未能解决的冲突达成和解而相互渴求的双方之间无意识的互动"（1982, Preface）。

这些共谋，可以看成神经质合作，往往占用大量心理能量。如果剧中双方的某些行为模式产生共鸣，那么共谋就会出现。通常，一方让另外一方陷入互补反应。发起的一方强烈坚持从另外一方身上获得自己身上没有的东西。因此，通过投射认同，发起的一方把另外一方当作工具，开发成自己想要但没有的一部分自我。在组织中，考虑到权力动力学，不愿与高级经理人"配戏"的员工往往待不长。

这种不健康的共谋与一种好玩的互动形成了鲜明的对比。这种好玩的互动，让双方都有大量过渡空间，有利于学习，也有利于创新（Winnicott，1975）。在这种好玩的互动中，结局并没预先设定，演员并不觉得陷入僵局，新的配对是可能的。这种好玩的互动，可以促进双方的成长和发展。

通常，发起方在三个不同意识水平邀请另外一方参与共谋。第一个水平，最常使用语言沟通。新人进入组织后，组织会花费大量精力让新人熟悉公司文化，让新人了解组织偏爱哪种人际交往风格和关系经营方式。具体而言，组织明确告诉新人要与哪些人合作以及怎么与那些人合作。当然，这些言语沟通发出的信息，新人并非总能完全理解。投射认同容易出现扭曲。一个人在认知水平上的理解可能与在情感水平上的理解存在很大差异。结果，新人并非总能按照组织期望的方式作出反应。

第二个水平，一方有意识地（至少潜意识地）知道"合同"（contract）的内容。所谓合同是对双方互动方式的规定，涉及谁做主、亲疏距离、谁扮演偏主动的角色以及谁扮演偏被动的角色，等等。有意识的一方拿出"合同"让另外一方"签字"，另外一方只会渐渐明白"签字"之后意味着什么。

最后一个水平，双方都完全意识不到。偶尔，双方内心剧场的明显主题被双方暂时当作主流主题，控制着双方的关系。然而，这些主题很快就被双方抛在一边。例如，双方也许无意识地关注以依赖、自恋或者施虐需要为中心的隐秘愿望。在这个水平上，双方内心剧场的微妙主题，即那部分基于未解决的童年冲突，被否认、被拒绝、被投射的自我，规定了双方如何互动，控制了双方的关系。在这个过程中，重复起着重要作用。

考虑到这三个意识水平，就不会奇怪，为什么不良组织剧中的演员也许最初完全意识不到（尽管在进行投射认同）自己的处境。然而，也许要不了多久他们就会发现自己陷入了恶性循环，陷入了一场似乎永不停止的游戏。

我们可以观察到，当某些情节一而再再而三地出现，共谋关系就会出现僵局。双方之间似乎出现一种"寄生"（parasitic）连接，这种连接的症状是发展停滞（McDougall，1985）。分析这些重复出现的情节就会发现，双方都试图从对方身上找到自己在早先的发展关键期缺失的东西。

这些重复出现的情节，演员阵容预先就设定了。似乎某类人与另外一类人之间存在某种致命吸引力，因为他们的演技是互补的。在这样的共谋关系中，双方似乎连接紧密，分都分不开。尽管在表面上，双方也许扮演相反的角色，但是在深层上，双方的内心冲突是类似的，双方都在对方身上找到了无意识的共鸣板。双方扮演的角色在不断变化，一方越被动，另外一方就越主动，因此，如果最初被动的一方变得主动一些，那么最初主动的一方就会变得被动一些。似乎必须维持关系平衡，不管耗费什么代价。

很快，共谋关系的不良后果就会显现出来。双方也许卷入耗时耗力的内讧，几乎没有什么时间和精力去做建设性的、创造性的工作。在这样的情况下，双方不能自由互动。他们陷入了一场似乎永不停止的游戏中。

共谋关系有个特点极不理性，那就是，处理根深蒂固的、没有解决的童年冲突。双方没有能力客观看待彼此的关系，不知道如何重构关系或者跳出关系。这些古怪的互动很难终止，因为移情会重现那些根深蒂固的、没有解决的冲突，造成非理性恐惧。

这些互动大都是无意识的，所以不足为奇的是，共谋关系中的双方都会强烈否认自己在玩游戏。但是，深入挖掘下去，很快就会发现共谋有明确的分工。深入挖掘还揭示，双方都有一个深层愿望：在对方的帮助下，解决好自己根深蒂固的冲突。

这些互动可能造成很大的破坏。长期在共谋氛围下工作的经理人，经常出现压力症状，比如，最常见的有抑郁、失眠、易怒、发脾气、身心疾病（例如，胃病、头痛、溃疡）。更糟的是，有些经理人也许陷入共谋关系无法自拔，搞得组织人心惶惶、绩效下降。然而，很难说清共谋关系中谁是主犯，或者说谁是受害者、谁是加害者，因为双方都在用对方满足自己无意识的需要。共谋关系从外部看去，也许可以区分受害者和加害者。但是，仔细调查一下就会发现，双方都参与了共谋并从中获利。毕竟，一个巴掌拍不响，探戈要两个人来跳。

方法学

我说的那种共谋关系在婚姻中表现明显。婚姻治疗师，比如Whitaker（1958）、Ackerman（1958）、Dicks（1967）、Minuchin（1974）、Stream（1985）、Sharpe（1981，1992）、Sager（1991）、Lachkar（1992）、Ruszcynski（1993，1995），特别是威利（Willi，1984）写过很多有关不良共谋关系的文章。我自己在研究人格、领导风格、组织文化、战略和组织结构的关系时，发现他们的结论同样也适用于组织情境，尽管也许强度不一样（Kets de Vries、Miller，1984，1987；Kets de Vries，1989，1991，1993，1995，2001，2006）。因此，本

章在探讨组织中的上下级关系时将借用婚姻治疗中的概念。

为了理解决定这些共谋关系的深层剧本，我们必须弄清所涉经理人的"内心剧场"在发生什么事情。因为个体的内心剧场决定了个体在人际情境中加工和利用信息的方式，所以在分析"深层"结构时，我们必须做某种"组织侦探"（Geertz，1973，1983；Luborsky、Crits-Christoph、Minz、Auerbach，1988；Luborsky，1990；Horowitz，1991；Kets de Vries，2006）。我们必须留意所涉经理人的深层主题、隐藏意图、所用暗喻的背后含义、遣词用句的原因，以及某些行为活动的深层含义。

分析这些深层动机，即梳理经理人内在剧本的认知成分、情感成分、行为成分，要求能够"用第三只耳朵倾听"（我将在本书第4章详细讨论这一技能）。用第三只耳朵倾听意味着有一定的情商，也就是能够明白自己的感受，知道如何处理那些感受，还能领会别人的感受（共情和直觉）。用第三只耳朵倾听还意味着能够意识到情绪在传染（投射认同在起作用），并且理解那些费解的、移情的、非言语的信号。此外，用第三只耳朵倾听还要求，能够分析任何人际关系中的复杂互动的深层意义。

在本章，我将以两块资料为基础探讨某些比较突出的共谋关系。一个资料来源是，一个参与者为200名经理人的研究。底层员工的行为已经谈得够多了，但是，手握大权、能在组织兴风作浪的高层经理人的行为却很少有人探讨。我想研究高层经理人与其直接下属的关系（然而，考虑到人格的普遍性，这一研究的大部分结论也适用于底层员工之间的关系）。这个研究中的经理人，主要分布在 IT 业、制药业和银行业，很多是所在公司的 CEO，也有很多参加了 INSEAD 举办的高级经理人领导力学习班。这个学习班的目的是让他们更好地理解自己的领导风格，帮助他们培养情商，更好地理解自己对他人的影响。另外一个资料来源是，在全球公司开展的几个行动研究项目，这些项目感兴趣的是公司变革（变革最重要的一个任务是，改变经理人的心态）。在这些项目中，研究者有机会对经理人进行一对一访谈，观察工作中的经理人。这两个资料来源中的一对一访谈，都进行了结构化处理，有几大焦点：人生史，主要关系（私人的、工作的），关键事件，棘手的组织问题。

因为 INSEAD 学习班的性质，还因为在学习班上与高级经理人共度的时间（一年之内，有三期为期五天，另外还有一期为期四天），所以我（与传统的访谈相比）是可能对每个人的动机、驱力、需要、愿望和幻想进行深入分析的。因为是自愿参加领导力学习班的，所以大多数人的积极性都很高。为了控制反移情反应（访谈者的移情偏差），所有讨论都有两个助手做记录，事后进行核对，以保证忠实地记录讨论期间发生的事情。

这些经理人大部分是很多关系的枢纽，讨论关注他们各自最重要的关系。似乎，这些经理人描述的关系，大都没有出现共谋，关系中的双方似乎都保留了各自的个性。然而，这些经理人描述的关系，少数还是出现了共谋。深入探索这些共谋关系后发现，超过半数以上是自恋型。考虑到自恋在领导力中的重要性，这一点并不奇怪。其次是控制型，之后是偏执型，最后是虐恋型。因为大部分共谋具有自恋型共谋的特点，所以控制型、偏执型和虐恋型有时被归在自恋型之下。

在下面的讨论中，我将依次介绍这些经理人报告的各类共谋关系。介绍每类共谋时，首先给出一个"剧本"样例，然后指出"戏剧"的重大主题，最后点评共谋关系中双方的性格及形成原因。必须强调一点的是，我只是列出了最常见的四类共谋，并非所有二元关系都可以归为四类当中的某一类。

共谋的类型

自恋型共谋

下级：你的那个有关公司未来应该往什么方向走的报告，我非常喜欢。你太棒了！

上级：你真的喜欢我做报告的方式？我的定位表达得非常清楚吗？

下级：非常清楚。你的逻辑，真的让所有人拜倒。实际上，其他人的脑子还不知道转到哪了呢，他们都跟不上你的思路。他们有点晕，不太了解行业趋势。我想问问你，你在报告中提到的新的市场营销战略规划，能否让我帮你做。那会是一次很好的学习机会。我非常想加入这个项目。我知道我还有很多东西要学。你能教我很多东西。

上级：你为什么这么说？

下级：每个人都说你最精通业务。你就是那个实际上在为行业制定规则的人。

上级：你真的这么认为吗？

根据访谈的揭示，最常见的剧型是自恋型共谋，上面那段剧本就是一个好例子。尽管自恋主题有很多变式，但是仔细分析一下就会发现，基本信息都是一样的。剧本中居于下位的人会说："没有你的帮助，我不能完成任务。对我而言，你就是整个世界。你是认识路的人。你是我唯一能够指望的人。我会为你做任何事。不管你到哪里，我都会追随你。"强烈需要赞美和喝彩、喜欢居于支配地位的人，十分喜欢下属这么奉承自己，然后高高在上地对下属施恩。他们的下属也非常渴望听他们说"跟着我有肉吃"。

　　自恋型共谋的强烈程度，进而其危险程度，似乎取决于主要演员，即居于支配地位的人能把自己强烈的自恋倾向管理得多好。正如我以前指出过的那样，在日常的生活和工作中，我们都需要一定程度的自恋，但是，过度自恋则会引起麻烦（Kets de Vries、Miller，1985；Kets de Vries，1995）。极端自恋者一定会造成破坏。他们一心想居于上位。而且，正如很多人从经验中了解到的那样，极端自恋者非常自我中心、自我参照，强烈需要别人的赞美和关注，容易出现夸大幻想，而且很多还有很强的报复心。

　　正如我在本书第1章暗示过的那样，过度自恋可以看成是为了补偿早期关系带来的失望。这些人的主要感受似乎是，自己受过很大委屈，世界严重亏欠自己（Millon，1981；Kohut，1971，1977；Kernberg，1975，1985；Masterson，1981；美国精神病协会，2000）。他们非常渴望别人的认可、外界的肯定，以获得内在的安全感。他们似乎没有凝聚的自我感，因此心理结构失衡，行为反复无常，自尊调节出现严重问题。极端自恋者总在寻找崇拜者，以支持夸大的自我形象，对抗无助感和无用感。

　　这些人的人生史有个特点，那就是，在早期发展阶段，抚养人对他们刺激过度或者刺激不足，或者，抚养人对他们的干预相互冲突或者前后矛盾（Kohut，1974；Miller，1975；Kets de Vries，1989）。他们当中有些人，被抚养人（无意识地）过度利用，以维护抚养人自己的自尊；他们也许被迫成为抚养人的自恋延伸体。这样的抚养人，强烈关注表面的、外在的成就信号，不顾孩子本身的感受。这样的抚养人养大的孩子，也许缺乏整合的自我感，始终困惑于自己应该过什么样的生活。他们始终不能接受自己，甚至也许从未获得安全的内在价值感。结果也许就是，终生都在寻求补偿，肯定自我、表达自我。

可以料到的是，当这样的自恋成为一个人的核心人格，这个人就容易出现人际关系问题。因为抚养人的不良教养方式，自恋者也许看不到身边的人是有着自主权和自身需求的独立个体。实际上，自恋者与其崇拜者之间的关系根本不算真正意义上的关系。就像早年抚养人"利用"他们一样，他们也把其他人看作可以与汽车、马匹和房子相提并论的物件：可以用来炫耀；被视为理所当然；唯一的功能是充当自恋者显示排场的装饰品。

不用说，这样的共谋只有在双方性格是互补的情况下才出现。于是，过度自恋者要求另外一方自我埋没，即愿意始终无条件地崇拜自恋者。所有注意力都必须引向自恋者。其他任何人都不允许站在聚光灯之下。其他人围在身边只是为了充当陪衬。另外一方必须做很多事情，让自恋者觉得"被填满"（filled up）并且能够克服内心的空虚感。那些获准参演自恋者"戏剧"的人，必须做好始终不抢自恋者风头的准备。

通常，身居下位的人也许有着与自恋者类似的自卑感和低自尊感。但是，因为过去的发展史，服从的一方习惯于自我贬低。他或她也许在一个没有多少爱的家庭中长大，童年时期的依赖需求也许很少得到满足。因为这种背景，他或她也许一生都在寻找理想化人物，以弥补早期的情感剥夺。这样的人容易自我屈服、自我牺牲、自我妥协，于是经常积极地寻找那种能被自己理想化的人，以撑起自己弱小的自尊。这样的人似乎拼命想把自己附着在心目中的无所不能之人身上，以对抗内心的焦虑、获得安全感。这些原始的理想化背后也许是"金色幻想"（golden fantasy）——希望自己的所有需要都无条件地得到满足（Smith，1977）。这些渴求理想化的人想通过一种间接的方式获得自恋补给品：寻找心目中的无所不能之人，把自己的幻想投射到那个人身上。通过理想化和认同，他们经由代理获得自恋补给品。威利（1982）把这些人叫作"互补自恋者"（complementary narcissist）。他们似乎想占用伙伴的理想自我。

除了互补自恋者（充当主动自恋者镜像的人）之外，还有另外一群人可能加入自恋型共谋关系，就是那些依赖性很强的人（Storr，1979；Millon，1996）。因为在童年时期父母对他们投射过度，所以这些人也许没有完成分离—个体化过程（Mahler、Pine、Bergman，1975；Storr，1979）。他们也许从未被允许成为独立个体，满足自己的愿望，学会照料自己。造成这种状况的常见原因有：母亲过度焦虑；小时候容易生病；是独生子女（父母总是过度害怕失去他或她）。

自恋型共谋中与自恋者对应的一方，不一定是渴求镜像的人或者依赖性强的人，还有可能是其他人，但是不管如何，这些人一定极其渴望爱、极其柔顺。他们似乎缺乏自信。他们好像拥有负面的认知图式；他们也许从未觉得足够好；他们也许轻视自己的成就。没有别人的帮助，他们似乎就不能工作和生活。他们也许很难独立做事情。相反，他们允许别人对他们的人生负责。结果，这些人迅速把自己附着在给自己指引方向的人身上；有了这样的方向，他们似乎就有足够的能力工作和生活。因为有很强的依赖需要，所以他们甚至明知某件事情是错的而认同这件事情。他们不加批判地接受另外一方的行为、行动（不管这些行为、行动是多么不切实际），这样做似乎是他们为了亲近另外一方而自愿付出的代价。显然，比做不对的事情更令他们害怕的，是失去所依赖之人的支持，被所依赖之人抛弃。因此，他们自愿臣服于他人，几乎不惜任何代价，经常做出很大的自我牺牲。

似乎，在内心世界，这些下属把自己的幸福完全寄托在自己崇拜的人身上。他们的上司总是他们的注意中心和话题中心。这种强烈的关系甚至会让他们上瘾。他们似乎暗暗地希望与上司融为一体。他们的深层幻想似乎是完全共生，就是回到童年早期那段与主要抚养人之间有着真实或想象的完美关系的幸福时光。

然而，他们的极度崇拜，上司并非总能接受。上司可能会焦虑。被理想化、偶像化，可能是非常令人窒息的体验。他们希望保护上司，免得上司受到不好的影响（在他们看来是不好的影响）。他们这样以上司的守护人自居，可能会给上司造成约束感。他们企图按照自己对好坏是非的理解把上司塑造成偶像，上司可能认为他们的这种做法是一种侵犯。此外，被供上神龛经常只是被撤下神龛的序曲。他们的期望太过夸张，十分不切实际，不可能达到。"偶像"承诺过多，兑现不了，就会不可避免地让他们失望，激起他们的敌意。

很多陷入共谋关系的领导者意识不到自己的处境。他们觉察不到自恋型互动的危险，最后拜倒在它们的诱惑之下。

然而，有些被下属理想化的领导者并不觉得开心。他们觉得自己像下属投射赞颂的囚徒，于是生气、愤怒、攻击。不幸的是，这样的反应往往没有任何好处。可是，他们的不悦不能让下属有丝毫改变，下属很快会为他们的粗暴之举找到借口。在很多情况下，郁闷的领导者发脾气，下属会任打任骂，甚至享受其中。

控制型共谋

上级： 你去拜访驻亚洲各国的经理之前，记得跟我说一下。

下级： 我打算 2 月初去。

上级： 我认为，那个时间并不好，距离现在有两个多月，太迟了。考虑到公司的计划周期，我要尽快得到更清晰的数据，好做预算。我要你下周就去。

下级：我尽力。我会去安排。你难道不知道现在是他们的忙碌季节吗？这个时候去打扰他们也许并不好，他们也许没有时间回答我们的问题。他们也许需要多提前几天通知一下。

上级：我不这么认为。他们最好配合。我需要这些数据。要得到实际数据，唯一的办法就是登门拜访他们。记住，你要强硬一些，否则他们会蒙你。我要在本月月末得到数据，不能再晚。亚洲那块一直太松懈了。

下级：我非常同意。我一直有类似的看法。

上级：还有一件事。我注意到公司有些人飞商务舱，用各种各样的借口说自己需要如此。一个蹩脚的借口是，需要到达之时觉得舒适，好像商务舱就能达到这个目的似的。我做区域经理时，一直飞经济舱，觉得足够舒适。你知道，飞经济舱是公司的政策。

下级：你说得有道理。我走了，去为出差做准备。我会提前通知驻亚洲各国的经理，我要来了。

讨论确认出来的第二类最常见的共谋可以称为控制型。居于下位的经理人有句常见台词："我会保持被动。我要你扮演主动角色。我要你做领导，让你做主。"支配的一方，有很强的权力需要和控制需要，所以经常使用强制手段。

强迫型人格的发展，就像我们见过的其他类型人格一样，通常可以追溯到个体的早期童年。具体从喂养期开始，如厕训练要求过严，睡眠时间规定过细，生活其他所有方面也都有刻板的安排，控制是家庭生活的首要主题。父母也许十分严格、十分苛刻，经常对孩子提一些一般只有大人才能做到的要求，孩子达不到要求就对孩子施以惩罚。在这种背景下，孩子把父母过分苛刻的要求内化，通过满足这些要求来获得自尊。

具有强迫倾向的人，内心世界有个主要特点：极不愿意受制于人或者受制于事。他们想掌控身边的所有人和事。在控制型共谋中如鱼得水的人，往往具有刻板僵化、完美主义、严守时间、遵守规矩、谨小慎微、勤俭节约等特征。其他常见特征还有，吹毛求疵、恪守原则、过分关注细节。具有强迫倾向的人，可能固执、倔强、拘谨、过分紧张。他们缺乏适应能力，责任心过强，注重秩序，强调 纪 律（Reich，1949；Shapiro，1965；Salzman，1980；Millon，1981；Kets de Vries、Perzow，1991）。作为组织的一员，他们也许为等级、顺从、地位操心，恪守规章制度，谨言慎行、中规中矩。

控制型共谋还可以继续分为几小类。在一类控制型共谋中，双方都为支配与服从着迷，其中一方扮演支配角色，另外一方扮演服从角色。居于上位的人期望另外一方的全面服从，不欢迎另外一方的任何能动做法、自主做法。这是一个主人与仆人的世界，优等与劣等的世界，压迫与屈服的世界。秩序需要至高无上，因为双方都有一种深层焦虑：没有秩序就会乱套。实际上，这类控制型共谋中，居于下位的人也有很强的控制欲，双方一直在争夺控制权。于是，经常有这种情况，居于上位的人是表面的控制者，居于下位的人是实际的控制者。

在第二类控制型共谋中，居于下位的人也许具有消极攻击倾向（Dean Parsons、Wicks，1975；Millon，1981；Kets de Vries，1989；美国精神病协会，2000）。具有消极攻击倾向的人，对一切事物怀有矛盾态度，不能下定决心是依赖还是独立、是被动还是主动。他们也许通过犹豫不决、相互冲突的行为、自相矛盾的态度发泄深层的攻击性。他们不敢公然表达异议，而是通过拖延、怠工、顽固、健忘、故意出错、阳奉阴违来间接抵制控制。对具有消极攻击倾向的人来说，这些行为也许是与处于控制地位之人相处的常用模式。

消极攻击行为往往可以追根溯源到童年时期，那个时候，个体没有能力清楚地领会他人的期望。父母的要求往往是反复变化、自相矛盾的，在这种父母的支配之下，孩子的生活充满矛盾，缺乏清晰的指示，不知道什么样的举止是合适的。结果，孩子没有弄清哪种行为可以得到回报、受到奖励。另外一个原因也许是，个体在成长过程中，什么事情都做不了主，于是缺乏控制感。因为父母中的一方或者父母双方专横跋扈，所以孩子也许无权说不，也不能公然违背父母。孩子自己的愿望从来没有被考虑过。随着时间的推移，孩子学会了对父母的要求阳奉阴违。

在第三类控制型共谋中，一方控制欲强，另外一方依赖性强，后者高兴接受前者的控制。一般而言，这种配对是最互补的一种，双方之间的摩擦最少，因为双方扮演的角色都适合各自的个性。第三类与前两类形成了鲜明对比，在前两类中，中心活动是权力斗争，双方为谁是领导者、谁是追随者斗得死去活来。戏剧的焦点是哪一方会夺得控制权。结果也许就是无穷无尽的权力游戏，组织前景暗淡。

很多组织过度僵化、集权、官僚，为控制型共谋的上演提供了很大的舞台。规章制度多如牛毛、令人窒息；计划往往订得过细、没有活动余地；战略往往视角狭隘、适应性差。可以预料的是，这样强调控制，往往就会造成运行不良。在日新月异的世界，这种僵化态度一定会造成严重后果。如果组织的经营者陷入控制型共谋，缺乏适应能力，过分关注细节，那么组织必然会垮台。

偏执型共谋

上级： 公司的销售情况让我非常不满意，我们有那么多销售员，却只有那么点儿销售量。我奇怪他们上班时都在干什么。他们把全部心思都放在公司上了，还是有些人在上班时干其他事情？他们在上网玩游戏吗？他们甚至可能在下载色情电影、色情图片。我真的想知道。要不这样，在计算机系统上装一个监控软件，看看他们上班时间都在干些什么？通过这种方法，我也许会抓到一些不务正业的人。让伦理见鬼去吧。我们有生意要做。你为什么不考虑考虑那个办法？

下级：我会立即联系为我们公司设计维护计算机系统的咨询公司。我觉得这个问题问他们比较合适。

上级：还有一件事，你对 X 女士有什么看法？你认为，总部把她派到这里，真的是让她帮助我们做新工厂的可行性研究？或者，那不过是个借口？她来这里的真正原因会不会是，研究我们的运营情况，然后在全球公司制订重组计划时建议把我们放在哪里。

下级：你说得有道理。她提出的问题，很多都与新工厂无关。我会注意她的活动，如果需要，通过她向总部传递一些信息，让总部的人没有理由撤销我们公司、把我们裁掉。

偏执型共谋中，双方的台词都是："那里潜伏着危险，我们不能真正相信任何人，我们必须保持警惕，有人要对我们不利，我们最好团结在一起。"

具有偏执倾向的经理人，内心剧场盘踞着一个念头：这个世界十分危险。这个念头几乎没给信任留下什么空间。受这个念头控制的人，觉得自己必须时刻准备着，以应付即将来临的危险（Shapiro，1965；Meissner，1978；Millon，1981）。他们总是担心祸从天降，于是过分谨慎，不断扫描环境，以证实自己的怀疑。他们也许过分关注别人行为背后隐藏的动机，出现扭曲的感知、思维和回忆。他们也许认为处处是阴谋、人人都要防。他们什么事都亲力亲为，容易觉得受到怠慢。他们可能特别喜欢与人争论。

受这种偏执的思考行动方式折磨的人，也许觉得孤独，还会拼命从别人身上寻找证据来证实他们对别人的认识。他们强烈希望把别人拉进自己的游戏。不幸的是，他们的扭曲认识容易得到现实的支持：毕竟，只要去找，就总能找到证据；与人相处，谁都会做一些令别人不快的事情。然而，这种心态只会恶化已经不良的局面。

偏执倾向的一个形成原因是，童年时期的首要抚养人是多疑的，他们也许把"外面的世界非常危险，只有家人（基本上是很少几个人）可以信任"的信念灌输到孩子脑中。这些成年人不断想出人为的"证据"来支持自己扭曲的观点。正如所料，这种教养方式不利于孩子形成基本的信任感。

具有偏执倾向的人有个根本特征：把知觉到的负面个性特点安到别人身上。这种投射防御机制是偏执经理人工具库中的强大工具。与这些被害妄想（对抗脆弱感）相依相伴的也许还有夸大妄想。这些不良行为模式结合在一起，也许让偏执的人非常不好相处。

陷入这种共谋关系中的下属，也许本身具有偏执的人生观，所以与有着偏执倾向的上司一拍即合。其他愿意参与进来的人，也许是因为依赖需要没有得到满足，于是愿意为了能与上司保持亲近而罔顾现实。然而，这样的扭曲认识往往会大大损坏决策能力，最后导致公司业绩下滑。

具有偏执人生观的人，创建的组织有一个特点：拥有强大的情报网，十分强调情报的重要性。战略制定往往是被动的、保守的、秘密的、分析过度的。组织中的人，价值观和信念普遍非常狭隘。冲突和怀疑妨碍了有效的交流和合作。多疑意味着权力集中在上层，进而意味着基层适应非常之少（Kets de Vries、Miller，1984）。

虐恋型共谋

上级：我昨天向你要的那个有关工厂扩张的报告在哪儿呢？

下级：你没在你的桌子上看到吗？我今天早上放在那儿了。

上级：就是那张垃圾？我扫过一眼。我以为那不过是非常初级的说明。我找你要的具体计划呢？还没有做出来吗？我昨天向你要的绝不是这个东西。我不禁要想，你是不是找错了工作，如果不是进错了公司的话，你打算拿出一份更好的东西吗？

下级：对不起，我想我弄错了你的意思。我的心思没有完全放在工作上。我马上重做一份报告，不算出具体数据我不下班。

上级：你最好马上去。否则这也许是你的最后一个项目，至少是在本公司的最后一个。

虐恋型共谋是施虐者和受虐者的剧场。分析访谈之后我发现，具有受虐倾向的人的基本台词是："我没有用。我是坏人。我向你屈服。我该为我工作中的失误受到惩罚。我活该受苦。"

对于粗暴的经理人来说，世界是丛林。他们必须采用暴力手段，胁迫他人屈服；为了生存，他们必须时刻做好进攻准备。重拳出击、居于上风、拥有权势、高于一切。对于粗暴的经理人来说，幸运的是，他们往往可以找到具有受虐倾向、愿意忍受他们的人。施虐者和受虐者的角色定义，并不一定像我们以为的那样清晰。受虐者的自我牺牲行为有很强的施虐元素。例如，有些职场受虐者，会把施虐者对自己的暴行告诉别人，败坏施虐者的名声，从中获得乐趣。

具有施虐倾向的人，早期人生史也许非常混乱，母亲软弱、抑郁、受虐，父亲脾气暴躁、反复无常，甚至喜欢施虐。物质滥用常见于这样的家庭。居无定所、各种丧失、家庭破裂，屡见不鲜。在这种环境下长大的孩子，从未体验过真正的包容环境。可以料到的是，在这样的环境下，正常发展几乎是不可能的。敌意滋生更多的敌意，成为后来人生的主要行为模式。

成长过程中缺乏包容环境，必须应对心目中的不可抗力，于是具有施虐倾向的人容易萌生出无助感。为了补偿自卑感，这些人也许会形成强烈的支配欲望和权力欲望。示弱是不可接受的。在他们看来，权威人物是苛刻的、危险的、粗暴的，而不是温和的、善良的。自相矛盾的是，这些人在处于依赖地位时经常抵制权威人物（担心受到虐待），但是在处于权威地位时倾向于滥用权力。

另外一种可能导致施虐倾向的背景是，父母发出的信号让孩子以为自己是特殊的，可以凌驾于社会行为规范之上。父母赋予他们为所欲为的权力。任何人（像老师、咨询师），如果想约束他们的行为，都会激怒他们的父母。在父母的纵容下，孩子变得无法无天。这种教养方式会造成反社会行为、冲动行为和施虐行为。

有施虐倾向的人不可能在真空里表演自己的幻想，他们需要别人的参与。而且，正如组织生活经常表明的那样，施虐狂对那些愿意受虐的人有着可怕的吸引力。

另外一方面，受虐倾向的源头似乎是童年时期的依恋需要（Bowlby，1969，1973）。不管成长环境如何，孩子内心都希望与父母形成某种形式的互动。不幸的是，有些父母只能提供痛苦的接触。（这种人格和前面描述过的依赖型人格具有一些共同点，依赖型人格的形成是因为，成长过程中缺乏关爱导致依赖需求没有得到满足。）如果痛苦的接触成为父母与孩子之间的常规模式，成长中的孩子就会把爱、关心与受苦联系起来。然而，孩子渐渐形成一种信念：即使关注伴有痛苦，关注也好于忽略。最后，这些人主要通过受苦与人保持依恋关系。他们也许追求那种重现早期痛并快乐的体验的情境。因为他们也许把受虐带来的满足看得重于受虐造成的痛苦，所以他们可以通过扮演受害者获得情感上的安慰。受虐成为他们的人际交往风格。

受虐型人际交往风格的形成原因也许是，父母非常挑剔，经常引导孩子产生内疚感。角色逆转（年龄还小的孩子被迫为父母负责）、受虐经历可能也会造成受虐倾向。深层的无意识的内疚感、没有解决的依赖问题、害怕被抛下，也可能是这种人际交往风格的根源。孩子也许内化了父母对他们的谴责态度。"我坏"认知成为他们内心剧场的重大主题；最终，他们接收了父母的角色，成为自己的最严厉批评者。他们也许一生都笼罩在"辜负父母期望"这种内疚感之下，还有无用感、被拒感、受罚感。他们形成了受虐型人际交往风格，表演那些感受。

受虐行为，不管看起来多么有损自己，却可以唤起别人的关心和兴趣，带来大量"次级收益"（secondary gain）（Grossman，1986；Kernberg，1988；Glick、Meyers，1988；Baumeister，1989）。这些人把自己看作不公事件的受害者，当别人对他们受到的虐待表示同情和怜悯，他们就能获得巨大的满足感和道德优越感。这些人同时也有意无意地希望，忍受痛苦和苦难可以为自己带来好处。这些人立志做殉教徒。然而，因为他们编造的戏剧，他们有可能变成周围人的负担。

有施虐倾向的经理人和有受虐倾向的经理人是完美的一对。在这类共谋关系中，双方似乎都通过证明对方是错的来维持自尊。他们的交互可能非常激烈、强迫、吵闹，他们用极端扭曲的方式表达情感。

这种虐恋关系可见于这样的组织：氛围是恐怖的而非信任的，士气低落，创造力受遏制，学习受阻碍。被恐怖氛围笼罩的组织，决策质量越来越差，有能力的经理人纷纷离开。最终，组织未来黯淡无光。

打破恶性循环

观察这四类共谋，我们看到了某种群体过程：一方的行为决定另外一方扮演什么角色。自然，如果一个人领到的角色与自己的性格不匹配，那么这个人就会离开，寻找更适合自己性格的伙伴或者组织。因此，我们探讨的不仅是人—组织匹配问题，而且是人—关系匹配问题。

一开始就假定工作关系中一定存在共谋，并不明智。根据比昂（Bion，1959）的观察，大多数工作关系是任务导向的，依据的是理性的目标导向和工作分享。定调子的不一定是隐秘意图。共谋关系中常见的耗力的、紧张的、对抗的、让共谋关系如此令人郁闷的过程，在大多数人际情境中因缺席而引人注目。分析从研究中收集到的材料之后，我得到了与比昂类似的结论：大多数交往模式不是神经质的。很多关系似乎有大量过渡空间，有那种给人留下很大成长发展空间的好玩的互动。

然而，讨论暴露出大量强度不一的共谋关系。考虑到共谋活动对组织中其他人的不良影响，它们的存在应该引起关注。职场中的共谋关系具有很大的破坏潜力，所以我们需要了解如何预防和诊断它们。

通常是领导者挑选别人参演他们不良的荒谬剧，所以他们要为发起这些共谋活动负大部分责任。预防和诊断共谋关系的一项重要工作就是，识别领导者的不良行为模式。

我们应该问自己的第一个问题是，高层管理者是否具有那种让他们容易陷入共谋关系的人格。如果组织经营者的行为方式比较古怪、非理性，那么这也许意味着他或她具有某种人格障碍，可能做出危害组织的事情，我们应该警惕。当一个人表现出粗暴、自私、傲慢、恶毒、多疑、野心过大、过度控制、不能信赖、人际敏感性低、过分关注细节、过度冷静或者过度情绪化等症状中的一项或者几项，我们可以怀疑他或她有人格障碍。

另外需要引起警惕的是领导者的不良自恋，也就是处处想显得高人一筹。下属的附和会肯定并鼓励他们的这种行为。

高级经理人对错误有何反应？他们如何归咎责任？他们喜欢迁怒吗？他们认为处处有阴谋吗？如果领导者制造出一种撇责任、扮无辜的氛围，那么组织环境就远远称不上健康。因为这样的领导者面对不利于自己的现实时会作出粗暴的反应，所以他们总能找到伙伴参与自己的共谋活动；然而，把其他人拉入共谋关系，会对组织未来造成可怕的影响。

可以料到的是，具有这种行为模式的经理人打造的组织，只有应声虫可以存活。不再允许反向思考，不再容忍相左意见，不允许提出质疑。那些愿意参与共谋活动的人，只许扮演服从角色。坦承普遍缺乏、沟通受到限制，怀疑和害怕成为主流。可以料到的是，当恐惧氛围笼罩了组织，组织就会停止适应和学习。

还有一种高级经理人需要引起关注，就是那种坚持所有决定都由自己来做、不许别人为自己做决定的高级经理人。这样的人有个主要烦恼，觉得必须过度控制一切对组织有影响的事情。在这种组织文化下，放权是贬义词，授权闻所未闻。高级经理人拒绝制订继任计划，是一个问题指标。有些经理人对权力上瘾，有很强的控制欲，因此很难下放权力、把事情交给别人去做，甚至连这样想想都不可能。不足为奇的是，在由这样的经理人统治的组织，只有共谋关系才是可能的，而这进一步意味着优秀人才的离开。

反复无常也应该引起警惕。经理人的反复无常，必定会引入不确定性、造成怀疑氛围。下属不知道自己应该如何做。此外，因为领导者的行为，公司也许聚焦于短期目标、头痛医头脚痛医脚。在这样的情况下，事情的优先顺序并不清晰，经常变化。

在检测组织是否存在共谋关系时还需要问另外一个问题：高级经理人对业务的看法是否符合实际。脱离公司实际情况的战略创新，显然是一个危险迹象。

另外一个迹象是，士气低落。有问题的公司，人们擅长钩心斗角、耍心眼、斗手段，暗中使绊子是通则。可以料到的是，这样的组织缺乏团队合作精神和组织公民行为；经理人各自为政，只顾经营自己的一亩三分地，不关心怎么做才对大局有利。本位主义盛行。

以上只列出了部分表明共谋关系存在的危险迹象，我可以继续列举。根据观察，我进一步肯定了，很多组织确实存在这些危险迹象。我们都有一些可以追溯到人生早期的未完成事件。我们都有可能发现自己陷入了恶性循环，成了类型选角的受害者。我们面临的挑战是：如何防止这种事情发生，如何避免那种会造成组织病的恶性关系。

可以做些什么，来预防这样的不良关系模式，或者把它们消灭在萌芽状态？如何在事态变得不可收拾之前打破这些恶性循环？解决这些问题的第一步是，努力帮助经理人更好地理解他们在整个组织表演的剧本。我们如何判断一个共谋陷阱是否是组织中的高级经理人设置的？我们如何获得这种敏感性，了解事情真相？

要想了解别人，先要了解自己，还要认识情绪的动机作用。因此，认识自我是跳出恶性循环的第一步。情商是必要条件

（Goleman，1995）。能够监控自己的反应，就比较容易理解别人是如何卷入共谋关系的（以及共谋关系对组织的影响）。经理人最好定期评估自己与他人的关系，问问自己这些关系是在朝良性方向发展还是陷入了恶性循环。如果经理人怀疑有人正在试着把他们拉入神经质游戏，那么他们应该冷静下来，决定自己是否想参与，思考参与意味着什么。

理解自己在互动中的作用并不容易，因为我们都有盲点，不可能看清自己性格的所有方面。从融合状态发展成真正分离的状态，过程可能相当辛苦（Meltzer，1967；Lachkar，1992）。上级和下级需要能够理清各自的主观体验，不要出现共谋关系中常见的那些模式。但是，认识自己和他人身上的这些模式并且鼓起勇气改变这些模式，也许需要外界的帮助。心理治疗、个体培训、团体培训也许可以帮助一个人理清自己在共谋关系中的角色。

如果我们不喜欢剧场里上演的戏剧，我们可以站起离开。如果我们陷入了组织剧，我们也可以这样做。我们不必陪着别人演戏；我们总是可以选择离开。在组织生活中，重要的是保持我们的个体感，不要被那些限制我们表演力和创造力的力量打倒。毕竟，人生不是排练，心理健康意味着有选择。

第 4 章　用第三只耳朵倾听

我们有两只耳朵一张嘴，所以我们听的可以达到说的两倍。

——爱比克泰德

所以，当你倾听某人，投入地、专注地，那么你听到的不仅是话语，而且还有话语传达的感受，全部感受，而非部分感受。

——基督·克里希那穆提

只有掩上心灵的耳朵，或者专注地倾听感官的声音，我们才能忘掉它们的发音方式。

——亚历山大·克拉梅尔

"用第三只耳朵倾听"的意思是，我们不仅要听交流对象从嘴里说出的话，而且要关注交流对象的其他表现，包括语调、身体语言、姿势、情态，同时揣测交流对象每时每刻的感受，并且反思交流对我们有什么影响（Reick，1983）。它意味着不仅听交流对象有意识地表达出来的意思，而且领会交流对象无意识地传达出来的东西。

沟通过程中最重要的事是，听言外之意。我们的大部分心理活动，包括思维、感受、动机，都发生在潜意识层面。神经病学家和心理学家都充分阐释过情绪刺激是如何激活潜意识过程的。神经病学研究为潜意识的认知过程提供了大量证据（例如，Rizzolatti，Fogassi et al.2001；Stern，2004）。

人际交往中，双方之间的空间充满彼此在对方身上唤醒的东西，因为唤醒，所以双方似乎总在发送混合信息。换一种说法就是，沟通过程中，我们不仅用语言明确表达意思，而且用各种隐性方式传达信息，明里表达的信息和暗中传达的信息往往是相互矛盾的。例如，"我高兴"这句话可以传达不同信息，具体传达什么信息，取决于身体语言和语音语调。这句话可以手舞足蹈、满面含笑地说，可以开玩笑地说，也可以讽刺十足地说。我们凭直觉接收这些情绪成分，对我们从直接言语陈述中接收的信息进行补充。因此，陈述的语调总是另含非常丰富的信息。

但是这样的信息一般是微妙的，因此并非总能被人领会。通常，我们知道交流期间发生了一些事情，因为我们莫名其妙地被触动了内心深处，但是我们实际上并不理解我们为什么被触动了。我们无意识地从身体语言、声音、气味、触摸或者周边视野中提取线索。

日常交谈中，说者企图把感受传达给听者。（当然，这里隐含着一个假定，即听者愿意接收这些感受。）用比较通俗的话说就是，我们在谈论"传达思想"，或者"让某人了解我们的思想"。例如，悲伤时，我们也许用一种让别人能感受我们悲伤的方式传达我们的悲伤。正常沟通过程在"投射"与"内射"之间迅速来回切换：甲方用话语和情态发送信息（投射），乙方接收并诠释信息（内射）；乙方理解甲方的信息后，把信息（也许还伴有诠释）再次投射到甲方。

　　心理治疗背景下，沟通也同样在投射与内射之间迅速来回切换：移情和反移情就是这么一回事。探讨了微妙的领导者与追随者之舞后，我将在本章探讨咨询室之外的反移情，并且在组织咨询和领导力培训背景下应用反移情。我将重点探讨前面一章已经触及的话题——潜意识沟通。我将探讨培训师和咨询师如何把自己用作收集数据的工具。换句话说，他们如何利用他们自己的反应来帮助他们理解来访者想告诉他们的东西或者想对他们做的事情。为了阐明这个过程，我首先要讨论两个概念：移情和投射认同。移情和投射认同都起源于早期母婴交流，是"用第三只耳朵倾听"必不可少的手段。另外，我还要讨论外显和内隐信息的发送者和接收者之间各种形式的对位和错位。最后，我要就培训师和咨询师在倾听另外一个人时需要注意什么提一些建议。

投射认同

　　我在本书第 1 章简要介绍过的投射认同，在治疗背景下，是指来访者把不受欢迎或不愿承认的感受传递给培训师和咨询师。正如我在第 1 章指出的那样，投射认同并非仅仅是投射。投射类似于独角戏，而投射认同适用于人与人之间；实际上，投射认同是一种非常原始的人际交往形式。此外，就"投射者"体验到的感受而言，这两个现象有着明显的不同。投射认同起作用时，信息的发送者觉得自己与另外一方融为了一体，而在简单的投射中，情况就不是这样。

　　投射认同最后会变成自我实现预言，即甲持有关于乙的虚假信念，与乙交往时把这些不可接受的感受、冲动或念头传递给乙，导致乙改变行为，让甲的那个信念变成真的。因此，在交流中，投射者并不描述这些感受或念头，而是通过行为行动、面部表情、身体姿态、遣词用句或者语音语调把不受欢迎的内容发送给接收者，让投射变成真的，进而证实投射（Klein，1946；Ogden，1982）。

在某种意义上，投射认同既有投射成分，又有内射成分（把别人的感受、动机和念头整合到自己身上）。乙受到投射的影响，开始真的表现得像甲认为的那样。例如，一位经理人形成一种妄想——上司要害他，于是他变得疑神疑鬼，最后导致上司真的找理由解雇他。

领导力培训师和咨询师，自己体验到来访者投射过来的感受或念头之后，也许就会理解来访者的体验，即使来访者并非有意识地启动了投射认同过程。考虑到投射认同的二元性（和周期性），最终很难说清谁先对谁做了什么。

作为一种原始的、前语言的沟通交流模式，投射认同可以在母婴互动中找到原型。婴儿不会说他们有何感受，他们必须想办法让母亲体验他们的情绪状态，这导致母亲和婴儿之间形成一种近乎共生的深深连接。婴儿与母亲怎么"说话"呢？婴儿唤醒母亲的情绪反应，这些情绪反应进而又被婴儿接收。母亲也许还会说出婴儿试图表达的东西，进而帮助婴儿渐渐学会用语言表达心理状态。

"够好教养法"和包容：潜意识交流的源头

母婴关系可以看成共建过程，双方不断影响彼此，协调彼此的交往模式，以获得令人满意的平衡（Schore，1994；Ijzendoorn，1995；Trevarthen，1999/2000）。从出生那一刻开始，婴儿通过声音、气味、身体动作和面部表情表达感受。一般而言，抚养人学习如何理解这些表达，回应婴儿，提供"包容"，防止不受欢迎的感受急剧恶化、失去控制。因此包容者与被包容者之间的关系可以看成动态的、相互影响的过程（Bion，1970）。

同步二元交互对孩子成长的重要性，再怎么强调也不为过。实际上，孩子的发展是否令人满意，取决于这些早期母婴互动是否具有"够好"（good enough）性质。这些动态调整互动极其重要。不幸的是，发展过程的初始阶段，特点就是没有秩序、混乱不堪、身体紧张、睡眠剥夺、进食困难和其他问题。母亲与婴儿之间通常要花一些时间才能出现恰当的共情共鸣。

处理遇难信号

"够好"看护的一个关键因素，进而恰当对位的一个关键因素，是抚养人如何处理孩子的遇难信号。有些母亲天生就会做出恰当的回应，而有些母亲无法保持同步。后者当中，除了最无情的母亲之外，所有母亲都试图提供某种形式的包容，只是很多母亲发现自己的反应对不上婴儿的线索。

教养方式刻板的母亲，也许体验得到孩子的焦虑，但是拒绝（或者实际上并不知道如何）做出恰当的回应。尽管这样的母亲也许例行公事般地提供笼统的安慰，但是她们并没真正地处理婴儿的痛苦。母亲未能提供包容，婴儿就会出现困惑和怀疑，而婴儿是想要母亲像自己一样体验到焦虑。但是，因为母亲没有做出恰当的回应，所以婴儿觉得自己想向母亲传达的东西既失去了形式又失去了意义。

还有一些错位的母亲，面对婴儿的焦虑反应过度。通常，因为没有带孩子的经验，所以当婴儿不舒服时，她们也许会慌乱，于是加重了问题。在这样的情况下，婴儿觉得母亲是不安全的包容者，不能容忍焦虑和痛苦。

在第三类包容中，母婴之间有很强的共鸣。善解人意的母亲，能够体验婴儿试图表达的恐惧感、疲劳感或饥饿感，并且不会惊慌失措。她有办法在对婴儿感同身受的同时保持心平气和。这种对位，与要么太刻板要么太脆弱的包容不同，有利于持续的相互影响和相互适应。

在孩子婴儿时期对孩子需要敏感的母亲，在孩子长大过程中仍然对孩子的需要敏感。例如，当孩子在屋子里玩耍时，体贴的母亲一直在听着孩子弄出的声响。与孩子需要呼应得好的母亲，十分擅长从大量正常噪音里听出遇难信号。当她们的"第三只耳朵"（这个器官不仅要用感官，而且要用共情、直觉和理解力）听到异常声响（也许意味着危险），她们会立即行动起来实施营救。

我们可以揣测，与孩子需要呼应得好的母亲，对潜意识、非言语信号比较敏感。这种提取潜意识信息、领会—投射认同的能力，对她们非常有用，不仅在与孩子的互动中，而且在任何人际情境中。一般而言，有经验的母亲比较擅长理解一对一交流中出现的各种各样的信息。她们倾听言外之意的能力，对她们扮演培训师或者咨询师这样的角色非常有利。幸运的是，现在有越来越多的男人在打破父母角色方面的刻板印象，承担起很多原来专门由女人来承担的责任。随着这些男人变得越来越擅长与婴儿交流，他们可以把那些技能迁移到职场。

倾听言内之意，以及言外之意

婴儿与富有同理心的抚养人之间的交流，演示了有效的培训师—来访者或者咨询师—来访者互动中发生的大量响应——各种各样的共情共鸣。理解投射认同的能力（这种能力，我们在婴儿时期用"第三只耳朵倾听"时都能形成，不过有人强有人弱），是日后所有双向沟通的原型。这种绕过普通感官的倾听，在我们成年之前很长一段时间内都是我们的技能之一。然而，有些人因为不良的母婴交流，没有修炼好这一技能。另外一些人，尽管在婴儿时期与首要抚养人共鸣得很好，但是因为荒废过久而丧失了这一技能。

潜意识交流

母婴交流的余效会持续整个一生，这一互动剧本的某些方面会在日后的任何关系中激活。童年时期形成的这一互动剧本，影响着我们散播信息和收集信息的方式，影响着我们传达隐性信息和显性信息的方式。显性信息是明摆着的，而隐性信息需要我们付出努力才能理解、领会。

与人交往时，我们在一刻不停地加工大量信息。一般而言，那个加工在我们的意识脑里只是登记为直觉。有时，特别是当我们完全没有意识到那个信息加工在发生的时候，我们用另外一种方式登记它：用行动表演出来。我们不是试着有意识地反思、加工信息，而是在冲动之下给出情绪响应。但是，因为我们并没有恰当地加工源源不断发送而来的信息，所以我们采取的行动有时会对自己或者别人有害，唤醒负面情绪，阻碍进一步的建设性互动。

就像母亲必须学习通过做（doing）来提取微妙信息一样，心理治疗师、精神病学家、精神分析师、培训师以及其他专业助人人士必须接受训练，学习如何把自己用作工具——真正地倾听。他们学习如何运用潜意识脑觉察并领会病人的潜意识愿望和幻想。运用对病人的潜意识感知，是他们工具库里的一样重要工具，是更深地理解病人的一种方式。但是这项活动并不限于治疗师—病人交流。

我们所有人都运用直觉更好地理解别人，我们所有人都根据表面上看似很少的信息形成对别人的看法。咨询师和培训师并不是特例。

移情

尽管本书系第一本书探讨过移情，但是我在这里还是要提提移情的几个关键方面。在任何形式的人际交往中，我们都会把自己的内心期望转移到交往对象身上（Sullivan，1953）。在那种意义上，过去受过的挫折于现在重现。正如本书系第一本书提过的那样，移情这个概念是弗洛伊德对心理学领域的最大贡献之一（Breuer、Freud，1895；Greenson，1967；Racker，1968；Luborsky、Crits-Cristoph，1998）。根据弗洛伊德的说法，移情涉及重现过去生活中与重要他人相处时的行为模式。尽管过去这些行为模式也许十分恰当（有利于心理生存或身体生存），但是现在这些行为模式也许变得不恰当了。因此，引用弗洛伊德的话就是，移情反应制造了一种"虚假连接"（false connection）：表现出的行为，不适合现在的情境。尽管我们很少认识到，但是我们所有的交流都激活了多种多样可以追溯到过去的心理体验，现在这些心理体验指向了在场的另外一个人，即交流对象。这种混淆时间、混淆对象的反应，意味着所有互动不可避免地既基于现实，又基于移情。

例如，一位正在接受培训的经理人，也许把培训师当作自己的父亲，把对父亲的感受转移到培训师身上。因为移情很大程度上是潜意识过程，所以经理人不大可能意识到它，咨询师起初也不大可能。正是移情的潜意识本质让移情如此难懂、如此强大。训练有素的领导力培训师或者咨询师会渐渐理解经理人企图"传达"的东西。聪明的培训师或者咨询师，懂得把移情数据作为重要的信息源。移情数据也许会帮助他们看到来访者需要改变剧本，因为来访者现在所处情境与小时候所处情境有很大的不同。他们的任务是帮助来访者避免简单地重复过去。这次，此时此地，剧本需要重新编排，把现在所处情境考虑进去。

当弗洛伊德最初发现病人把来自早期经验的东西不恰当地"转移"到分析师身上时，他认为这个现象是分心。然而，数年过后，他承认这样的"虚假连接"可以加以有效地利用——有助于弄清病人神经症的病因，理解病人被激活的"剧本"。今天，我们对移情现象非常感兴趣，因为它对诊断和治疗非常有用。移情，通过一种被迫重复过程，在此时此刻揭示在病人当前生活中仍然十分活跃的、没有解决的、十分关键的冲突模式（Luborsky、Crits-Cristoph等人，1988；Luborsky、Crits-Cristoph，1998）。如果咨询师能让病人意识到自己的移情反应，表达、承认那些反应，体验自己的现在与过去的关系，那么移情就是强大的理解工具和治疗工具，可以帮助病人书写新的人生剧本。

反移情

在临床训练中，心理咨询师十分关注移情。他们花费很大力气向来访者指出，人生早期阶段合适的某些行为模式，现在不再有效。但是移情是双向的。就像病人潜意识地对治疗师做出移情反应一样，治疗师也潜意识地对病人的移情做出反移情反应。

例如，想象一下，一位咨询师试图给一位经理人来访者提建议。不管咨询师说什么，来访者的反应就是，不断重复他对现状无能为力、觉得被困住了、不清楚该怎么办。不管咨询师付出多大努力帮助经理人正确看待事情——情况没有那么糟——经理人就是不断重复那些话，显然，他对咨询师的话充耳不闻。而且，他表现得越来越轻视咨询师的建议。既然任何干预似乎都不起作用，那么，与此同时，咨询师越来越觉得无能为力，开始烦躁、生气。随着咨询的继续，咨询师必须花费很大的努力才能控制住自己、不发脾气。

显然，经理人在投射，咨询师在内射经理人的感受。咨询师也许要花上一些时间才能认识到发生了什么，具体要花多长时间，取决于咨询师被这种互动困得有多紧。在互动过程中，咨询师也许被互动搅得太过心烦意乱，不能恰当工作了。确实，如果咨询师黔驴技穷，那么她甚至会"表演"并表达她的愤怒。但是，她也有可能不会下意识地"表演"她的感受。她可以采取更反思的姿态，进行同感内省，试着理解来访者在对她"做"什么，还问为什么她会不由自主地变得如此激动。现在用第三只耳朵倾听，她也许会问自己一些其他问题。她为什么觉得如此强烈地需要安慰来访者？为什么她觉得没用、恼火，越来越生气？当她试着理解这些感受，她也许认识到，来访者一样让她想起了她的姐姐。童年时期，她的姐姐总是对她说，她是多么没用。她也许会进一步想起，姐姐的话让她不仅觉得无助而且觉得自己没用。通常，她的姐姐这么说她的时候，她会和她的姐姐大打一架，之后，她会向母亲寻求安慰。

进行过这样的反思之后，咨询师在交流中进入另外一个比较靠近潜意识的层面。认识到来访者是如何让她觉得自己没用的以及为什么她变得如此烦躁之后，她明白了她必须改变方式才能真正地帮助来访者。有了这个意识，她就不会再次陷入二联性精神病（也称诱发型妄想障碍）状态，不再想发脾气。显然，如果她坚持自己的剧本，那么她与来访者之间的关系就可能失败。

这个例子向我们表明，领导力培训师和咨询师的一项任务是，意识到来访者的移情反应，以及自己的反移情反应，改变自己的剧本，同时帮助来访者改变剧本，营造更健康、更良性的关系。领导力培训师和咨询师不该在压力之下（尽管来访者剧本的某些台词也许正好对得上他们剧本的某些台词）默许并参演来访者的剧本。这些情境下需要的是改变剧本、重新表演。结果一定会有所不同。

像移情一样，反移情包括交流期间来访者唤起的所有有意识的和无意识的反应（Epstein、Feiner，1979；Searles，1979；Hedge，1987；Marshall & Marshall，1988；Wolstein，1988；Gabbard，1999；Hinshelwood，1999；Goldstein、Goldberg，2004；Maroda，2004）。而且，像移情一样，反移情是需要处理的。反移情处理能力，是咨询师听取并处理来访者的过去并把自己的过去考虑进去的能力。正如前面那个例子阐释的那样，移情反应，如果没有被准确识别出来并且予以恰当的响应，可能就会在交流中造成严重问题。

然而，最初，反移情被视作一种需要避免的东西。精神分析师身上被激活的无意识的冲突，是可以给精神分析师启示的，但是精神分析师最好尽快摆脱这些无意识的冲突。弗洛伊德把反移情看作对精神分析过程的妨碍，他觉得反移情让精神分析师分心，降低治疗工作的效率（Freud，1915）。

自弗洛伊德时代开始，对反移情的看法就分为两个阵营：一方对这个概念的定义相当窄（妨碍），另外一方的定义比较宽。随着时间的推移（随着反移情概念的发展），定义较宽的那个看法成为主流（Balint & Balint，1939；Heimann，1950；Winnicott，1975；Langs、Searles，1980；Casement，1985；Bollas，1987；Ferenczi，1988）。目前，反移情不再被人视作临床工作的妨碍，而是被人视作了解来访者的另外一个数据源，有助于更好地理解交流期间发生的情绪和反应。

尽管反移情是数据源这一点毋庸置疑，但是反移情提供的数据不一定有用。数据是什么？有什么含义？这些问题应该在交流中理清。让这个理清过程变得复杂的是，领导力培训师和咨询师需要在两个水平上交替工作：必须客观地观察来访者的想法和情绪，还必须主观地接收来访者的想法和情绪。那些熟练的、聪明的咨询师，能在这两个层面游刃有余地不断切换，积极地把自己的主观情绪应用于双向沟通中。

行动陷阱:"我做，故我在"

从以上讨论中可以看出，情绪交流总是双行道。来访者一直在发送潜意识信息（移情），培训师或者咨询师一直在反应（反移情）。因此，双方一直在努力弄清交流中发生的事情的意思，总想把感知到的意思用行动表演出来，而不是用语言表达出来。

在这个过程中，领导力培训师和咨询师不可避免地会在某个时刻坠入行动陷阱。当交流中出现强烈的幻想，这种事情特别容易发生，妨碍双方对情绪的感受、理解和应用。当培训师和咨询师未能及时意识到发生了什么，或者未能及时弄清潜意识信息的意思，就可能陷入"行动陷阱"，也就是，他们可能无意识地立即对来访者发送的信息做出反应——强调一点，反应真正地是用行动做出来的。毕竟，不管领导力培训师或咨询师所受训练是多么扎实，他们仍然是人，仍然有情绪，可能还有很多尚未解决的问题。如果领导力培训师和咨询师无意识地接收来访者无意识地给他们设定的角色，那么他们的反应也许是，无意识地把他们自己的不可接受的感受投射到来访者身上。

比如，一位来访者让咨询师联想起自己的女儿。这个女儿至今还未离家独立，成天惹是生非。在这个女儿的青春期期间，咨询师的很多家人陷入了不良交流愈演愈烈的恶性循环。联想到这一点后，咨询师很难保持冷静，与来访者维持足够的距离，不坠入行动陷阱。

再比如，一位经理人培训师认为一位来访者是被宠坏的、自私自利的、好操纵人的坏蛋。尽管这个评价也许是有效的，但是更重要的问题是，为什么这个来访者会在这个培训师身上引发这样强烈的反应。这个来访者很像这个咨询师过去生活中某个令人讨厌的人吗——也许是抛妻弃子的父亲？

在这样的情况下，领导力培训师和咨询师需要意识到这些感受，进而做些什么事情，或者控制住自己不做某些事情。他们需要控制住自己不坠入行动陷阱。意识到自己心中有这样的感受后，他们需要特别留意自己的言行，让自己待在当下而不是回到过去。例如，前面那个例子中看来访者极不顺眼的培训师，需要再三确保自己没有因为偏见而忽略掉一些东西。

危险迹象

领导力培训师和咨询师，明白移情反应可能误导他们，妨碍他们解读来访者的心思之后，需要对危险迹象保持警惕。反移情在作怪的最常见迹象是，发现培训关系或者咨询关系陷入僵局，觉得干预无法进行下去。反移情在作怪的另外一个常见迹象是，与来访者有关的某些事情一直萦绕在脑海，与来访者的交流片段不断在脑中回放。被反移情控制住的培训师和咨询师，容易不知不觉地把临床案例带回家，甚至梦见与某位来访者有关的事情。

其他代表反移情在作怪的危险迹象有对来访者恶语相向，或者说来访者的坏话；下意识地觉得被来访者激怒（正如前面的例子表明的那样）、过度保护来访者、操纵来访者、想听来访者的夸赞、嫉妒来访者、为咨询或者培训关系焦虑、害怕面对来访者，甚至对来访者有性趣；对来访者绝望，觉得无能为力，想要放弃来访者；害怕被吞噬感，也就是觉得来访者在侵犯自己的空间；以及正如前面指出的那样，不由自主地向来访者做一些"过激的"的事情。所有这些迹象都表明培训师或者咨询师也许受到了反移情的控制，应该引起他们的警惕。

心理治疗师或者精神分析师（以及其他助人职业从业者）接受的一部分职业训练是，学会首先觉察反移情在作怪的迹象，然后分析自己的哪些举动是出于反移情，最后控制自己不坠入行动陷阱。如果来访者把父母或者其他亲密他人的形象转移到治疗师、培训师或者咨询师身上，退回到童年时期，表现出与年龄不相称的行为模式，那么治疗师、培训师或者咨询师就需要能够给出恰当的回应，而不是做出反移情反应。反移情反应，如果确实发生了的话，会严重扭曲交流过程。

如果来访者提出不合理的要求或者表达爱意，那么训练有素的培训师和咨询师就要当作没听见这些话。即使觉得自己在做出反移情反应，仍然心平气和地包容来访者的情绪、关注来访者的反应、关心来访者的成长。只有这样，培训师和咨询师才能充当不引人注目的镜子，帮助来访者进行自我探索，不让自己的需要妨碍来访者进行自我探索。

不幸的是，很多人从未花心思思考自己为什么会体验到所体验到的感受，或者说，客观地理解自己感受的源头。确实，他们丝毫意识不到未解决的内心冲突，只是用行动间接表达未解决的内心冲突。他们更喜欢行动，而非直面冲突。

选择反思而非行动

领导力培训师和咨询师若是想避免坠入行动陷阱，就需要对来访者投射而来的信息持反思态度。培训师和咨询师需要始终努力确认并领会来访者痛苦得无法忍受的情绪（极有可能是这些情绪导致了来访者的问题行为），同时理清自己的反移情反应并提供包容环境。领导力培训师和咨询师需要谨防自己仅仅为了减轻自己的焦虑而做一些不经思考的事、说一些未经大脑的话，需要学会坚持不懈地建设性地探索自己和来访者的感受，不管那些感受有多强烈、有多伤自尊。

在擅长反思的培训师和咨询师手中，反移情反应是有用的工具，有助于揭示来访者投射过来的无意识的愿望和幻想。在这个意义上说，反移情反应在为他们的工作添加助力。然而，好处不仅仅是这些。反移情反应，仔细琢磨之后，会促进培训师对来访者的理解，同时也能引导咨询师自己进行自我探索。

反移情问题是没有办法完全克服的（既然我们所有人都对别人形成看法），但是，培训师和咨询师可以学会如何有效地利用反移情反应，而不是让反移情反应暗暗破坏治疗关系。领导力培训师和咨询师，若是能够认识自己的感受并且弄清自己的感受与来访者对自己做的事情有何联系，那就是学会了利用自己的无意识反应促进双向交流。

作为擅长反思的实践者，培训师和咨询师要学会在两个水平倾听来访者。他们一方面要关注来访者所说的内容，一方面还必须问自己以下问题：倾听来访者时，我有何感受？来访者在对我做什么？我真的投入吗？我觉得舒服吗？我觉得困惑吗？我觉得厌烦吗？我觉得被来访者控制了吗？我觉得与来访者的关系中，什么是令人不安的？除了进行这些实时评价以外，培训师和咨询师还要关注在与来访者交往的整个过程中（即从第一次到最后一次培训或咨询）自己的感受有何变化，结合来访者的行为变化和咨询关系的变化评价自己的情绪和行为。

然而，反思姿态并不好做到。反思要求培训师和咨询师有很强的自我意识，即理解自己的想法和感受，还要求他们精通治疗工作的心理学基础。一言以蔽之，就是对自己的感受和动机保持质疑态度。

对位

正如我们在有关母婴互动的讨论中看到的那样，对位是指与他人的感受和想法保持同步的能力。体验并感受别人内心世界活动的能力，是做反思性培训师和咨询师的前提条件。领导力培训师和咨询师面临的挑战是，把自己的无意识用作接收器官，即我前面说过的第三只耳朵，接收来访者传递过来的无意识信号。正如前面指出的那样，培训师和咨询师不仅需要专注地倾听显性信息，而且需要专注地倾听隐性信息。为了理解交谈的隐性信息，他们需要观察来访者的身体语言、姿态、情态和其他线索。

另外，他们需要记住，他们自己的情感、想法、联想和行动，反映了他们自己身上被唤醒的冲突。加工那些冲突和反应是一项艰巨的任务，因为移情和反移情积累的数据都是十分庞大的。另外，移情数据和反移情数据需要结合起来使用。既倾听来访者又倾听自己，领导力培训师和咨询师实际上在三个层面（即认知、情感和行动）投入到交谈中，因为治疗关系中的双方都在对方身上激发联想、唤醒冲突。好消息是，培训师和咨询师心中被唤醒的冲突、被激发的不当感受，如果评价得当的话，是对他们通过眼睛和耳朵捕捉到的信息的很好补充。他们面临的挑战是，在探索自己的无意识之时系统地探索他们对另外一个人的直觉反应，评价这些直觉的恰当性。

趁热打铁

训练有素的培训师和咨询师不会贸然让来访者直面自己的投射，也不会因为来访者想法不当或者举动不当而责骂来访者。相反，他们明白阻抗的威力，不会直接处理冲突而是悄悄化解冲突。他们还知道时机的重要性：他们趁热打铁，也就是，选择在来访者听得进去的时候说。关注移情和反移情反应的培训师和咨询师，知道如何营造恰当的环境，让来访者自己发现并解决自己的问题。他们帮助来访者认识自己投射出去的幻想。此外，他们明白并接受反移情的不可避免性，而且他们懂得利用自己的反移情感受。

人类是既会感受又会思考的生物。如果我们忽略自己的感受，我们就会让自己变成心盲，错过有关世界的重要信息；如果我们忽略我们运用逻辑的能力，结果也是一样的。如果我们不能将两种功能结合起来，既感受又思考，那么我们就不能把内在世界和外在世界结合起来。

知己者明

作为培训师和咨询师，分析并理解自己的发展史，即探索自己的内在世界，有助于我们调节自己的情感和反应。我们的情绪反应不会就那样消失，我们需要接受这个事实；而且，我们不能放任自己凭直觉做出情绪反应，而是需要识别、分析、控制、利用自己的情绪反应。如果我们更了解自己，知道自己的弱点、局限、暗疮和雷点，那么我们对他人、对环境的情绪反应就是有价值的工具，可以帮助我们诠释世界。

简而言之，理解移情和反移情对领导力培训师和咨询师的工作有效性至关重要。作为培训师和咨询师，我们应该牢记，关于来访者：（1）有些事情，我们通过普通的交谈就能知道；（2）有些事情，如果用第三只耳朵倾听，我们也许能够知道；（3）有些事情，我们永远不会知道；（4）有些事情，我们因为这样那样的原因而不想知道。记住这几点，有助于培训师和咨询师探索来访者的愿望、恐惧，特别是那些没有完全意识到进而引发冲突和焦虑的愿望和恐惧。拥有这种意识，培训师和咨询师就更可能客观地看待来访者的情绪要求，进而避免坠入行动陷阱。只行动，我们就会为行动所累；加入反思，我们才能理解并利用复杂的、潜意识的人际互动。法国有句谚语说得好："水中只见自己的脸，酒中能看他人的心。"

第 2 篇
领导力与人格

引言

在第 2 篇，我将把在工作中的临床导向拓展到领导力研究上，继续探讨第 1 篇的很多主题，包括领导者—追随者关系、领导者如何在公共舞台上表演内心剧场的剧本，在探讨过程中将充实很多有关组织领导者和政治领导者的观察案例。我将介绍一系列性格类型和领导原型，阐述它们是如何在组织内部起作用的（不管是好作用还是坏作用），并且就作为上司、下属、同事、领导力培训师或咨询师如何处理它们提出一些建议。

不过首先，在第 5 章，我将邀请读者随着我踏上一场幻想之旅，想象弗拉基米尔·普京是俄罗斯公司的 CEO，根据 CEO 绩效评价标准评价他在任期间的表现（把国家比喻成公司，元首就相当于 CEO 了）。普京的工作做得如何？他给继任者留下了什么？当时的历史背景是，国内社会和国际社会都对俄罗斯联邦的未来非常乐观，对普京的两届任期寄予厚望。然而，普京的表现只是平平，经济方面如此，政治方面也如此。尽管普京推行了新制度，但是俄罗斯仍然官僚习气盛行、犯罪率居高不下，普京本人也常有违反制度之举。因此，可以说，这个所谓的新制度与苏联时代的制度是差不多的。普京 2000 年上任时可靠、可信，2008 年离任时完全是另外一副形象：反复无常、十分危险。我无法邀请普京来我的咨询室，直接对他进行精神分析，也没有机会访谈他，但是从一些公开材料，尤其是他的自传，我可以了解到很多有关他的东西。本章将探讨一些有关领导力的永恒话题，特别是领导者或者 CEO 生命周期。第 3 篇将进一步探讨这些话题。

本书第 6 章，你也许可以看到某个与你共事之人的影子，甚至看到你自己的影子。你知道每日与你打交道的人可能是"西西弗斯""诺贝尔奖得主""浮士德""基督山伯爵"或者"丑儿"吗？这些是我们给一系列心理情结起的名字。我们都听说过另外一些更著名的心理情结，比如自卑情结、俄狄浦斯情结。本章，我将考察受各种情结困扰的人在工作中有何表现，还将在他们的早期教养经历中寻找他们行为模式的源头，并且介绍如何通过心理咨询或者心理治疗干预减小这些情结的影响。

在过去的 30 年间，我在 INSEAD 特别设计的、为期很长的领导力工作坊中，研究过来自世界各地的经理人的行为。与大部分领导力培训不一样，这些工作坊处理更深层面的东西。在工作坊中，我（主要用人生案例研究）制造出安全的过渡空间，鼓励经理人在这个过渡空间一层一层地展露、剖析自己的人格。这样，我得以深入详细地研究领导人的行为问题，弄清哪些行为有效、哪些行为需要改变。参加工作坊期间，经理人不时地进行心理测验，接受各种反馈。他们还定期分成小组讨论棘手的组织问题和个人问题。

这些工作坊表明，经理人倾向于表现出在某个生涯阶段极其有效，但在另外一个生涯阶段极其有害的行为模式。小组讨论经常暴露组织中的人在努力适应新情境时的顽固表现。我还观察到，团队互补对组织至关重要。如果团队成员能够优势互补，那么一切都很好。反过来，如果团队成员不能互相弥补，那么团队就容易出现问题。在多次组织干预期间，用一组一组经理人打造高绩效团队之时，我一再得到这些发现。

　　继在第6章强调几种情结之后，我将在第7章以经理人角色阵（团队）为出发点，探讨八个风格迥异的领导原型。这八个原型的确认依据是我在我负责的多期工作坊中的观察，以及我与组织行为和战略领域的同事的讨论。尽管团队角色是个老掉牙的话题，但是我提出的原型有个独一无二的优点，即它来自现实生活而不是实验室，是在真实情境下对真实经理人进行广泛深入研究的结果。然而，因为组织生活不允许我们像在心理治疗背景下进行那样广泛深入的分析，所以我需要想办法通过观察个体的职场行为来简易地评价个体的人格与组织的"匹配"情况。然后，我设计出了领导原型问卷（Leadership Archetype Questionnaire，LAQ）。这是一种多方反馈诊断工具，可以供个人和组织利益相关者用于确认经理人的领导风格。LAQ包括48个精心设计的问题，每6个问题指向一个领导原型，每个问题描述的都是行为习惯或者态度倾向。LAQ不仅可以由经理人本人填写，还可以让经理人身边的人填写，这样就可以提供360度反馈。第7章将介绍LAQ是如何来的，还将就如何搭配、管理有着迥异性格和技能的人，以及如何与他们共事提供一些建议。关键是达到最佳匹配，要实现这个目的，我们必须知道各种人可以扮演什么角色、各种情境需要什么角色。最有效的领导，就是能把各种不同的人创造性地结合在一起，实现整体大于部分之和的效果。引用本杰明·富兰克林的一句话就是："我们要么团结在一起，要么逐个上绞架。"

第5章　普京，俄罗斯公司的CEO：遗赠和未来 [①]

　　在德米特里·梅德韦杰夫任总统期间，谈论变革和解放是俄罗斯人的一种时尚。5月7日是他上任一周年纪念日。他最近答应接受一家在野党报的采访，允许几个人权活动家批评俄罗斯的制度，甚至开通了博客。华盛顿还有个新的行政机构想与其他大国建立全新关系。

　　然而，梅德韦杰夫先生的政策与他的姿态并不匹配。也许，更合适的说法应该是，俄罗斯处在普京掌权的第九年。

——加里·卡斯帕罗夫

　　几年前，一位朋友从莫斯科带给我一个礼物——俄罗斯套娃。主要人物是弗拉基米尔·普京，英俊，蓝眼，穿着深色、经理人式样的西服，站在结实的砖墙上，拿着俄罗斯国旗，胸前挂着一枚帝国之鹰勋章。普京里面是鲍里斯·叶利钦，面色红润，穿着铁蓝色西服，披着少校绶带，像来自穷乡僻壤的党代表。叶利钦里面是米哈伊尔·戈尔巴乔夫，手里拿着一把写有"Perestroika"（改

---

① 本章大部分内容可见于以下文章：Kets de Vries, M.F.R.and Shekshnia, S. "Putin, CEO of Russia Inc.: The Legacy and the Future", *Organizational Dynamics*, 2008, 37(3), pp.236—253. 我非常感谢 Stanislav Shekshnia 的帮助和贡献。

革）字样的锤子（就是他用来砸开柏林墙的锤子），胳膊下面还夹着一卷红色的苏联国旗，头上有一大块看不出形状的胎记。戈尔巴乔夫里面是约瑟夫·斯大林（两者之间的领导人丝毫没有被提及）。他看起来像慈祥的苏格兰电影演员肖恩·康纳利。一只手里拿着一对袖扣，另外一只手里拿着燃着的烟斗。制服袖子里露出赤裸的手臂，强壮、多毛。斯大林里面是列宁，看起来就像一位意气风发的律师。

这些人物以及其中一些人物的形象，引起了我的兴趣，因为套娃里的形象与我们从历史和电视中得到的印象大不相同。为什么斯大林如此可爱？为什么戈尔巴乔夫被刻画成这样的强硬派分子？为什么普京，一个眼神冷淡的家伙，一个鬼鬼祟祟的笨蛋，一个好像怀恋苏联时期之确定性的领导者，穿得好像要去开会似的？那只鹰像从叶卡捷琳堡深洞里飞出来的凤凰吗？

套娃中的这些形象是在告诉我们当代俄罗斯人如何看待他们的历届领导人吗？套娃的制作者是想暗示普京正在带领俄罗斯走向让过去黯然失色的华丽未来吗？还想暗示普京把俄罗斯未来的坚实基础建立在上世纪的悲剧和冲突之上吗？在套娃中，普京就像一个 CEO，这让我禁不住疑惑，普京实际上如何在领导自己的公司——俄罗斯公司。

普京不仅在着装上像个 CEO（穿经理人式样的西服，戴昂贵但低调的领带），而且在言行举止上也像个 CEO：精力充沛、积极主动、简洁干练，始终绷着一根弦，用浅显易懂的语言讲话；时不时地展示亲民的一面，开战斗机、直升机，暑假照相时露出肌肉发达的胸膛，展示强壮的身体、健康的生活。普京从外表看来与经理人有如此多的相似性，让我不禁想评价他任俄罗斯总统期间的绩效。本章，我用 CEO 绩效评价常见指标来评价普京的绩效，具体问以下问题：他的工作有什么成效？他的领导风格有什么特点？他让俄罗斯公司为未来准备得有多充分？他离任之后，俄罗斯公司可能会发生什么？这些问题的答案，多多少少在意料之外，又多多少少在情理之中。就像公司 CEO 一样，总统采取的行动、表现出的领导风格，不仅取决于组织的需要，而且取决于他内心剧场的剧本。他连任两届总统的经历，并没有让他改变多少，反而加强了他几个显著的行事特点。普京是个很有公众知名度的人物，以他为例，不仅可以为本书添加趣味，而且可以帮助我阐明我对当代领导有效性问题的一些看法。

很多 CEO，在成为一把手之后，"生命周期"可以分为明显的三个阶段：进入期、巩固期和衰退期。进入期的典型特点是不确定性，初出茅庐的领导者努力熟悉新职位，处理前任的遗留问题，寻找有助于推动组织前进的主题。一旦巩固了权力、理解了所处环境、确认出关键主题，新 CEO 就会集中精力追求这些主题，力求发展组织、做出成绩、留下美名。在大多数案例中，CEO 是在这个巩固期期间做出最佳成绩、为组织未来奠定坚实基础的。在最后一个阶段，衰退期，CEO 开始失去做新事情的兴趣（不过一般都保持着对巩固权力的兴趣），往往变得短视、自满、停滞不前。他们甚至变得偏执，害怕（往往有充分理由）别人想摆脱他们。这个最终阶段的领导者，可能会真正威胁到他们一手带领走向成功的公司。

有效的商业领导者，一般设法通过认真准备缩短进入期、通过及时退出缩短衰退期。他们最大限度地利用第二个阶段，巩固期。但是没人能够无限期地掌管一家复杂的现代公司。在今天这个日新月异的世界，对准备充分、非常能干、适应力强的 CEO 而言，七八年的任期是近乎最佳的。[1] 那相当于两届总统任期，而俄罗斯

① 请见本书第 9 章对 CEO 生命周期的详细讨论。

宪法恰好允许普京做两届总统（后来梅德韦杰夫申请把总统任期延长至六年）。他做得怎么样？他为自己一手提拔的继任者梅德韦杰夫留下了什么？

掌舵八年：期望与结果

自从 2000 年普京被意外任命为俄罗斯联邦总统以来，俄罗斯社会和国际社会都被他俘虏了。正如商业领袖和政治领袖经常遇到的那样，人们把自己的幻想投射到普京身上，投射到他过去的、现在的、特别是未来的行动路线上。有效的 CEO（有意无意地）利用人们的这一倾向，召集追随者与他一起追逐梦想，运用追随者的创造力成就非凡的结果。让我们看看普京先生是如何做的。

普京成为俄罗斯总统时，俄罗斯经济还未从 1998 年的金融危机中复苏。俄罗斯民众对新领导人的第一个期望是提高生活水平。不过，俄罗斯民众还希望新总统能够找回苏联解体之时俄罗斯丧失掉的东西。回顾叶利钦执政时代，很多人看到的是一部屈辱史，那个时候的俄罗斯是由一个尽管身负重任，但仍然经常酗酒的人掌管着。俄罗斯丧失了在世界、在东欧以及苏联加盟共和国的大部分影响力，严重的通货膨胀吞噬了民众的大部分积蓄。不透明的私有化过程，强有力的寡头统治，空前泛滥的腐败，挫伤士气的车臣战争，让人恼火的事不胜枚举。当年轻、健壮、精力充沛、冷静的普京当上总统时，俄罗斯人的希望重新被点燃了：俄罗斯人想要更好的生活，也想要更有意义的生活；他们认为，也许普京可以为他们开辟一条出路（Sakwa，2004；Baker、Glasser，2007）。

俄罗斯公司的潜在"合作伙伴"，大部分西方国家的领导人，希望俄罗斯对西方的态度、对待西方的政策更明确、更稳定，以建立富有成效的工作关系。他们想要普京重申：俄罗斯选择了民主道路和市场经济，坚决放弃了在苏联加盟共和国和东欧国家的帝国主义野心和军事主义野心。他们想要俄罗斯支持这个新的世界格局，不仅对军队进行改革，而且召回所有驻扎在国外的军队。西方领导人希望，在促进当代世界的民主和安全方面，普京是一位可靠的、建设性的合作伙伴。

CEO 多大程度上实现了关键利益相关者的期望

普京上任后，苟延残喘近十年的俄罗斯经济复苏了，增长速度比世界上大多数发达国家都快。1999 年（普京做总统的前一年）到2007 年期间，俄罗斯的 GDP 增长了 69%，购买力平价突破 10 亿美元大关。有史以来，俄罗斯人从未像 2008 年那样富有。俄罗斯的人均 GDP 超过了苏维埃社会主义共和国联盟水平，俄罗斯民众都从普京的经济政策中分到了一杯羹，不仅可支配收入提高（另外还有 13% 的统一所得税），而且拥有更多机会把这些收入花在消费品、休闲和国外旅行上。从消费角度来看，曾经不被看好的俄罗斯市场变成了欧洲最有活力的市场之一。五年期间，其国内消费年年以两位数百分比增长。

大多数俄罗斯人把经济迅速好转归功于普京及其政策。然而，真相要复杂得多。是的，在普京任职期间，俄罗斯发展迅速，但是与其他苏联加盟共和国相比，俄罗斯的增长率较慢（只有三个比俄罗斯慢）。根据某些专家的说法，如果能源价格保持在 1999 年的水平，俄罗斯经济在普京的领导之下实际上收缩了，正如 2008—2009 年的金融危机强烈表明的那样。三个能源丰富的苏联加盟共和国，阿塞拜疆、土库曼斯坦、哈萨克斯坦，增长率分别为 270%、190%、120%。如果拿俄罗斯公司的 CEO 与俄罗斯真实公司的 CEO

比较，普京的业绩看起来非常一般。

　　普京任总统期间，俄罗斯人的人均收入按名义价值计算几乎增加了两倍，但是通货膨胀率达到了两位数的百分比，这样算下来，俄罗斯人的人均收入实际并没有增加多少。更为重要的是，经济复苏带来的收益严重分配不均，富的（个人、城市、地区）越来越富，穷的还是一样穷。这是一个实实在在的隐患，可能造成很大的动荡。普京任总统期间，俄罗斯的国民收入分配不公水平超过了美国。总而言之，普京在任职期间的经济成绩只是一般。

　　也许有人会说，普京是富有远见的战略家，进行了深刻的结构性变革，为俄罗斯未来的发展奠定了基础，日后会让俄罗斯人受益。但是，冷静地分析一下，就会知道情况并非如此。1999 年，普京在形势非常有利的一刻上台。之后，讽刺的是，因为债务危机，俄罗斯的金融体系比以前健全了很多。然而，俄罗斯的经济结构没有变化。对原材料出口的依赖变强了（石油和天然气占其出口总额的四分之三），制造业萎缩了，服务业对 GDP 的贡献只有 50% 左右，而发达国家服务业对 GDP 的贡献一般为 70% ~ 80%。最后，新建企业数（经济增长的一个关键指标）仍然很低，不管是和东欧比，还是和西欧比。没有世界级的俄罗斯公司出现。进口增长比制造业增长快很多。俄罗斯最大的石油公司尤科斯（Yukos）的破产，其老板米尔哈伊·霍多尔科夫斯基（Mikhail Khodorkovsky）的入狱，带来了广泛而持久的不良影响。因为这个事件暴露了俄罗斯政府的独裁武断，表明了俄罗斯法律体系不健全、不尊重财产权。这种投资环境让外国投资者和外国企业望而却步（Kets de Vries、Sheksnia、Korotov、Florent-Treacy，2004）。

　　几个巨型工业财团控制了俄罗斯经济的 60% ~ 70%。俄罗斯经济的一个新特点是，国家所有或者国家控股的巨型公司的出现，例如俄罗斯天然气公司（Gazprom）和俄罗斯石油公司（Rosneft），这些巨型公司通过进攻型并购把触角伸到非相关行业，在并购过程中经常运用胁迫手段对并购对象施压。此外，这些国家控股型公司什么都做，就是不把钱花在核心业务、提高生产率上。相应地，与20世纪90年代相比，官僚主义者数目急剧增长。普京执政期间的民意测验表明，超过半数的年轻俄罗斯人想去政府工作，而不是去企业。

此外，自叶利钦时代开始恶化的腐败在普京时代急剧恶化，让俄罗斯成为欧洲最昏暗的经济体，与尼日利亚和肯尼亚等国家并居世界腐败排行榜的榜首。腐败积重难返，投资受到负面影响。人人都说，普京任总统期间，俄罗斯经济丧失了20世纪90年代早期市场改革的某些重要成果，还丧失了在世界市场上的相对竞争力。结果，俄罗斯掉下了几乎所有国际排行榜，比如"营商指数排名""政府效能排名""法治排名"等等。

然而，普京改变了俄罗斯人的心情。民意测验和专家都说，普京任总统期间，俄罗斯及其人民恢复了自信。经历了混乱的叶利钦时代的俄罗斯人，欢迎普京的民族主义言论，欢迎他与外国合作伙伴打交道时的强硬立场，欢迎他对苏联的怀恋，欢迎他再创俄罗斯辉煌的决心。他的强硬言论引起了大多数俄罗斯人的共鸣，在普京统治之下，俄罗斯人不仅觉得变富裕了，而且觉得更安全、更幸福。然而，与此同时，居高不下的犯罪率表明俄罗斯依然是世界上最危险的地方之一。

出于同样的原因，很难说普京的外交成绩是非常令人满意的。普京以前做过克格勃局长，会说流利的德语和一些英语，似乎很快与很多外国领导人建立了密切的非正式关系，比如，德国的格哈德·施罗德和安吉拉·默克尔、美国的乔治·布什、英国的托尼·布莱尔等等。然而，在很大程度上，这些关系并没有为俄罗斯以及对应国家带来任何有形成果，因为尽管在私下一对一的交往中，普京很有魅力和说服力，但是在制定并实施俄罗斯的外交政策时，普京持有的是非黑即白、非常多疑的世界观，表现出的决策风格是喜欢单方面做决定。此外，他残酷打压政敌，对独立媒体施压，亮出"能源武器"用油气管道包围欧洲，对格鲁吉亚冲突反应过激，所有这一切都让国际投资者、政治家和媒体越来越忧虑。最后，国际社会认为普京统治下的俄罗斯不是一个可靠的、可信的合作伙伴，而是一个反复无常、有时非常危险的国家。它按照自己的规则游戏，想方设法为所欲为（Jack，2005）。

考虑到普京的积极品质（比如精力充沛、谦虚低调、善于倾听、社交能力强）、上台时机有利，为什么他没有很好地实现关键利益相关者相对简单的期望？答案很简单：他没做有效的 CEO 应做的事情。

有效的 CEO 做什么

简短地说，有效的 CEO：

● 描绘令人向往的愿景；

● 设置具有挑战性但符合实际的目标；

● 努力让愿景、战略和行动达成一致；

● 面对困难，展现出果断和勇气；

● 研究竞争对手，制定领先策略；

● 打造拥护组织的愿景和价值观的互补型辅佐团队；

● 努力激发、鼓舞追随者；

●营造信任的氛围（"说到做到"）；

●倾听他人；

●制造学习和发展机会；

●打造运作透明的、客户导向的组织；

●把授权与问责结合起来；

●让员工在工作中有主人翁感；

●鼓励创新，鼓励企业家精神；

●坦然面对环境变化；

●把组织利益置于个人利益之上；

●努力打造一个在其任期结束之后继续繁荣昌盛的组织。

如果说这个清单道出了领导有效性的实质，那么为什么只有少数几个人成了有效的领导者？答案是，领导不是领导者一个人的事情，有效的领导不能只靠优秀的领导者。个人英雄主义者往往很快就会败在自己的致命缺陷上。相比之下，真正有效的领导者知道自己的长处和短处，知道如何构建同盟，知道如何挑选优秀人才并且最大限度发挥他们的潜力。

此外，有效的政治领导者还依赖自身个性与历史时刻的成功"联姻"，以及在公共舞台上成功地表演很多潜意识活动。最为重要的是，领导者的风格受自己内心剧场的剧本的影响。如果我们想知道为什么普京不能为俄罗斯公司做成功的商业领导者为自己公司所做的事情，如果我们想理解他过去做了什么（以及没做什么）、未来要做什么，那么我们需要超越那些可以直接观察的行为，看进他的内心世界，看到他的价值观、他的动机。这有助于我们更好地理解他为什么表现出某些行为模式。

安静的总统

"不要低估一个安静的人的决心。"伊恩·邓肯·史密斯说。
他是英国保守党党魁，一个"安静的人"，曾经试图把困扰自己的
绰号变成积极的领导力品质，但收效甚微：他很快埋没了自己，成
为后撒切尔时代一连串短命的领导者之一。但是他的格言具有几分
正确性。普京的风格就是这个特点，他是一个安静的人，韬光养
晦，步步为营，终于登上高位。丘吉尔曾经说俄罗斯是"一个藏
在闷葫芦里的神秘物体中的谜"，这句话也可以用来描述普京。为
了捕捉并描绘一个领导者的特点，心理学家、精神分析学家或者精
神病学家需要对其访谈数小时。我没有这个机会。然而，作为公众
人物，俄罗斯总统在某种程度上拉开了其"内心剧场"的窗帘，让
我们有机会看到其中的主题。例如，2000 年，一本名为《第一人》
（*First Person*）的书出版了，这本书是三个俄罗斯记者对普京进
行 24 小时访谈的结果（Putin、Gevorkyan、Timakova、Kolesnikov、
2000）。这本书的开篇，普京对自己的人生总结如下：

实际上，我的人生非常简单。一切事情都是一目了然的。我上
完中学读大学，从大学毕业后去了克格勃。完成了克格勃的训练之
后回到大学。大学之后，我去圣彼得堡为市长安纳托利·索布恰
克（Anatoly Sobchak）做助理。离开圣彼得堡之后去了莫斯科，进
入了总务处。然后进入总统办公厅。离开那里之后，进入联邦安全
局 FSB（俄罗斯的内部安全机构）。然后被任命为总理。现在我任
总统。完了！（p.xiv）

这段话充分显示了普京那令人难以置信的矜持和嘴严。普京
对他的家庭背景和职业生涯的介绍表明，他的沉默寡言也许是遗

传而来的生存之道。他说他的家庭背景"非常普通",但是他自豪地提起了他的祖父,一个厨师。他说:"(我的祖父)被转移到斯大林的一座别墅,在那里工作过很长一段时间。"他还说:"因为某种原因,他们并没有监管我的祖父。长期待在斯大林身边的人,很少有人不受伤的,我的祖父就是其中之一。"(p.3)接着,他介绍说,他的祖父之所以能活下来,也许就是因为沉默寡言:"我的祖父嘴很严,从来不提自己过去的生活。我的父母也很少谈论过去。"(p.3)这个"非常普通的"家庭之所以能在非常险恶的环境下存活了好几代,显然是因为把沉默寡言奉为保命之道。

1952年10月7日,在斯大林去世前六个月,普京出生于圣彼得堡(当时叫列宁格勒)。我们可以猜测,作为父母唯一活下来的孩子(两个哥哥在他出生之前就夭折了),他受到了过度保护,承受了巨大压力(父母把对前面两个孩子的美好期望也转移到他的身上)。有些孩子应对过度保护的方式是扮冷漠、造距离以保持个性,避免父母插手自己的事情。另外一些孩子,把自己看作早夭兄弟姐妹的替代品,为自己能够活下来充满负疚感,拼命想实现父母的期望。过度保护和巨大压力也许会导致成长中的孩子觉得患上了幽闭恐惧症,渴望更多的人身自由。这也许能解释为什么普京终生都在顺从与反抗、秩序与混乱之间徘徊。然而,显然,不管他有什么反抗倾向,随着时间的推移,他都把这个倾向压制了下来:顺从和秩序需要占了上风。

最初,普京并不是模范学生。其早期教育的很大一部分似乎发生在街头——他经常与一群"阿飞"(hooligan)(他自己这么表达的)混在一起。救了他、让他没成为阿飞的,也许是运动。他学了柔道,做总统期间他还经常练习。在某种程度上,柔道可以用来比喻普京后来与别人的主要相处方式。柔道的一个主要原则是:绝对不要迎面攻击对手，而是要选择一个巧妙的位置借助对手自己的体重放倒对手。这可以总结普京的生存之道：不要显得对别人是一种威胁。

作为一个年轻人，普京还喜欢间谍小说和间谍游戏。他后来说，他之所以加入克格勃，是因为受到了电影和小说中描述的苏联间谍的英勇事迹的影响。对普京而言，做间谍似乎是让他眼中十分混乱、变化无常的世界"变得井然有序"的一种方式。做间谍能为他提供施加影响、建立秩序的理想环境，同时能让他保持隐形。

隐形人

从圣彼得堡大学法律专业毕业后，普京受邀加入克格勃。在反间谍部门待过一段时间后，普京得到对外情报部门的一个职位。克格勃把普京派往了东德的德累斯顿市，任务是收集经济情报、招募间谍。他顺利完成了任务，但表现并不十分出色。然而，在德累斯顿的那段时间，他对西方人的工作方式有了一定的了解。后来，在两德统一风暴中，他的德累斯顿之行在混乱中结束。这次事件一定让他更加坚定了以下信念：人们需要一个秩序井然的世界。

20 世纪 90 年代，苏联解体后，普京离开了克格勃。他把那一步说成是"我人生之中最艰难的决定"。之后，他做了光芒四射的圣彼得堡市长索布恰克的助理。圣彼得堡市长助理，是他从政生涯的第一个高级职位。1996 年，索布恰克在市长选举中落选。之后，普京去了莫斯科。丘拜斯（Anatoly Chubais），俄罗斯私有化的设计师，注意到了普京，把普京引荐给了叶利钦。1998 年，普京被任命为总统办公厅负责人。即使在这个很高的职位上，他仍然十分低调，从未让别人觉得受到威胁。在叶利钦手下，他运用了他的魅力、忠诚、自制、克格勃训练以及一系列工作（包括掌管联邦安全局 FSB）积累的常识。

普京发现经常喝得醉醺醺的、走路老是颤巍巍的叶利钦需要一个强势、可靠、忠诚的副手，于是他让自己显得不可或缺。最后，身陷腐败丑闻、健康问题、弹劾危机的叶利钦，把这个年轻的副手作为安全退出政治舞台的保障。这个背景并非意味着普京是一个天生的领导人。相反，他说自己是官僚，更擅长执行命令而非发布命令。

但是，外表冷漠并非意味着普京没有感情。临床经验表明，很多非常情绪化的人用冷漠作为防御机制应对强烈的情绪，害怕放任情绪就会失控。（这也许还可以解释为什么普京——一个人人喜欢买醉的国家的元首——会避免豪饮）

控制欲

普京的控制欲，与经历了狂野的叶利钦时代的俄罗斯社会的需要十分契合。他加强控制的举措，结束了叶利钦时代的混乱的政策漂移，放缓了资本外逃。但是很多领域的改革远远没有达到预定目标，市场秩序的有效性还大大有待提高。

普京治国风格的缺点是，十分严肃。普京偏爱加强国家（或者更确切地说——总统）对经济领域和政治领域的控制的政策。在他的密切关注下，情报部门越来越大的影响力深入到政府各个层级的各个机构。在巩固权力期间，他严厉打击任何胆敢挑战他的人组织的活动、发表的言论。

笑可以看成一种微妙的交流方式，笑话可以揭示一些深刻的现实。有关普京的笑话，主题往往集中在巩固克里姆林宫的权威、企图除去反对者、企图让大众媒体沉默、企图控制其他权威机构。普京任总统期间，俄罗斯流行的一个笑话说，普京在克里姆林宫学习期间，梦到斯大林来看自己。在梦中，普京就如何治理俄罗斯寻求斯大林的建议。斯大林说："你要做的第一件事情是，把所有民主主义者抓起来，送到古拉格。第二件事情是，把克里姆林宫的墙刷成绿色。""为什么是绿色呢，约瑟夫·斯大林？"普京问。斯大林回答说："啊哈！我就知道第一件事情你一定没问题！"

普京似乎明白组织设计的重要性，也明白帮助他实施计划的人才的重要性。然而，当他组建自己的"高级经理人"团队时，他不仅把赌注押在候选人的能力上，而且押在候选人的忠诚上。显然，他不相信新生代的俄罗斯人。这群人受过西方教育，曾经是理想的架桥者。相反，他从军事机构和安全机构选人，创建了所谓的西洛维基派（siloviki）作为自己的经理人团队。根据一个俄罗斯人的估计，普京时期的政府高官中，超过75%的人曾经为克格勃或者其他特殊机构工作过。这一估计暗示着有着民族精神、仇外情绪的人，在普京的克里姆林宫的权力在渐渐增大。

偏执和社会退化

谨慎、警惕、及时察觉危险，是任何领导者都会觉得有用的健康品质。然而，在有些情况下，警惕可能发展成偏执——对潜在威胁的不恰当反应。偏执一直有"帝王病"之称，因为把生命投在弄权上的人非常害怕失去权力。考虑到普京所处的位置以及他的克格勃经历，我们可以揣测他应该是个多疑的人。当然，作为总统，他面临着非常真实的危险，来自俄罗斯境内的危险就有很多。除了车臣问题外，乌克兰挑起了一场又一场政治危机。亲西方的格鲁吉亚、摩尔瓦多、阿塞拜疆，也让人忧虑重重。此外，白俄罗斯和朝鲜之类国家的古怪领导人让所有邻国都深感头痛，就像中亚地区一些国家的独裁者一样。好像光那些还不够烦的是，俄罗斯与日本的关系多年以来一直十分紧张，因为双方在很多岛屿的归属问题上存在分歧。而且，中国越来越强大，对俄罗斯的远东造成了越来越大的威胁。最后，俄罗斯与西方的关系降至多年以来的最低点。危险，不管是真实的还是想象的，无处不在。

不幸的是，当偏执思维生了根，领导者就容易关闭现实检验功能。当领导者质疑顾问的可信性，开始从最无害的话语中听出并且寻找隐秘意图时，这些问题就会恶化。警惕与偏执之间的平衡很难把握。如果指针偏向偏执一边，多疑就会像瘟疫一样传染，成为整个核心亲信圈的习惯思维模式。

为了控制偏执的传播，有效的领导者会采取有力的措施限制危险、检测危险，并以检测结果作为行动依据。有效的领导者还依靠可信的副手——直言不讳的人——帮助确保安全和神智。普京有这样的副手吗，就是那些不怕说实话的人？似乎不可能，因为其核心圈子的很多人都与以前的克格勃有关系，而克格勃是世界上最不透明的组织。这些人，很多喜欢保密胜过透明，正如他们在处理莫斯科剧院人质事件、核潜艇库尔斯克号失踪事件、别斯兰人质危机时所表现的那样。让人蒙在鼓里，即偏执风格的一个关键弱点，既不是打造高绩效商业组织的有效方法，也不是打造安定和谐社会的有效方法。

控制倾向与偏执倾向结合，会生出一种病态的领导风格。偏执生根、控制变紧，就有社会退化的危险。随着领导者独揽大权、对民众实行越来越严格的控制，"小"人物的无力感会越来越强。这种状态下，他们特别容易生出妄想观念和威权主义。在偏执型领导下，特别是在危险时期，刻板僵化的非黑即白世界观十分常见。持有这种世界观的人认为，世上只有两种人，不是朋友就是敌人。持有这种世界观的人还怀疑，处处有阴谋，人人像敌人。领导者会鼓励这种世界观，因为一起寻找敌人会导致人们更加坚信共同事业的正义性。这种世界观的背后是分裂防御在作祟。作为著名的战斗或逃跑反应的变式，分裂防御是应对焦虑、宣泄焦虑的一种方式。

渴求英雄

应对焦虑的另外一种方式就是"包容"。擅长包容的领导者，坚定不移、处变不惊，因此能为追随者制造意义，还能营造包容环境，让追随者觉得安全。焦虑的追随者，因为感激于领导者提供的安全感，于是把自大感投射到领导者身上：强大的领导者意味着他们本人也变得强大。

大部分官员的办公室挂有普京的肖像，不少流行歌曲赞颂他的自制，还有以他的名字命名的冰激凌、西红柿、咖啡馆。他是教科书中的英雄，被刻画成爱护家人、不抽烟的战斗机飞行员。T 恤、地毯、俄罗斯套娃上可以见到他的面孔。

任何熟悉历史的人都知道，个人崇拜是个危险迹象。从沙皇时代到列宁和斯大林时代，个人崇拜都没给俄罗斯带来什么好处。当然，普京没有不知不觉地染上这种毛病。今天的俄罗斯比以往任何时候都多元化。然而，那并非意味着我们应该放松警惕。毕竟，威权主义统治，即使以最现代的形式，也不能管理像俄罗斯公司那样复杂的组织。

继任和遗赠

组织领域有句至理名言说，任何 CEO 都不得忽视一项任务：安排接班人。很多组织学者认为，任何人领导有效性的试金石都是其继任者的绩效。在考虑让谁接班时，普京面临巨大的挑战：他不仅要找到合适的人，而且要在俄罗斯建立宪法规定任期结束之后移交权力的先例。他要克服两大传统：其一，俄罗斯领导人倾向于一直牢牢抓住权力直到进入棺材；其二，俄罗斯领导人对继任问题持有"我死之后，哪管它洪水滔天"的态度。

俄罗斯总统选举日（2008 年 3 月 2 日）的晚上，在摇滚明星表演结束后，两个矮矮的、穿着随意的男人（像穿着皮夹克的职业拳击手一样），从克里姆林宫走向红场，向一群年轻的支持者致辞。这两个人，一个是即将离任的总统普京，一个是刚刚获选的总统梅德韦杰夫。像往常一样，当他们登上讲台，人群大喊"普京，普京，普京"。然而，首先发言的是梅德韦杰夫，他首先感谢人们在选举中投票，然后感谢人们对他的支持，发誓继续普京未完的事业。轮到普京时，他微笑着说，他坚信正确的路线会继续让俄罗斯成为理想的居住之地。俄罗斯电视台第一频道把这一幕播送给俄罗斯的千家万户。精神继任已经发生了，正式继任发生于两个月后的5 月。

普京的继任管理方式，普京实际做出的选择，都能让我们多多少少了解到普京的领导风格以及未来行动。继任的开展完全符合法律的规定，但是大大忽略法律的精神，剥夺了宪法赋予俄罗斯人选择总统的权利。继任过程是不透明的、不民主的，焦点放在即将离职的领导人身上，配上了大规模的营销活动。因为媒体控制有那么多优势，又因为普京确实那么受欢迎，所以符合逻辑的策略就是忽略反对声音。但是，普京没有使用这个策略，而是使用高压手段处理继任问题。显然，克里姆林宫无法放弃全面控制，它要确保一定是梅德韦杰夫当选。

梅德韦杰夫有个特别突出的品质——对普京绝对忠诚。沿袭克里姆林宫的传统，普京没有提前透露谁会接他的班，也没有提前透露他在第二任期结束后会做什么。他的这种做法，引发了各种各样的揣测，而不是制造机会让举国探讨国家下阶段的发展需要什么样的领导风格。然而，值得赞扬的是，每当有人建议普京在两届任期结束后再做一届总统时，他都会坚定地拒绝。但是，他曾经明确地表示过，他打算继续掌权。为了不做总统但继续掌权，普京设想出一个机制——变成总理。之后，他设法成为统一俄罗斯党主席，利用这个职位的权力优势，让议会绝对多数成员认可他"选择"的总统接班人梅德韦杰夫。

继任过程可以比喻为关着门赛马，有两匹公众熟悉的马，其中一个是梅德韦杰夫，另外一个是副总理谢尔盖·伊万诺夫，还有很多公众不熟悉的马，都在争取普京的青睐。作为一名优秀的权力掮客，普京一直等到最后一刻才宣布自己的选择。民间团体完全被排除在这个过程之外——没有播放辩论、没有比较工作计划、没有公开评价候选人。官方竞选活动也没提供多少信息给选民——梅德韦杰夫没有参加电视辩论，没有阐述工作计划，只是表达过对普京路线的支持。媒体把他描述为普京最亲密的合作伙伴、一位忙到没有时间参加竞选活动的总理——一位热爱祖国的俄罗斯人。这个策略结果非常有效。大约两个月后，梅德韦杰夫的受欢迎程度就超过了普京，在第一轮选举中以绝对优势取得胜利。所以普京获得了自己想要的结果——用完全符合民主程序的方式选出一个自己信任的人接替自己。俄罗斯公司迎来了又一个名不见经传的人做自己的新 CEO。

梅德韦杰夫，这个像普京一样在圣彼得堡长大、从圣彼得堡大学法律专业毕业的人，从参加工作开始就一直待在普京身边，依次做过法律顾问、助理、总统办公厅负责人、副总理。像普京一样，在成为总统以前，梅德韦杰夫更像一位官僚而非一位富有远见的领导人。他没有切身领导经验，必须通过观察前辈来学习如何做领导者。两人有很多相似之处，这也许暗示着，普京——像很多即将离任的商界经理人一样——无意识地想复制自己并"延长"任期。

考虑到普京警惕心极强、发自内心地害怕混乱，还考虑到俄罗斯人有着遗忘甚至排斥卸任领导人的传统，我们可以把普京对继任问题的处理看成既是一种生存之道，又是在尝试保护自己的遗赠。然而，这种做法也许最终会像商界经理人采取的很多类似策略一样无效。

从普京的好心情以及政府的工作报告来看，普京本人非常满意自己两届任期的成绩。他认为经济繁荣、稳定和俄罗斯民族自我意识重现是自己的主要成就和遗赠。然而，他没有认识到，他的领导没有给俄罗斯经济和社会带来深刻的变化，无法保证真正而长久的繁荣、稳定和自尊。正如 2008—2009 年的金融危机表明的那样，今天的俄罗斯并没有做好迎接 21 世纪挑战的准备，因为它还在吃前几个世纪积累的老本。如果俄罗斯想与其他发展中和新兴国家竞争，那么俄罗斯还需要全面大检修公共制度、法律执法、统治管理、意识形态和伦理道德。没有这样深刻的变化，普京描绘的近期愿景"把俄罗斯变成最理想的居住之地"就依然是纯粹地蛊惑人心。为了设计并实施这样深刻的变革，俄罗斯需要一种完全不同的领导风格。

顺利接任在位时间长的强大前任的 CEO 有一个特点，那就是与前任有很大的不同。不足为奇的是，普京最初之所以赢得民心是因为与叶利钦相比他实在是太好了。为了有效，普京的继任者，或者说即将到来的领导团队，不仅需要有不同的计划，而且要有不同的风格。

很多有效的继任者是"内部局外人"（inside-outsider），既深

刻了解自己即将接手的组织，又能从独立的、近乎局外人的视角来
看这个组织。很多情况下，成功的新人特别清楚组织需要进行什么
干预。商界的好例子有，通用电气的杰克·韦尔奇（一位不参与
核心业务的内部局外人）、IBM 的路易斯·郭士纳（一位局外人）
等杰出领导者。俄罗斯历史上有三位领导人也十分擅长实施全国范
围内的变革：彼得大帝、凯瑟琳大帝、斯大林。他们都既有内部人
的深刻了解，又有局外人的边缘性。在性格形成时期，彼得大帝在
莫斯科的外国人居留地生活过多年，造过船，还经常去国外旅行。
凯瑟琳大帝，德国公主出身，15 岁来到莫斯科嫁给王位继承人，
在成为绝对君主之前花了 17 年时间熟悉令人无所适从的陌生文化。
斯大林来自格鲁吉亚，这个国家，尽管是俄罗斯帝国的一部分，但
是与俄罗斯有很大的不同。

彼得大帝非常了解工业、航海和军事，在其统治期间，这些领
域有了飞跃式的发展。凯瑟琳大帝精通治理、外交、哲学和文学，
这些都是她在改革行政体系、大肆扩张领土、让俄罗斯成为欧洲政
治格局中的重量级国家、为伟大的科学突破和艺术突破奠基时需要
的东西。斯大林读的是神学，这个专业为他终生作为职业革命家宣
传马克思主义做好了准备，有助于他创建强大的军事工业复合体并
把苏联带入核时代（尽管代价巨大，在这个过程中给人民造成不少
苦难）。然而，考虑到斯大林的心理是极端病态的，所以他并不是
一个值得别人效仿的榜样。

俄罗斯需要什么领导风格

梅德韦杰夫及其团队需要展现出什么样的品质，才能让俄罗斯
公司的国内绩效和国际绩效都更上一层楼？

结合俄罗斯文化来看，梅德韦杰夫需要一种权威型（但不是独裁型）领导风格。他需要足智多谋、魅力无穷，因为俄罗斯人喜欢非同一般的领导人。这个国家需要一个用企业家精神对待工作的改革创新者。为了充当精神偶像和角色模型，梅德韦杰夫可以向成功的俄罗斯企业家学习如何设置具体的、具有挑战性的目标，如何通过描绘可以实现的愿景来调动追随者，如何设计并维护灵活的、高性能的组织和网络，如何大胆地摒弃过时的结构。此外，与很多政府官员形成鲜明对比的是，这些新俄罗斯企业家把企业的长期利益置于自己的个人利益之上。

很多问题的解决，要求俄罗斯公司的新 CEO 采取创新做法，像企业家那样果断。例如，在现有范式内，车臣问题是解决不了的，俄罗斯军事体系、教育体系和医疗体系的问题也是解决不了的。每个领域都需要一个局外人的新鲜做法，当然这个局外人还要对这个领域有所了解。

尽管普京错过了很多让俄罗斯改天换地的机会，但是那些机会仍然还在，等着新的领导人去利用。其中一个机会就是欧盟。俄罗斯不该过分强调民族主义，而是应该做很多欧洲国家已经做了的事情，也就是申请加入欧盟或者与欧盟建立其他形式的联系。就这届总统任期而言，"把俄罗斯与欧洲联系起来"可以是一个强大的愿景。这一愿景应该符合俄罗斯很大一部分民众的想法，尽管也许不符合现有的国家和地方政治精英的想法。即使欧盟拒绝任何正式的联系，俄罗斯也能从申请中获益，因为申请者可以在 21 世纪更多地借助欧盟的力量发展经济、健全法律和行政体系、完善养老金和社会保障系统、加强立法。不用说，仅仅是形成这种理念，都要求大量的远见和勇气。

如果得不到领导者在信念和行动上的支持，伟大的愿景就只能是句空洞的标语。在幕后行动的领导者对俄罗斯民众是没有什么号召力的，在建设新俄罗斯的过程中，新总统需要走近群众、挽起袖子、亲力亲为，就像 300 年前的彼得大帝和现在的很多俄罗斯企业家所做的那样。

俄罗斯公司的新 CEO，不该想着如何利用这个职位为个人谋利，而是应该想着如何利用这个职位增强国家的国际竞争力，让国家变成更好的工作、生活之地，帮助国家为长远发展做准备。一项主要任务是根除腐败。过去的 15 年中，俄罗斯制造出很多家财万贯的富人。现在，该轮到这些富人回馈社会了。这些人应该为政界领导者树立清廉榜样，帮助政府打造新的具有企业性质的文化。

这是一项艰巨的任务。已故将军兼政治家亚历山大·列别德曾经说过："俄罗斯就像恐龙，需要很长的时间才能实现从头至尾的转变。"正如列别德暗示的那样，让那个国家焕然一新，一定是项艰巨的任务。问题是，梅德韦杰夫能否胜任这项任务？如果他打算按照克里姆林宫的传统行事，让人们互相斗来斗去，提拔忠诚者，打压反对者，建造波将金村（Potemkin village，指为了粉饰太平而人工制造的布景式繁华景象），那么答案肯定是"不能"。但是这项任务是可以完成的，只要他联合更多有志于把俄罗斯打造成更好的生活之地，并且拥有管理大型变革项目的技能和经验的人。俄罗斯商界是这类人才的天然聚居地，新的俄罗斯政府可以从俄罗斯商界吸纳人才并且向俄罗斯商界学习。

接下来会发生什么

据传，丘吉尔曾经说过，克里姆林宫内的权力斗争就像一群牛蛙在地毯下打架：你可以听到很多声响，但是直到一只牛蛙从地毯下冒出来的那一刻你才知道谁赢了。尽管克里姆林宫内的权力斗争结果不可预测，但是梅德韦杰夫时代俄罗斯的未来最有可能发生以下三幕中的一幕或者两幕。

第一幕，俄罗斯和西方媒体曾经详细讨论过，那就是：普京是强大的总理，梅德韦杰夫是普京的傀儡，有朝一日会为普京选出的第二个接班人腾出位置。有些人认为，普京的一些言论暗示出这一幕，比方说，普京曾把总理的工作称作"首席执行权"。然而，这是最糟糕的一幕。梅德韦杰夫做名义上的国家元首，普京做实际上的国家元首，俄罗斯公司就是由一个进入第三届任期，也就是最后衰退期的 CEO 来掌舵。有迹象表明普京已经进入了衰退期：他似乎越来越关注自己而不是国家；他越来越不能容忍批评；他越来越多地谈论俄罗斯的光辉过去和他的成就，越来越少谈论俄罗斯的现实问题和未来；有时，他更像一个新俄罗斯官僚，而不是一个全球公司的 CEO。如果这些趋势继续发展下去，那么这种行为模式会给俄罗斯的发展带来毁灭性的影响。过时的经济结构会保留下去，腐败会变得更为严重，政府的官僚化进程会加速，所有领域的创新都会停滞。要不了多久，就会出现严重的经济问题，即使能源价格居高不下。而且，如果能源价格下跌，俄罗斯就会遭遇严重的危机。

除了以上那些不良影响以外，一个不能描绘出令人兴奋的愿景的领导人，一个情绪和心理上有病（尽管身体健康）的领导人，还会伤害俄罗斯民众的集体心理，哪怕民众之中有很多年轻人。对改革的怀疑、对政府的不信任，很快就会死灰复燃，扼杀民众的创造力，迫使最勤勉的人离开国家。

退到幕后但仍然掌权，也会给普京本人带来深刻的负面影响。如果他想强制推行不具政治合法性的计划，那么他的可信度就会大大降低。他一定会留下不好的遗赠：人们只会把他记作又一个不愿放权的克格勃人，当民主对自己有利就民主，当民主对自己不利就不民主。不管他在总统任期内对俄罗斯的稳定做出了多么巨大的贡献，人们很快都会遗忘这些贡献，但是人们会长久地记住，他的专权乱政导致俄罗斯公司发展停滞。

还有第二幕，尽管听起来也许过度悲观，那就是，俄罗斯西洛维基派中最有候选资格的谢尔盖·伊万诺夫当选为普京的继任者，这个人也许会为了巩固西洛维基派的权力除去或者孤立普京，实施进一步的强国计划，包括安全领域的子计划，加大对商业领域的干预，支持俄罗斯疑似国际对手的敌人，推广"用具有俄罗斯特色的方式运作政府"的理念。这样的做法会让俄罗斯倒退几十年，对其经济竞争力和国际地位造成毁灭性的影响。在这一幕中，普京会被俄罗斯人记作一个令人同情的政治殉道者，一个不能保护自己成就的人。

第三幕貌似最有可能。在这一幕中，梅德韦杰夫会成为俄罗斯公司羽翼丰满的 CEO。他会为国家制定新的路线，包括打造一个法制的、现代化的俄罗斯政府机构，让政企分离，实现俄罗斯经济的现代化，根据市场逻辑彻底检修社会保障和医疗体系——这些都是非常重要的事情，梅德韦杰夫已经谈到过。他会集中精力打造一个透明的、高效的政府体系，把政府的大部分计划交给私有机构去实施。他会加强法制建设，特别是执法力度，让俄罗斯成为外国长期投资者的乐土。

他不再谈论过去的辉煌、改写历史书（正如现在所发生的那样），而是帮助俄罗斯人接受国家不太辉煌的过去（包括古拉格体系），把注意力放在建设美好的未来之上。他会让俄罗斯人团结起来，在和平与发展的时代主题下，为子孙后代打造一个更好的未来，过上正常的生活。

新总统需要把俄罗斯变成一个稳定可靠的国际合作伙伴，赢得来自世界各地的朋友。他需要让俄罗斯与乌克兰以及其他苏联加盟共和国的关系正常化，让它们成为平等的合作伙伴和真正的朋友。他需要与西方国家协商，结束石器时代的入境签证做法，让旅居国外的俄罗斯人、来俄罗斯的外国人不再受到羞辱。

到目前为止，梅德韦杰夫还没有表现出表演这一幕所需的品质。然而，他不该低估在俄罗斯执政的权力。1999 年，谁会真正想到名不见经传的小人物弗拉基米尔·普京会在 21 世纪的第一个十年变成如此举足轻重的一个人物？俄罗斯公司即将离任的 CEO，有很大的机会通过帮助接班人上手工作来保全自己的遗赠。普京可以用很多方式帮助梅德韦杰夫，不过其中最好的方式就是，全面退出，完全放手，让梅德韦杰夫建立自己的势力，独立决定俄罗斯的未来路线。尽管这条建议在控制欲过强、警惕心过高的普京看来是违反直觉的，但是一任领导的真正遗赠是留下一个成功的继任者。最好不要发生下面这则笑话描述的事情：

2003 年的某天早上，普京和梅德韦杰夫从宿醉中醒来。普京对梅德韦杰夫说："今天，我们谁是总统，谁是总理？""我不记得，"梅德韦杰夫回答说，"我今天可以做总理。""那么，去取点儿啤酒来吧。"普京说。

第6章 具有某种情结的经理人 [①]

自卑感有时会控制精神生活。自卑感在作祟的明显迹象有：无能感和不满感；个人和人类的挣扎不休。

——阿尔弗雷德·阿德勒

我首先是个名人，然后是个人。我既简单又复杂，既慷慨又自私，既不美又美，既懒又勤奋。

——芭芭拉·史翠珊

我有自卑情结，而且不是那种很好的自卑情结。

——佚名

在工作中，组织顾问、领导力培训师、心理治疗师、精神病学家和精神分析师经常见到一些有着成组奇怪反应和行为的人。受过心理学训练的专业人士，经常借助传统的精神病学分类法（比如我将在本书第7章讨论的人格类型）来理解这样的人（Millon，1996；

---

① 本章大部分内容以前在杂志上发表过，详见 Kets de Vries，M.E.R.（2007）."'Complex' Executives I have 'Met' in Coaching and Consulting" *Organizational Dynamics*，1985，36（4），pp.377—391。

117

美国精神病协会，2000）。这些分类法，类与类之间的界限可能非常模糊，尽管"共病率"（co-morbidity）这个概念暗示着，很多障碍经常同时出现，一种为主，其他为次。有个办法有助于解决举止分类界限模糊问题，那就是深入考察心理"情结"（complex）这个概念。

在日常语言中，人们用"情结"一词指称几乎任何心理症结或情绪症结。但是正确应用的话，"情结"一词的含义要更加精确。实际上，它指围绕某种事物形成的一种心理。"complex"一词是由奥地利精神病学家西奥多·奇恩（Theodor Ziehen）首次引入语言中的，最初形式是"feeling-toned complex of ideas"（带情绪色彩的观念群）。给一个人的体验贴上"情结"标签，意味着我们在那个人身上确认出一组同时出现的、临床上可识别的特征、症状或者特质。基本上，"情结"是指一组同时出现且相互联系的思维、感受、回忆、欲望和行为模式，其中很多不受意识的控制、往往只能间接察觉到，这组思维、感受、回忆、欲望和行为模式放在一起，可以用来解释个体的奇怪举止（Jacobi，1971）。

情结有很多种，不同的人可能围绕不同的事物形成不同的情结，这些事物可能是爱、秩序、权力、地位、荣誉、智慧、成就、认可、名声、性、金钱、食物或者健康，等等。每种情结都涉及一些情境以及对应的反应，一个人具有某种情结，这种情结就会决定他或她在某些情境下如何反应。尽管我们经常说"某人具有某情结"（a person has a complex），但是更准确的说法应该是，"某情结吃了某人"（a complex has a person）。

因为大多数情结具有无意识的源头，所以情结可能让我们脑中生出虚假观念，导致我们对自己、对他人、对情境产生非理性的、扭曲的认识。例如，我们也许主观臆断、妄下结论。我们也许用全或无思维，或者说非黑即白思维思考，通常，这意味着看任何事情都是灰暗的。我们也许在某种情境下觉得无助，认为无法掌控自己的人生。我们也许杯弓蛇影、杞人忧天。我们也许会不知变通、顽固不化。我们也许总是需要是对的。例子不胜枚举。因为这些扭曲，所以很多情结非常有损我们的自尊，影响我们的人际交往方式。情结的中心主题告诉我们，我们是无能的、没有人爱的或者没有吸引力的，进而引起各种各样的心理问题和人际问题。

正如大家可能料到的那样，情结的源头在于童年经验，特别是亲子互动的性质和品质。连和蔼、慈爱、好心的父母也是不完美的：生活决定了，父母不能时刻待命、随传随到，孩子成长过程中不可避免地会遭受一些挫折。但是，如果在真的特别需要食物、关注和安慰的时候迟迟得不到回应，孩子就会沮丧、失望、愤怒或者悲伤，这些感受也许会促使情结的形成。

然而，过度保护的父母也可能在孩子身上埋下情结的种子。如果他们对孩子过度纵容、过度慷慨，导致孩子就世界该如何对待自己形成不切实际的期望，那么孩子长大后也许就很难应对现实。自己的能力和潜力是无限的、自己在某些方面比别人优越，收到这样的信号后，当世界告诉他们实际上他们很平凡，他们也许就会出现自尊问题。在童年经验的基础上，他们也许始终有一种自我怀疑感或者骄傲自大感（或者两种感觉各占几分，具体比例取决于具体情结）。

某些父母喜欢给孩子定性，这一倾向也会促使孩子形成某种情结。有的父母经常不经意地发出孩子是喜怒无常的、没有吸引力的、懒惰的、固执的或者笨手笨脚的信号，他们不知道这些信号有多强的破坏力。这种父母的孩子，多数在长大之后发觉很难揭下孩提时代心目中无所不能且无所不知的父母给自己贴上的标签。这种事情在企业世家中特别常见。

　　然而，不是所有的情结都起源于父母的信号，有些情结起源于家庭之外的事件。成功来得过于容易，因为犯错而受到打骂责罚，遭到拒绝或者受到奉承，或者其他任何重大生活事件或变故，都有可能促使人们形成某种情结，决定人们如何看待并对待整个世界。

　　情结并非总是负面的，或者至少并非只有负面的。例如恋父情结，其成因也许在于人生早期，身边没有男性抚养人，或者有男性抚养人但是得不到男性抚养人的照顾。有这种经历的人，成年之后仍然一直在寻找慈爱的父亲，于是容易对处于权威地位的人心怀敬意，这种敬意有助于在工作中与领导建立良好的关系。然而，负面的恋父情结，则有可能导致对年长男性的矛盾心态和不信任、始终需要质疑权威，会妨碍在等级制组织的工作和前途。

"情结"史

　　也许最广为人知的情结是自卑情结。弗洛伊德的早期信徒之一阿尔弗雷德·阿德勒，于20世纪初描述过自卑情结。根据阿德勒的说法，这种情结的形成起因是觉得身体某部分存在缺陷或者比较虚弱（Adler，1956；Hoffman，1994）。然而，这种情结的根源实际上是早期童年的软弱感、无助感和依赖感。这种情结（本人通常意识不到）的主要指标是总觉得自己没有能力，或者习惯于贬低自己。受这种情结支配的人，也许强烈地渴望进行过度补偿，结果要么取得巨大的成就，要么造下巨大的罪孽。例如，一个人青少年时期在学校因为体育成绩不好而受到嘲笑，长大成人后拼命获得权力控制别人，以补偿这种无能感。

　　在阿德勒确定自卑情结的概念以前，弗洛伊德已经在心理学中引入了"俄狄浦斯情结"的概念（Freud，1899）。弗洛伊德认为，所有孩子在成长过程中都会体验到三角俄狄浦斯情结，俄狄浦斯情结是个体发展的普适模板。这种情结的名字取自希腊神话中的俄狄浦斯，他在不知情的情况下杀了自己的父亲、娶了自己的母亲。俄狄浦斯情结的定义是，男孩无意识地渴望独占母亲的爱，这种渴望时常伴有对父亲的嫉妒和敌意，还伴有一种无意识的愿望：希望父亲死去。俄狄浦斯情结的化解，依赖于对同性父母的认同，还依赖于放弃对异性父母的性趣。对应的情境，女孩渴求父亲、厌恶母亲，经常被称作"埃勒克特拉情结"，或者，也许更准确的是，"珀尔塞福涅情结"——取自另外一则诠释亲子冲突的希腊神话。

"情结"一词因为另外一个人变得更加大众化，那就是卡尔·荣格，他认为所有人都拥有一些常见的心理倾向，或者"原型"（archetype）（Jung，1971a，1971b）。这些倾向能够影响思维与行动，特别是产生不良影响。因此，与弗洛伊德相比，荣格把情结看成源自集体无意识的、起组织作用的结构。根据荣格的说法，大部分人同时拥有几种情结，具体有哪些情结取决于具体的人，每种情结的核心是一个与该情结同名的原型主题（例如，死亡情结产生于死亡原型）。荣格好像在描述分裂的、独立的几部分心灵。换句话说——相互隔离的几面人格。

通过以上简短的回顾，我们可以得出结论说，任何具有压抑倾向或体验的人表现出的任何独立于意识之外的活动，都可以看成情结。就那点而言，我们可以发现，情结与人格类型或者性格类型有很多相似之处。然而，使用人格类型的概念，定义要清晰得多。情结与情结之间的边界更模糊，但是每种情结的内涵要更广。

职场常见情结

上帝情结

一个人要是被人说成是有"上帝情结"或者"救世主情结"，那就是说，这个人在别人眼中是傲慢的、自大的、自以为具有至高无上的权威。说这种情结与自恋人格非常相像，是很正常的。

政界、商界、金融界里有权有势的大人物，有些似乎就受着上帝情结的驱动。这样的例子可以在华尔街倒爷这个特殊的新富阶层当中看到，托马斯·沃尔夫在小说《虚荣的篝火》中就刻画出了一个典型的华尔街倒爷（Wolfe，1988）。小说主角谢尔曼·麦考伊，属于新富一族，有上帝情结表现。小说中有一幕充分表现了他的扬扬自得：他坐在昂贵的奔驰跑车的斗式座椅上，旁边司机座位上坐着漂亮的情妇。不过，他的好心情很快就结束了：他的情妇不小心把车开进了穷人聚居地布朗克斯区，撞倒了一位黑人小孩。他担心遭到黑人的攻击，还担心被人抓到与情妇在一起，于是在没确定是否撞伤小孩的情况下把车开往富人聚居区派克大街的家。结果，有人看到了他后面的几位车号，一位新闻小报记者据此查到了他，他惹上了官司，生活从此发生了巨大变化。为了保住上流社会的生活，他想尽一切办法与找上门来的检察官、政治家、媒体、警察、教士和大大小小的骗子周旋，应付得焦头烂额。

有上帝情结的人很难把握现实，于是沉溺在无所不能、无所不知的幻想中。他们自以为无比重要，于是显得傲慢、自大、倨傲。他们想站在舞台中央成为焦点，于是夸大自己的成就和能力，对自己成功无限、名气无限的幻想信以为真。他们时刻需要自恋补给品，于是不断寻求别人的赞美、关注和肯定。为了达到这个目的，他们喜欢让身边围绕着一群马屁精，而马屁精会鼓励他们的自我中心、自我放纵之举。

这样的人，对别人的需要不太敏感。他们缺乏同理心，与人交往时，似乎不愿认同、认可或者接受对方的感受、需要、偏好、选择和优先排序。他们把别人对自己的好视为理所当然，经常无耻地利用别人。他们期望得到别人的特殊对待，但是从未想过给予别人回报。

有上帝情结的人还有一个特点，那就是强烈的特权感。他们认为世界亏欠自己太多，于是觉得自己想要什么别人就得给他什么。他们通过固执地坚持自己高人一等来维持自我价值感。他们认为规则是为别人制定的，不是为他们，于是他们期望自己受到优待，并且要求别人自动、完全满足他们这一期望。他们自以为是、自高自大，只喜欢结交地位较高的人或者有着过人之处的人。

然而，有上帝情结的人，心灵十分脆弱。他们特别容易嫉妒别人。有着那种比较心态，当他们得不到自己想要的，他们就会觉得受委屈，变得偏执。如果他们眼中不如自己的人反驳他们、与他们对质、让他们吃瘪，他们有时会大发雷霆。

因为自恋倾向，所以有上帝情结的人不愿踏踏实实付出劳动取得成就，而是喜欢虚构出一个自己成功无比的世界，哪怕在吹嘘自己的胜利时没有一个听众。然而，旁观者认真审视一下就会发现，他们口中的巨大成就，很多实际上算不了什么。

因为上帝情结让他们好胜、上进、自信，所以这些人往往能够登上领导职位。不幸的是，在组织背景下，他们的自我中心行为也许会引起严重的问题。因为身边经常围绕着一群马屁精，他们也许会脱离现实，在信息不足的情况下（既然很早之前就“诛杀”了报忧之人）制定决策。他们甚至有不道德之举。可以料到的是，他们领导的组织也许很难留下人才。有原则的人，因为不愿与他们同流合污，于是选择离开。因为那个原因，领导者有上帝情结的组织，很多都以重组或破产告终。

　　自恋情结和所有情结一样，起源于早期的人际冲突。自恋情结的根源一般是父母刺激不足或者刺激过度。所谓刺激不足是指，父母不能给予孩子所需的关注，结果，孩子逃进自己的世界，发展停滞，始终保持夸大的、不现实的自我感。孩子始终在心理上依赖别人的认可来维护自尊。所谓刺激过度是指，父母无条件地放任孩子的情绪、满足孩子的要求，把孩子冻结在幼稚的自大状态，让孩子以为自己永远是特殊的。于是，孩子总是要求得到特殊对待（在本书第 1 章，我把这种倾向叫作自欺型自恋），这种执着在长大成人后还会一直保持着。

　　想从现实世界当中寻找有上帝情结的人，我们可以看看丹尼斯·科兹洛夫斯基，泰科国际公司的前任 CEO。泰科是美国一家庞大的企业集团，业务覆盖电子元件、健康医疗、消防保安和流体控制等领域。为了说明一个完全受上帝情结控制的人会做些什么，我们可以看看科兹洛夫斯基的事迹。为了庆祝妻子的 40 岁生日，科兹洛夫斯基从公司拨款 200 万美元为妻子举办了一场生日晚会。这笔巨款，半数以上花在了晚会的奢华排场上。晚会在撒丁岛举行，现场最引人注目的就是一座冰雕，模样是米开朗基罗的《大卫》，阴茎那里源源不断地喷涌着伏特加；还有女人乳房形状的巨大生日蛋糕，上面不知道用什么方法点缀着一簇簇火花。晚会还请来了歌手吉米·巴非特（Jimmy Buffet）及其乐队、伴舞等来表演节目，光他们一行的往返飞机票就是一笔不菲的费用。

　　这样大肆侵占公司资源不是科兹洛夫斯基唯一的放纵之举。他还被指控在前后购买六件艺术品的过程中累计逃避销售税 100 多万美元，其中包括他于 2001 年花费 1310 万美元购得的莫奈和雷诺阿的作品。他买这些艺术品，是为了放在自己位于曼哈顿的公寓中，但是他说他把这些艺术品送到了泰科在新罕布什尔的总部，以逃避纽约的销售税。显然，科兹洛夫斯基认为他可以凌驾在法律之上。最后，他被指控侵吞公司资产总计 6 亿美元，面临着 25 年的监禁。

西西弗斯情结

根据《荷马史诗》的说法，西西弗斯是神秘的科林斯王，足智多谋但不用在正道，违反当时的待客之道杀死客人（《荷马史诗》所述年代有条非常重要的不成文法则，内容是，主人必须无条件地款待客人，不管他是旅人、贵族还是乞丐）。他欺骗冥王哈德斯，把哈德斯锁了起来。没有哈德斯引导人去冥界，人间爆发了危机：没有人死亡了。他的这一诡计触怒了众神，众神为了惩罚他，判他将巨石推上陡峭的高山。但是，每次巨石快要到达山顶时，就会从他手中滑脱，他就得重新开始，一次又一次地做无用功。

用心理学术语说，西西弗斯注定要过徒劳的一生，一次又一次执行某项任务，但永远完成不了。更糟的是，他还受到诅咒：知道自己永远也到达不了山顶，知道自己的一次又一次努力只能白费。换句话说，他人生的目的其实就是一事无成。众神似乎明白，最可怕的判决就是徒劳无望的辛苦（Camus，1991）。

在组织里，我们经常碰到有西西弗斯情结的人。这些人需要忙个不停，于是不断推动组织中的"巨石"，从不问自己为什么要做所做的事情。这些人尽管把某些任务完成得非常成功，但是从未获得满足感。他们不断奔向一个又一个目标和挑战——没有内在意义的目标和挑战，不问自己为什么要奔忙或者在奔向什么。就像诗人艾略特诗中的阿尔弗雷德·普鲁弗洛克（J.Alfred Prufrock）"用咖啡匙丈量掉生命"一样，他们在结束一件任务后会变得躁动不安，于是捣腾出一件新任务。

尽管西西弗斯情结可能驱动人们在工作中做出成绩，但是有西西弗斯情结的人面临着一种危险：舍本求末。因为他们天生不习惯反思，所以他们不能形成并追求长期目标，没有战略导向。他们对短期结果太过关注，因此不能进行对未来业务发展必不可少的探索。另外，他们经常不清楚工作重心在哪，因此在公司面临市场不连贯性时制造麻烦。

此外，当有西西弗斯情结的人身居高位，他们的行为可能会传染给别人。在他们盲目地追求一个又一个挑战时，他们也许会制造出一种过度竞争的文化，这样的文化鼓励人们苦干而非巧干，在这样的文化中，人们只关注短期目标、丧失全局观，公司忽略社会道德责任。只有赞成西西弗斯做法的人才能在这样的文化中生存下去。结果就是，组织中充满没有安全感、讲究实际、工作过分卖力、成就超过预期的人。他们还会制造出一种不重视家庭的公司文化。

日本公司的很多经理人似乎都有西西弗斯情结。日本每年都有很多经理人死于工作过度，数量多到有一个专门的词语来描述这种现象：过劳死（karoshi）。在日本，过劳死是一个很受关注的问题，很多家庭因为公司未能对员工的工作狂行为实施干预而将公司告上法庭。

有西西弗斯情结的人，为生活而苦恼，对工作也不满意，正如过劳死的极端性质所暗示的那样：这些人不能停下来享受生活，只有追求一个又一个挑战，才能赶走心中的迷茫感和空虚感。他们混淆了手段和目的，让生命渐渐枯萎。他们给自己列下看不到尽头的任务清单，提醒自己在家里、在办公室中应该做什么。为了完成清单上的任务，他们牺牲所有娱乐休息的时间。但是，既然时间是有限的，那么不可能把每件事情都做完。因为一心扑在工作上，所以他们忽略了生活；生活受到损害会带来不安，为了应对这一新的不安，他们更加卖力地工作，揽下更多的任务——如此恶性循环下去，情况越来越糟糕。他们的上瘾行为，他们用行动而非存在来定义自己是谁的倾向，让他们疲于奔命，追求一个又一个挑战。严重情况下，这样的行为会导致倦怠、离婚、退休就死。

这种行为的根源往往在于，原生家庭把控制看得重于一切。父母强调纪律、秩序、可靠、忠诚、正直、坚韧，想取悦这样的父母，孩子就容易变得特别自律。觉得只有取得成就才能赢得父母重视的孩子，从未觉得别人因为他们本人而欣赏他们；只有别人认可他们的成就，他们才觉得自己是有价值的。因此，他们的人生目标是取悦处于权威地位的人，早期是卖力取悦父母，后来是老师、上司。因为当他们没有达到父母的标准时，父母就会严厉批评他们，所以成年之后他们对别人也很严厉。

约翰·皮尔逊[①]，一家全球媒体公司的通信副总裁，他就有西西弗斯情结。公司里的人几乎都知道，他是工作狂。他似乎只需要很少的睡眠。公司就是他的生命；他没有业余爱好，似乎也不想有什么业余爱好，对社交和度假没什么兴趣。因为他觉得，交差的日期越近、手中的活越多，自己效率就越高，所以他喜欢同时扑在很多项目和任务上。不过，效率高只是表面现象，实际情况完全相反。

约翰的行为模式对他的人际关系造成了很坏的影响。他与那些不愿像他一样过度卖力工作的人关系不好，因为他强迫别人像他一样看事情，要求别人和他一样卖力。因为他没有时间也没有精力陪伴家人，所以他的婚姻出现了问题。一天，他的妻子对他说，她再

① 化名。

也受不了与他一起生活，要求离婚。对约翰来说，妻子的要求来得太突然了，因为他一直一心扑在工作上，"人际雷达"（interpersonal radar）一直没有恰当运行。为了挽救婚姻，约翰同意与妻子一起进行家庭治疗。经过几次艰难的会面之后，治疗开始在他身上显现效果。他付出极大努力花时间陪伴妻子儿女，发现自己非常享受这样的时光。他甚至开始在每周日程中加入社交活动。

但是，对约翰而言，摆脱西西弗斯情结，任重而道远。实际上，这代表了又一场艰苦卓绝的战斗。用他自己的话说，就是：

与我在意的人在一起，我竟然找不到共同话题，可想而知，我是多么尴尬。与人交谈时，即使我没有把话题转到工作上，我心里也在这么打算着。我认识到，我需要重新学习如何闲下来、如何放松，我需要认识到休息并不是浪费时间。忙碌并不代表高产。但是，我还认识到，我之所以如此挂念工作上的事情，是因为我企图控制很大程度上不受我控制的事情。我意识到，投入和强迫是有区别的，喜欢和沉迷也是有区别的。然而，最近，我觉得不再那么强烈地需要别人的认可了。我认识到，过去我一直工作得过于拼命，而且并不享受其中。我就像上了发条的钟表。所以，现在，我在努力克服休息时的内疚感。例如，周末我不再查看电子邮箱，只接家人和朋友打来的电话。我认识到，我面临的挑战是：用巧干代替苦干，休息期间不记挂工作。

诺贝尔奖情结

一般而言，在有人看着或顶着压力的情况下，任何人要想表现出色，都需要一定程度的焦虑。但是，有诺贝尔奖情结的人，焦虑程度远远高于那个基线水平。这些人曾经在低层职位上取得成功，于是在攀登职业阶梯的过程中给自己施加很大的压力，以期做出堪获诺贝尔奖的成就，结果在身居高位之时总是担心失败。企求卓越又担心失败，于是他们害怕犯错。他们从未觉得自己做得足够好，不断给自己提高标准。最后，标准会变得特别不切实际，超人也达不到。于是，他们不可避免地"失败"，出现自我挫败的想法和行为。

尽管这些人是自己痛苦的制造者，但是他们很少那样看。他们认为，别人也像他们一样期待他们做到完美，这一信念加重了他们的压力。他们假定，因为他们的不足（他们自己感知到的不足，这一感知也许是扭曲的），他们会受到别人的苛责，甚至嘲笑。因为担心如果暴露出自己的不足就会遭到否定和羞辱，所以他们在人前戴面具、不让别人靠近他们。这样，他们对完美主义的疯狂追求导致他们形单影只、行动瘫痪（Kets de Vries，2001，2006）。

受诺贝尔奖情结支配的人，思维会呈现全或无（all-or-nothing）模式。即使他们取得了一连串成功，如果那些成就并不完美，他们也会觉得自己是没用的。但是，世上哪有什么成就是完美的呢？他们对事情的看法是非黑即白，不明白生活的黑与白是由灰凸显出来的。他们不仅把这种非黑即白模式应用到别人身上，而且应用到自己身上，在自己身上看到的全是缺点，在别人身上看到的只有优点。他们认为，别人付出很小的努力、走很少的弯路、承受很小的压力、怀着满腔的自信获得了成功。自己那么没用，别人那么有用，可是自己还是做了领导者，于是，他们觉得自己是骗子——我在本书系第一本书的第 4 章和第 5 章讨论过这种人格。而且，他们担心，别人会看出他们名不副实，进而憎恨他们的成功。所以，有诺贝尔奖情结的人承受着来自四面八方的压力。他们不仅担心做得不完美招致别人的批评，而且担心做得太成功招致别人的嫉妒。

因为这样前怕狼后怕虎，所以有诺贝尔奖情结的人在工作中变得束手束脚，这也不敢做，那也不敢做。他们犹豫不决、拖拖拉拉，不到最后一刻不做决定，不给下属指明方向。如果他们身居高位，那么他们会给整个组织带来灾难。正是这种迟迟不行动让他们一直担心的失败不可避免地成为现实。

这些人不管做什么，都不会有好结果，因为诺贝尔奖情结给行动设置了恶性循环。第一，他们为自己设置过高的目标。第二，他们未能实现那些目标，因为，毕竟那些目标太高了。第三，他们把这些情理之中的失败看作严重的挫折，沉浸在挫折之中，结果发现工作效率和产出进一步降低。第四，他们因为效率和产出低下谴责自己，结果自尊下降、心生焦虑、决策瘫痪，有时还出现抑郁。正如我前面指出的那样，他们即使最初获得了成功，最终也将失败，因为他们的成功让他们焦虑：他们担心遭到红眼病人的嫉妒。

寻找诺贝尔奖情结的源头，我们一般发现这些人存在以下心理冲突：在顺从与自主之间徘徊，希望"做自己的事情"，希望做得比父母更好。通常，他们的原生家庭，父母当中至少有一方是好胜的。初出茅庐的诺贝尔奖寻求者想效仿父母，内化父母的竞争行为和高标准。最后，奋斗变成了鸡肋，因为他们一方面想比父母做得更好，一方面又害怕太过成功的话，父母会嫉妒他们，进而拒绝他们、羞辱他们。为了处理这个既企求成功又害怕成功的矛盾心态，他们经常轻描淡写自己的成就。但是，披隐身斗篷的做法只在成就不太大时管用，随着他们变得越来越成功，他们的成就最终会引人注意。

最后用一个案例阐述一下诺贝尔奖情结。苏珊·拉若斯①，一

———————————

① 化名。

位高级经理人，为一家精密机械公司工作。表面上看，她的事业一直一帆风顺，直到被任命为驻中国经理。她以前的工作，大部分是参谋职位，提出的建议总是受到高度重视。然而，在新职位上，苏珊觉得脆弱、无助。公司对她的期望不再是提出合理的建议，而是采取明智的行动。此外，她现在处于一场全国范围内角逐公司CEO的赛马活动，很多双眼睛都在盯着她。她越来越强的脆弱感让她很难做决定，而且，她的行动迟缓开始让她陷入麻烦。总部的一个高级官员找到她，问她做几个决定为什么要花那么长时间。苏珊不知道说什么，只好告诉他，她需要时间来了解中国市场。

　　一位朋友帮苏珊联系了一位经理人培训师，这位培训师开始帮助苏珊探索她正在面临的困境。在会面中，培训师帮助她区分哪些要求是合理的、哪些要求是不合理的。他还提醒她，她现在处于过渡期、入职期，在适应新职位时不应过于急躁。他说每个人刚刚进入一个新职位时都会不可避免地犯错，帮助她明白并非只有她一人面临类似的困境。他解释说，她需要对自己宽容一些，不要老是关注自己的错误，而是试着看到自己的成就并表扬自己。他帮助她明白，错误是学习和成长的机会，不是自我价值下降的迹象。他还帮助她明白，尽管嫉妒是人类生活不可避免的一部分，但是她所在的公司，人们一般不会嫉恨同事的成功。

　　随着时间的推移，随着苏珊的全或无姿态渐渐软化，接受生活要比简单地把人划分为"成功者"和"失败者"丰富得多，经理人培训师开始帮助苏珊尝试着做决定。他让她明白，她之所以觉得焦虑，很大程度上是因为她把赢得比赛看得重于享受比赛过程。她把他的建议付诸行动之后发现，当她稍微休息一下、不再那么拼命的时候，她会取得更好的结果。培训师还教她如何更好地区分事情的轻重缓急，鼓励她多多地授权。苏珊把这个新认识带入工作之中加以实践，发现心情放松了、压力感减轻了、工作效率提高了。

基督山伯爵情结

基督山伯爵情结以大仲马的小说《基督山伯爵》中主人公的名称命名。小说背景设置在拿破仑时代，讲述了爱德蒙·唐太斯的故事，这个人因为莫须有的罪名被判余生都在伊夫堡（法国一座著名的监狱，在伊夫岛上）度过。他遭到三个嫉妒他的熟人的陷害，在与美丽的梅赛德斯结婚前夕被戴上手铐、丢进监狱。在监狱里，他遇到另外一个囚犯，神甫法利亚。神甫计划挖地道逃走，邀他入伙，最后告诉了他一个秘密：在一个名叫基督山的小岛上埋藏着一笔巨大的财富。唐太斯在伊夫堡度过了 14 年时光，最后机智地逃了出去，前往基督山，找到了财富。几年后，唐太斯以基督山伯爵的身份重现巴黎，运用手中的财富报复那些陷害他的人（Dumas，2004）。

选择——确实是选择，尽管通常是无意识地选择——用怨恨和报复处理童年时期所受伤害的人，就有这种情结。尽管我们所有人偶尔都有复仇的欲望，但是对有基督山伯爵情结的人而言，复仇并非只是偶尔一闪而过的念头，而是一种生活方式。复仇就是一切，比财富和权力都重要。

受基督山伯爵情结控制的人，强烈地需要支配别人。他们好斗、易怒，有时还很暴力，他们特别擅长在受到伤害后实施报复，而且往往认为自己并不在乎报复行动的不良后果。他们记忆力超强，很少忘记受到的伤害和侮辱，这些伤害和耻辱可能并非是真正的，而是他们心中的感觉，但是不管如何，这些伤害和侮辱会像毒瘤一样长驻他们心中。像基督山伯爵一样，这些人为"最后审判日"而活，那一天，他们会证明自己的强大，羞辱敌人，告诉世人自己曾经遭受的不公。而且，他们有很多敌人：他们认为，在这个狗咬狗的世界，处处潜藏着危险，于是，他们把人生看作斗争，拒绝因为传统的道义观或者自己的心软而放弃复仇。

尽管基督山伯爵情结可能是受到重大生活事件的激发（就像唐太斯一样），但是其根源往往可以追溯到童年时期。一般而言，孩子是在家庭环境中学会报复的。有的家庭缺乏温情，父母生性好斗，鼓励孩子彼此斗来斗去，甚至参与孩子之间的争斗。在这种环境下成长的孩子，总是必须保持警惕。他们从亲身经历学习到适者生存。随着时间的推移，出于自我防卫，他们开始按照好斗的父母或兄弟姐妹的样子塑造自己，开始是在学校里，后来是在工作中。

政界出过很多有基督山伯爵情结的人物，包括阿道夫·希特勒、斯洛博丹·米洛舍维奇和萨达姆·侯赛因，等等。商界也有例子，比如，甲骨文的拉里·埃里森。他一直担任着甲骨文的CEO，仍然掌握着甲骨文的很大一部分股权，这让他能把本世纪最强大的公司之一牢牢握在手心（Wilson，2003）。

他时而开通英明，时而偏执狭隘；时而令人鼓舞，时而令人害怕；时而不屈不挠，时而冷酷无情；时而精力充沛，时而淡漠疏离；他是21世纪最让人感兴趣的商界领导者之一。尽管他的创新能力和经商能力令人叹为观止，但是他的领导风格和人际风格有许多待改进之处。讲起埃里森的独断专行，前员工仍然心有余悸。连那些以为自己与埃里森处得很好的人，最后也被解雇了，或者因为埃里森让他们觉得太不舒服而选择离开，自立门户。甲骨文解雇这些人，给出的理由往往都很模糊——埃里森厌倦了他们，或者觉得他们对自己造成了威胁。成吉思汗曾经说过："光我成功是不够的，还要其他人都失败。"人们引用这句话时经常提到埃里森，很多人以为这句话最初就是埃里森说的。确实，埃里森经常被人称作现代成吉思汗，因为他把商场上的冷酷无情提升为一门值得认真修炼的技艺。他不能容忍敢于质疑他的经理人，于是对甲骨文的高层进行了系统的清理。

埃里森一方面解雇起员工来毫不手软，另外一方面把员工主动离开甲骨文视为背叛。如果他觉得哪位离职员工抛弃了他，就会对那位员工实施报复，千方百计打击那位员工，力图让那位员工无立足之地。例如，在经理人克雷格·康韦（Craig Conway）离开甲骨文转投仁科（PeopleSoft）后，埃里森发起了对仁科的恶意并购计划，迫使仁科解雇了康韦。

同样，当托马斯·西贝尔（Thomas Siebel）离开甲骨文创办自己的公司之后，埃里森与西贝尔也撕破了脸。西贝尔在甲骨文的时候，提出开发客户关系管理软件的计划，但是埃里森拒绝支持这个计划。西贝尔最终离开了甲骨文，创办了西贝尔系统（Siebel Systems）。这家新公司最初获得了巨大的成功。实际上，2001 年，西贝尔获得了由斯坦福企业研究中心颁发的"年度企业家奖"。在获奖感言中，西贝尔说他用一种完全不同于"一般硅谷公司"的方式经营自己的公司。很多人听出这句话的言外之意是：与埃里森经营甲骨文相比，他经营西贝尔系统的方式更道德、更专业。埃里森的报复、好胜倾向，使得西贝尔这番挑衅的话与发表自杀宣言无异。不久之后，甲骨文用一款具有竞争力的产品打入了客户关系管理软件市场。随着甲骨文侵蚀西贝尔系统的市场，西贝尔系统停止发展，股价大幅下跌。最终，甲骨文吞并了西贝尔系统，给了西贝尔一大笔钱，但是这笔钱远远低于西贝尔几年前的身价。

丑儿情结

"丑儿情结"的英文原文为"troll complex"，"丑儿"是本书译者对"troll"的音译加意译。"丑儿情结"中的"丑儿"有两层含义。一方面，在斯堪的纳维亚民间传说中，丑儿是一种生活在洞穴的神秘生物。有的民间传说中，丑儿是巨型怪物；有的民间传说中，丑儿长得像人。不过，所有民间传说都这样刻画丑儿：长相丑陋、令人讨厌、爱搞恶作剧。另外一方面，今天的网络丑儿，用"trolling""钓取"猎物。所谓"trolling"，就是拖捕法，把饵拖在身后，引猎物上钩。这些网络丑儿，经常在论坛发布哗众取宠或者人身攻击的帖子，不为别的，只为激怒别人或者打断讨论。这些网络丑儿企图"引诱"其他用户回复。他们没有兴趣为学习做出真正的贡献，他们意在散播不和的种子。

这两类丑儿在职场中合二为一，表现为丑儿情结。每个组织都可以见到有丑儿情结的人。你可以通过他们酸腐、消极的人生观认出他们。他们总在发牢骚、抱怨，总做最坏的设想，即使事情进展顺利。他们阴晴不定、喜怒无常、不好说话、喜欢挑错、悲观厌世。他们对权威怀有抵制情绪，上面对他们有什么要求，他们就回之以故意拖延、假装忘记、兴趣缺乏、蓄意怠工或者敷衍塞责。这些消极攻击技巧让他们极其擅长暗中对组织搞破坏。他们既嫉妒又憎恨权威人物以及其他他们认为比自己更幸运的人，把自己看作从未走过好运的受害者。他们忙着抱怨自己不被理解、不被欣赏、被人牺牲，几乎没有时间和精力做有建设性的事情。

受丑儿情结控制的人，有很多防御反应。例如，他们极其擅长把对比较强大的人的愤怒转移到比较安全的人身上——就是那些不大可能拒绝或者报复他们的人。另外，他们不能接受自己的缺点，于是把一切让自己烦恼的事情都归咎于别人或者环境。尽管这些人在讲述自己的不安之时往往口齿清晰、话语流利，但是他们很少探索问题出在哪里，也很少寻找解决方案。

不幸的是，认为自己不被理解、不被欣赏的人，其防御态度经常会引起别人的厌烦，而别人的消极反应则会证实他们那种不被理解、不被欣赏的信念。因此，他们陷入了自我实现预言。一方面因为他们令人讨厌的行为，一方面还因为自我保护考虑，其他人会尽量避免与他们接触。结果，丑儿般的人就变得孤零零的。

这种行为的根源可以追溯到早期童年与父母之间的权力斗争。孩子与父母相比是弱小的，不可能赢过父母，于是，孩子采用一种可以保全脸面的策略：消极抵抗。父母过度控制孩子、忽视孩子或者偏袒另外一个孩子，都可能促使孩子形成被动抵抗、无声抗议、勉强服从的生存之道。

丑儿最有可能出现在那种不好好工作相对不会受到什么惩罚的组织，换句话说，就是那种并非绩效驱动型的组织。例如，看看一家大型政府机构的高级研究员彼得·贝洱①。分析彼得的职业生涯轨迹之后，我发现他达到了高原期。上级对他的绩效反馈清楚地表明，他不大可能晋升到更高的职位。

尽管彼得在智力上能够做出杰出的研究，但是他容易把时间浪费在与组织里的其他经理人进行热烈讨论上，经常为一点儿小事生气。每次开会，别人提出什么观点，他都要站出来挑剔一番，搞僵气氛，大大降低开会效率。他对下属生硬粗暴，总是抱怨下属无能、上司不公。他与组织各个层级的人都发生过争执，从不承认这些争执中自己也有错。人力资源部的人主动找他谈他的态度问题，一点用处都没有：彼得总是能找到理由指责别人。最后，他的同事（包括有权敲打他的上司）都累了，于是听之任之。他们觉得帮助彼得从自己挖的坑中跳出来实在是太难了，解雇他又会引起太多法律上的麻烦。

---

① 化名。

浮士德情结

西方民间传说中流传最为经久的一个是浮士德的故事。浮士德是一个为了换取更多知识和力量把灵魂卖给了魔鬼的学者、占星家兼魔术师。尽管远道而来拜师学艺的人非常敬畏他，镇子里被他治愈的人非常尊敬他，但是他有强烈的无意义感。为了获得更多的知识和意义，他唤来了魔鬼梅菲斯特。梅菲斯特提出用永恒的青春、财富、知识和魔力交换他的灵魂。他同意了这个协议，签字卖出了灵魂。这个故事的有些版本说，当魔鬼来向他索要灵魂时，他被迫面对凄惨的结局，另外一些版本说，他后悔了，想赎回自己的灵魂（Goethe，1994）。

这个传说各种各样的版本都说，浮士德觉得非常无聊。（本书第 8 章将从另外一个角度介绍浮士德的传说。）他什么都见识过，什么都了解。他知道或体验过的事物中，没有哪样能让他摆脱无聊感。他需要新的挑战来激发活力，他需要新的方式来获得快乐。很幸运，他找到了愿意帮助他摆脱无聊感的梅菲斯特。不过，摆脱无聊感是要付出代价的——出卖灵魂。浮士德认为这个代价不算太高：显然，他觉得最大限度地体验人生要好于机械地过日子。

浮士德不是唯一想摆脱无聊感的人。很多人，更确切地说是很多经理人，有着类似的问题。我们所有人几乎都有觉得无聊的时候，不管我们是谁、从事什么工作。很多人以为，无聊是因为没事可做。实际上，真相并非如此。正如浮士德传说告诉我们的那样，当任何可做之事都引不起我们的兴趣，我们就会觉得无聊。无聊感是种非常主观的体验：甲无动于衷的事情，乙可能趋之若鹜。

在工作中，我们所有人都有时或者经常需要处理一项重复性任务，或者置身于一个缺乏外界刺激的情境。可能是某项具体的任务、某个具体的人让我们觉得无聊，也可能是整个工作让我们觉得无聊。甚至是我们自己让我们觉得无聊，因为我们对任何事情都不感兴趣。然而，当无聊感长期存在，妨碍工作和生活，我们就叫它浮士德情结。像浮士德一样，有浮士德情结的人很难对一件事物长期感兴趣。遇到新事物，他们只会兴奋很短一段时间。在他们看来，任何事物最后都会变得单调、重复、乏味。

为了保持警觉，我们所有人都需要持续的感官刺激。置身于单调乏味的情境，我们大多数人的应对方式是幻想和玩耍。在我们的私人世界、内心世界，我们放纵我们对爱、性、成功、幸福、财富和报复的幻想。当我们处理枯燥的杂事，那些幻想就会刺激我们。与那些幻想相伴的还有，对过去的回忆和对未来的期望。然而，有浮士德情结的人，似乎就没有这种千变万化的内心活动。他们不能自给自足，而是需要别人的持续刺激来激发活力。他们的幻想生活十分贫困，因为他们的内心缺乏情绪体验。他们永远不能储存足够的资源来应对重复乏味的情境，他们体验到，无聊感像癌细胞一样扩散，降低他们的生活品质。

如果组织的领导者有浮士德情结，那么组织就有可能受到负面影响。这样的领导者，往往会制造一种缺乏活力和创造力的文化。或者，他们为了减轻无聊感，于是追求刺激，制造出千变万化、精彩纷呈的环境。这不一定是坏事，但是为了追求刺激而出现物质滥用、赌博、违反道德或者其他冲动行为，就一定会对组织造成负面影响。

浮士德情结的根源往往可以追溯到单向的亲子互动模式，也就是，父母总是单方面决定对孩子施加什么刺激，孩子只能被动地接受那些刺激，没有任何自主权，不该表现出任何能动性。不幸的是，父母接管了本该给孩子用来体验幻想并且与现实自由互动的过渡空间，剥夺了孩子进行自我刺激所需的内心资源。内心没有令人满意的幻想生活，孩子就需要让别人围在自己身边以获得足够的刺激，这一模式在成年以后还会继续保持，也就是终生都与无聊感做斗争。

一家奢侈品公司的 CEO 保罗·赫斯特[①]，就是一个受浮士德情结控制的人。多年以前，完成 MBA 学业后，他有一个梦想：在 45 岁以前成为一家大型公司的 CEO。他提前实现了那个梦想。他把前景不被看好的奢侈品生意做得风生水起，40 岁时就受邀成为公司的掌舵人。但是现在，成功打造化妆品业务后，保罗觉得自己就像上了发条的钟表。无聊——那种他曾经费尽心机才摆脱掉的感觉，死灰复燃了。他已经实现了他曾经设置的目标，但是这只让他暂时快乐了一段时间。他不时问自己，是不是自己太过成功了，太早成功了。还有其他可奋斗的东西吗？他觉得生活没有意义。为了摆脱无聊感，他试过吸毒，甚至嫖妓，但是都没用。

为了找回意义感，他在一家咨询公司的帮助下发起了一项面向欧洲的大规模扩张计划。随着公司渐渐债台高筑，他认识到，这一为了给生活寻找刺激而发起的扩张计划让公司陷入了财务困境。幸运的是，事情还没到无法挽回的地步。他及时采取行动，把公司救了回来。不过，他也明白，他再也不能做这样的事情了。他必须寻找其他办法维持新鲜感和兴奋感。

一个做些事情改变心态的机会来了。他参加了一个领导力学习班，该学习班的主要目标之一是促进经理人和组织重生。学习班制造出一个过渡空间，在这个过渡空间，保罗可以探索内心世界以及未来挑战。在一个可以安全地与别人分享想法、向别人学习的论坛中，他开始尝试着幻想，虚构出等着他去征服的世界。他与其他学员的深入交流帮助他了解了自己，也帮助他看到了另外一个未来。

---

① 化名。

他与一位来自非洲的 CEO 讨论到贫困问题，触动特别深，认识到他可以运用自己杰出的管理才能在一个非洲国家建一座儿童医院。这是一个很好的机会，他可以用他过剩的精力做一些既有意义又十分新颖的事情。保罗这一从事有价值活动的愿望，结果成为其无聊感的有效解药。

如何应对上述各种情结

那么，人们如何发现自己有某种情结？有什么迹象吗？如果人们确认了自己有某种情结，那要如何处理？

尽管每种情结的具体内容是不同的，但是我们可以留意所有情结都有的行为模式。例如，如果人们受到了某种情结的影响，就会表现出一个迹象：坚持要用某种方式做某件事情。他们受到一种看不见的、无意识的力量的引导，想把自己的做事方式强加给别人。别人问他们为什么，他们给不出合理的解释，而是支支吾吾地说，事情就是这样做的。他们的认识发生了扭曲。例如，有些人看任何事情都是玫瑰色的，哪怕有明显的证据显示情况并没那么乐观（他们也不跟别人争，不会想着抹杀那些证据）。另外一些人看任何事情都是灰色的，哪怕在乐观证据面前。

另外一个明显的迹象是：对某些情境情绪反应过激。因为情结深深扎根于童年时期，所以当前事件可能激活对某些重要早期经历的回忆，让与那些早期经历相连的情绪爆发出来（换句话说，引起移情反应）。例如，一位有基督山伯爵情结的人，当同事轻微地挑剔他的一个技术细节并建议他做出改进，他会把这当成对他本人的侮辱，进而出现激烈的情绪反应。当然，别人觉得他这样激烈的情绪反应是不合适的，因为他们没有相同的早期经历。另外，受某种情结控制的人，会在某些问题或者项目上十分坚持或者十分热情，那些问题或者项目搁在一般人身上，不会引起那么激烈的情绪反应。讨论起这些事情或者项目，他们无法维持正常的交流；确实，因为他们过于激烈的情绪反应，他们不再听得进别人的话。

好消息是，如果某种情结妨碍了我们实施有效的行动，扭曲了我们的认识，弄砸了我们的人际关系，干扰了我们的目标，简而言之，如果某种情结引起了不必要的痛苦和不适，我们可以改变。我们可以学习如何减轻情结对我们的影响。我们不能根除情结（情结扎根太深），但是我们能拿回选择权，不让无意识力量完全控制我们的生活。

应对一种情结，要做的第一件事情就是确认这种情结。然而，说来容易做来难。鱼因为总是生活在水中而觉察不出水的存在，同样地，我们在陷入情绪泥沼之中时并非总能注意到情绪泥沼的存在，即使陷得很深。为了意识到自己的状态，我们一般需要别人的帮助，也许是朋友、家人、治疗师、精神分析师、精神病学家，或者领导力培训师。这些人可以指出我们行为背后的驱动力，还可以指出我们在哪里以及如何放弃了理智。如果我们对他们的这些发现上心，那么我们就可以开启自我探索之旅，更加清楚地意识到控制我们生活的无意识力量。这个过程会提高我们的情商，让我们更加了解我们的动机，帮助我们弄清我们的那种情结想要实现什么目的。

那种自我认识对任何一种改变来说都是至关重要的，不过也只是个开始。改变要花费时间，要付出努力。作为人，我们会抗拒想帮助我们改变的人指出的一些事情，毕竟，他们在质疑我们习惯了的存在方式和人际交往方式。我们要克服这些阻抗。只有了解了情结是如何搞破坏的，我们才能"管理"情结。如果我们的阻抗特别强烈，我们也许需要一场情绪震动（就像保罗·赫斯特的浮士德情结让他的公司陷入财务困境时他突然觉醒一样）来启动这个反思过程。随着我们克服阻抗并把无意识变成有意识，我们会把决定权拿回自己手中。通过有意识地体验自己的情结，我们可以让那些导致情结形成的早期经历浮现在意识层面，反思那些经历，理智地处理那些经历，减轻那些经历对我们的影响。

然而，我们不能期待奇迹。我们当中总有一部分人会坚持自己的情结，因为经过那么多年之后那些情结已经成为他们自我的一部分。对这样的人而言，情结是一棵扎根太深的枯树，拔除不掉。但是，我们不一定非得拔除它。我们可以学会接受它，同时栽种新树。

第7章 领导原型：经理人角色阵[①]

几乎所有人都能承受逆境，但是，如果你想试出一个人的真实性格，那么赋予他权力吧。

——亚伯拉罕·林肯

从一个人如何对待于己无用之人，可以轻易判断出这个人的性格。

——詹姆斯·D. 迈尔斯

人们似乎没有认识到，他们对世界的看法也反映着他们的性格。

——拉尔夫·瓦尔多·爱默生

从前，有位将军面临着一场艰难的战役。他有三个性情各异的副将，各自领着一支部队。第一个副将，自信，具有企业家精神；

[①] 本章内容以前在杂志上发表过，详见 Kets de Vries, M.F.R. "Deciding the team conundrum: the eight roles executives plays," Organizational Dynamics, 2007, 36（1），28—44. 以及 Kets de Vries, M.F.R.*The Leadership Archetype Questionnaire*: *Facilitator's Guide*, INSEAD, 2007。

第二个副将，责任心强，效率高，不过缺乏想象力；第三个副将，生硬粗暴，态度嚣张，但是好像总能出奇制胜。开战前夜，将军分别找三个副将谈话。首先，他告诉第一个副将，他需要他带头计划凌晨的攻击。然后，他请第二个副将坐下，给了他一份详细的作战计划。轮到第三个副将，他假装痛心疾首地说，战役已经输了，他们没机会了。第三个副将强烈反对——将军错了，他会带着他的部队把敌人杀个片甲不留。次日拂晓，三支部队分别发动攻击，都凯旋而归。战役胜利了。

这个故事里，没有哪个人是"伟人"。相反，我们看到的是四个非常有效的领导者。将军知人善任。他了解每个部下会如何想、如何做，知道用什么方式激发他们这样做。他知道部下的性格会决定他们如何带领部队、面对敌人。他知道如何让团队的每个成员发挥最大的作用。他知道如何打造有效的团队。

理解人们在团队中扮演的角色，是非常重要的。为了阐明这一点，再举一个商业背景的例子。一家国际化妆品公司的欧洲区副总裁哈里·奥勒（Harry Oller），这样提起手下的人力资源经理玛丽·约翰森（Mary Johanssen）："她做了一个报告，内容是如何处理一家南非子公司的新员工整合问题。这个报告做得非常出色。我对一位同事说，'她很有战略眼光，看起来像肃清波兰子公司的理想人选'。"那家公司在波兰新并购的一家子公司出现了严重的问题，看到了玛丽的出色表现后，奥勒把玛丽调往了波兰子公司，让她引入并实施一个新项目。对玛丽而言，这是很大一步晋升。不过，奥勒回忆说："那是一场灾难。大把大把的钱花在了请咨询公司和进行实现研究上；项目不合适，实施人员也没尽心尽力；过了一年，波兰子公司的人还没搞清楚他们在做什么以及为什么要那样做。"约翰森曾经打动奥勒的是她的战略眼光和沟通技巧。然而，换到那个运营性质的职位后，约翰森非常茫然，不知所措。显然，她内心剧场的剧本与她新分配的角色并不匹配。从性格学来说，她并不适合目前的任务。她没有承担运营职位的合适心态。

让伟人幽灵不再出来作怪

伟人理论又叫英雄领导观，这种领导观认为，决定组织成败的是个别无所不能的领导者。尽管伟人幽灵仍然时常出没于领导力研究，但是现在大部分人认识到了，成功的组织是分权型、集体型、互补型领导的产物。随着工作环境越来越复杂、环境变化越来越快，个人主义领导观显然过时了。尽管伟人理论仍然顽强地活着，但是现在需要一个强调横向关系的作用的集体主义领导观。这意味着需要考虑高级经理人在团队中扮演的所有可能角色。我们需要了解，在不同情境和背景下，领导者必须具备什么品质和技能才能应付自如、获得成功；我们还需要了解，在工作中的人际交往中，领导者扮演的各种角色。要想有效发挥作用，经理人需要不仅仅依赖个人才干。经理人需要认识到，他们不能单枪匹马逞英雄。这一点，越往高层越重要。

有效的组织有个共同特点：领导形式是分权的、集体的、互补的。在组织各个层级，领导者之所以成功，是因为知道如何招揽人才为己所用。这一发现意味着，为了评价一个组织的领导潜力，我们需要弄清，在各种不同背景下，为了有效发挥作用，领导者必须分别扮演什么角色。我们必须设计出恰当的经理人角色阵来提高领导有效性。为了能够进行这样的设计，我们需要稍微了解一下领导行为与性格之间的关系，就像故事里的将军认识到的那样。我们需要知道，为了有效发挥作用，领导者必须具备什么品质或者胜任特征，还必须扮演什么角色。

一流组织的高管层明白，他们需要精心挑选成员组建整体效率大于各成员效率之和的团队。第一步是确定每个人的人格（或者说性格）和领导风格，然后把他们的优势和胜任特征与特定角色和挑战匹配起来。这种创造性的团队组建法可以达到事半功倍的效果。另外一方面，匹配不当会给所有相关人员带来痛苦，造成很大破坏。组织设计者必须认识到，经理人在组织里扮演的角色，是互相补充的。他们还需要了解到，这些角色是如何演化的。他们需要稍微了解一下性格形成问题，记住性格是领导品质（或者胜任特征）和角色的基础。

性格之问

性格是指，定义"一个人是谁"的根深蒂固的行为模式。性格的英文是"character"，源自希腊语，意思是雕刻。性格有时也称人格，是我们的性格让我们与其他人区分开来。性格是先天遗传和后天教养在我们身上刻下的印记，能够定义我们是谁。性格决定着我们的动机需要、气质和特质的最终指向和结果。性格包含价值观、信念和态度。性格由各种习惯组成，有的习惯是选择而来的，有的习惯是发展而来的，这些习惯渐渐成为我们的驱动力。有句警言如是说："当心你的思想，因为它们会成为你的话语；当心你的话语，因为它们会成为你的行动；当心你的行动，因为它们会成为你的习惯；当心你的习惯，因为它们会成为你的性格。"这并非总是好事，因为正如瑞典现代文学奠基人奥古斯特·斯特林堡说过的那样："一个具有某种所谓性格的人，往往不过是一件机械装置，因为他往往只从一个角度去看极其复杂的人生。"

有些心理学家区分性格和人格，认为人格指可见的、表面的行为，而性格指让一个人与别人区分开来的深层的、潜在的心理结构。在日常交谈中，性格还有道德含义：我们会说谁的性格"好"，谁的性格"坏"。性格和人格非常容易混淆。这里，我们不对性格和人格做区分，而是等同使用。

人们的性格，或者人格，对人们如何看待自己以及在公共场合呈现自己极为重要。它决定着一个人的动机和志向，以及一个人如何与内外部世界联系。它决定着我们人际交往、目标追求的风格和品质。性格还影响一个人的道德指南——指导我们终生的一套道德、伦理和动机准则。性格决定领导风格。赫拉克利特有句话说得对："性格决定命运。"

人格特质是一个人性格最明显的特征。气质和早期经历（包括出生顺序）影响着心理结构和心理功能的发展，在这个过程中塑造着人格特质——显著的、稳定的心理活动方式，持续时间长，决定了一个人内心剧场和剧本模板的特点，进而影响着一个人的行为举止。尽管行为、情绪、态度和防御结构的起源可以追溯到婴儿时期，但是特质往往在青少年时期或者成年早期变得更为突出。这些特质持续一生，影响着日常行为的方方面面。

观察领导风格，需要承认性格这个概念，因为性格对一个人的领导风格以及别人如何看这个人的领导风格有着巨大的影响。性格特质还影响领导的胜任特征（不管是经历方面的、认知方面的还是社交方面的），以及一个人在组织背景下扮演什么角色。

领导角色

在本书系的第一部书中，我说过有效的领导者扮演两个角色——魅力偶像和建筑师。作为魅力偶像，领导者描绘愿景、下放

权力、鼓舞士气。作为建筑师，领导者设计恰当的组织结构、控制
体系和奖惩制度。领导者要有效发挥作用，两个角色都必不可少。
魅力偶像职责的履行，需要恰当的组织结构、控制体系和奖惩制
度；建筑师职责的履行，需要以描绘愿景、下放权力、鼓舞士气为
目标。两者相辅相成、互不可缺（尽管两者经常因为具体情境有主
辅之分）。这两个角色要结合起来。但是，很少有领导者把两个角
色都扮演得同样好。通常，只有通过经理人角色阵才能实现两个角
色的结合，也就是让经理人团队的不同成员分别扮演两个角色（见
图 7.1；领导力循环图）。

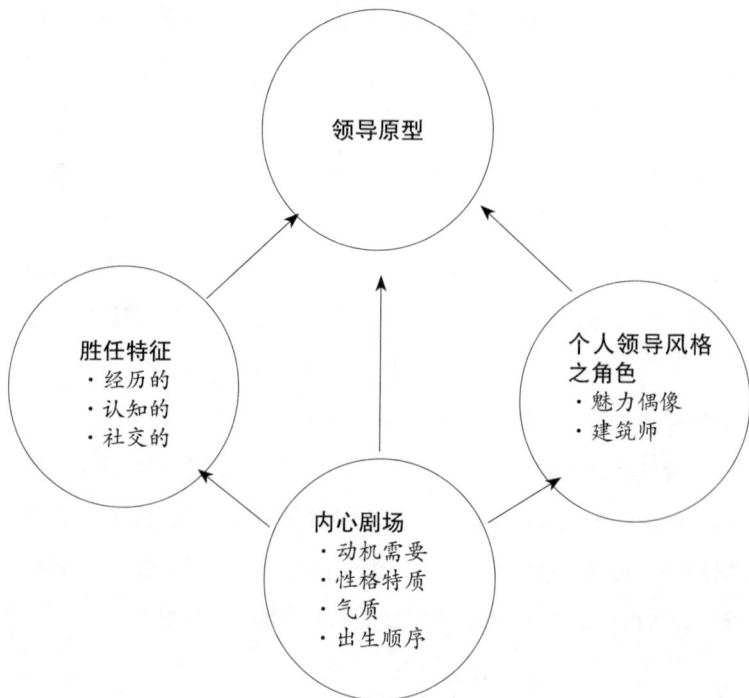

图 7.1 领导力循环图

性格形成

从概念上说，我们可以从三个维度来看性格特质或者行为倾向的演化（Millon，1996）。第一个是快乐—痛苦维度，这个维度假定我们所有的动机归根到底都是为了趋乐避苦。人们会靠近有吸引力的正强化情境，远离造成负面体验的情境。第二个是主动—被动维度。很多行为可以划分为，是个体主动塑造环境，还是被动应对来自环境的刺激。换句话说，个体是觉得可以掌控自己的命运，还是觉得自己的命运控制在别人或者老天手中。第三个是主体—客体维度，或者自我—他人维度，这个维度与卡尔·荣格的内向—外向维度类似（Jung，1923），关注的是，情绪能量是指向自我还是指向他人？尽管只有三个维度，但是可以得到很多不同演化类型，这些演化类型可以决定个体在外部世界留下什么样的独特印记。

有些人格或者性格特质容易引起人际问题，或者"人格障碍"（美国精神病协会，1994；Kets de Vries and Perzow，1991；Carver and Scheier，2001；Pervin and Oliver，2001；John，Robbins，and Pervin，2008）。有人格障碍的人，倾向于把自己的问题归咎于别人，因为那个造成其人格障碍的特质已经成了其人格不可分割的一部分。谁都可以认出吝啬、慷慨、恶毒、傲慢或者独立，等等，因为它们具有跨情境的稳定性。然而，一个特质，如果变得刻板僵化，就会妨害社交、工作和生活。当这种情况出现，我们就说这个特质变成了"自我协调的"（egosyntonic），意思是个体意识不到自己的某些行为在别人看来是不正常的，或者说，即使意识到了，仍然我行我素。如果出现那种情况，个体也许就患上了性格或者人格障碍，行为模式刻板僵化到了足以引起内心痛苦、严重妨害日常生活的地步。人格障碍会影响领导风格，领导者行为的这个灰暗一面会促使组织衰败。

如何描述性格

维度法 人格理论学家喜欢用维度法描述个体的性格，因为这种方法有很大的灵活性。任何一种行为模式都可以归为一个特质维度，不管这个行为模式有多古怪。这种方法的问题是（这个问题也影响到了领导特质和胜任特征的测评）：有多少特质研究，几乎就有多少特质。特质研究几乎把字典里所有描述人的正面属性或者负面属性的形容词都网罗来了，造成了众说纷纭的局面。

类型法 描述性格的另外一个方式是类型法。与情结类似的是，人格理论学家认识到，某些特质经常成群出现，于是把成群出现的特质集合在一起，归为性格或者人格类型。性格类型可以看作具体行为模式背后的东西，人与人的区别就在于性格类型的不同。确定特质维度是一项没有尽头的工程，相较之下，确定特质群则是一项看得到尽头的工程。类型法能够简化高度复杂的世界，提供相对确定的结果，让临床学家可以迅速测评一个人的性格并据此决定最佳干预策略。

然而，类型法并非没有遭人诟病。有些人认为，类型法就是贴标签，贴标签是有害的。他们的理由是，这种看人方式太过简单，忽视了性格的丰富性。而且，有些奇怪的、不常出现的行为不好划入任何一个类型，而有些行为可以划入不止一个类型。这些批评都很在理，但是性格或者人格类型的概念仍然很有用，即使类型法没有特质法灵活。

不管采用哪种方式，明智的人格研究者、精神病学家、精神分析师或者领导力培训师都明白：人太复杂，不能总结为简单的性格描述；五花八门的分类都只是临时的答案。原型只是描述的起点。随着收集到的证据越来越多，描述要加以修订。不管是通过维度法还是类型法，都不能彻底理解一个人。

从性格到领导风格

所以，为了理解人们的领导风格，我们需要稍微了解一下性格或者性格特质。这是一个迫切要求，如果我们想帮助人们改变某些行为模式的话。了解性格是分析领导行为的首要任务。我们必须记住，人有很多层面，就像洋葱一样。

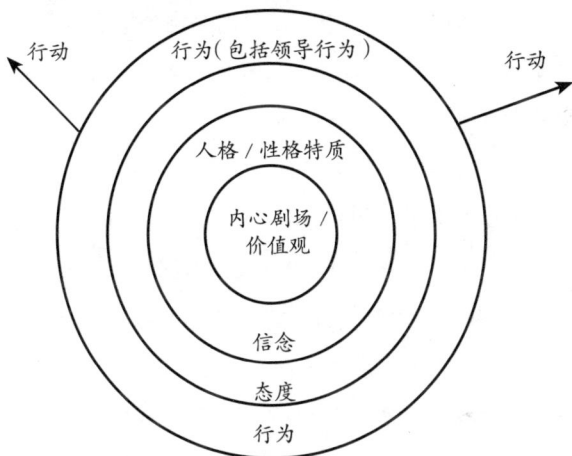

图 7.2 领导力洋葱图

每个人都有自我层面。领导力洋葱图的核心是内心剧场——性格或者性格特质；往外依次是价值观、信念和态度，这些东西随着时间演化而来，塑造着行为；最外层是一个人在环境压力下的行动（见图 7.2）。

从洋葱表层走向核心的旅程，可能令人兴奋又异常艰难。为了了解一个人，我们需要解读这个人的内心剧场，弄清决定其性格以及性格特质的各种剧本或者行为倾向。然而，这个洋葱很难一层一层地剥开。许多人很难剖析。但是只有弄清一个人内心剧场上演的剧本，我们才能真正了解为什么这个人行其所行、为其所为。我们需要记住，不管一个人的领导风格如何，潜藏在其行为下面的都是其性格类型或者特质。我们需要把人当作一个整体去理解。要想帮助人们改变，就要知道头痛医头脚痛医脚的做法只能带来有限的效果。外在表现和内在核心都需要加以处理。考虑洋葱所有层面，改变将会更有成效。

问题是，我们如何才能解读这个内心剧场？有没有什么办法让行为变得更透明？如何鼓励人们敞开心扉？精神分析师使用干预技术更好地了解一个人的心理活动，包括意识之外的活动；人格测验可以触及个体人格的最深层面。尽管我们通常不可能完全了解一个人的一切，但是我们可以往这个方向努力。最安全的办法是，从洋葱表层开始，一层一层地剥开，逐渐地深入。

深层与表层的界限有时十分清晰，有时又不是那么清晰。剥开较深层面，需要深入的探索。但是，在很多情况下，我们没有时间也没有资源进行深入探索；即使我们有时间也有资源，我们的观察对象也许没有做好承受这种深入探索的准备。时机往往不对。探索到自我层面，会引起很大的焦虑。但是，即使不可能进行深入探索，也可以获得对较浅层面的理解，并据此给出反馈，这种反馈人们一般可以承受。

很多领导力问卷关注洋葱的较浅层面。这并不奇怪，因为人们有阻抗反应。这些问卷的设计目的不是了解领导行为之下的性格或者内心剧场。但是，想解决自己问题行为的人，需要理解过去与现在之间的连续性，还需要了解正常与异常之间的连续性。为了改变自我或者肯定自我，这些人必须了解自己来自哪里，需要理解自己的人生史。他们需要认识自己偏爱的防御模式，以及自己如何处理情绪；他们需要了解他们对自己、对他人的认识。仅仅处理表面现象，可能会出现像贴创可贴一样的效果：问题只是暂时地压制了，在将来的某一天会以更猛烈的形式爆发出来。

测验啊测验

如果了解一个人的性格对确定这个人的领导优势必不可少，那么我们有哪些工具可用？正如哈里·奥勒的案例说明的那样，知道"她好"是不够的，还要问"好在哪里？"所谓的诊断工具有很多，尽管价值有待争论。了解到某个人就像电影《日落大道》中的人物一样粗暴生硬，也许会让你觉得对这个人熟悉了一些，但是丝毫无助于你决定怎样在你的组织中最好地使用这个人。仅仅给人贴上一个标签是不够的。只有了解了一个人的内心剧场，我们才能理解这个人的行为。但是我们如何深入了解一个人，我们能挖到多深的地步？

在心理治疗以外的背景下，答案十有八九是"不深"。但是，我们可以观察行为模式，比较观察到的行为模式与个体的自我认识。我们大多数人都有一种天然的好奇心，想知道我们给人什么印象，别人对我们的认识与我们的自我认识是否一致。我们想让别人对我们的有效性做出反馈；我们想知道在需要改变的时候如何改变，不管是变好，还是仅仅适应不断变化的环境。反馈会给我们带来启示，影响我们的行为。过程很像剥洋葱：外层剥开了，内层显露出来。

领导行为测评

除了在生活指导课中泛滥成灾的九型人格测验或者兼容性测验

以外，当然还有一些极为不同的、比较负责任的测验。大部分都想确定领导背景下比较有效的、重复出现的行为模式。其中最受欢迎的一个测验把经理人分成任务导向型和人际导向型（Fiedler，1967；Black and Mouton，1985；Bass，1981）。人际导向型的领导者，关心员工的需要。这样的人，比较擅长建设团队、帮助员工解决问题、提供心理支持。任务导向型的领导者相信，把焦点始终放在任务上就会得到想要的结果。

另外一个常见的领导力问卷，是评价一个人的领导风格是专制型还是民主型（Tannenbaum and Schmidt，1958；McGregor，1960；Likert，1961；Bass，1981）。专制型领导者告诉员工要做什么以及如何做到，而不征求员工的意见和建议。民主型领导者让员工参与决策制定过程，不过仍然独自为决策结果负责。

正如我在第1章讨论过的那样，最近出现了一种新的分类方式，把领导者分为交易型和变革型。交易型领导者的工作模式是，建立规章制度，让员工明白组织对他有什么要求，服从命令后会得到什么奖励。相较之下，变革型领导者，力求对组织实施变革，并且在这一过程中让员工发生转变。变革型领导中，领导者与追随者相互激励、相互提升，追随者还可能转变成领导者。因此可以说，交易型领导者关注短期目标、战术问题，而变革型领导者超越日常事务，帮助员工释放潜能（Burns，1978；Bass，1985；House and Shamir，1993；Bass and Avolo，1994）。尽管两种领导风格各不相同，但是，在组织背景下发挥领导有效性，需要两种领导风格兼而有之。

这些基本分类方式还有一些变式，现实程度各不相同。然而，这些分类方式也有一个局限性——太过简单。每个分类方式，即使把两个类分别看成两个连续的维度，也只能得到一个2×2矩阵，也即是说，最多把人分成四类（比如，既关注任务又关注人、只关注任务、只关注人、既不关注任务又不关注人，共四类）。尽管过于简单，但是这些分类方式也有一些优点，因为其结果可以指出一个人的正确发展方向。这些分类方式还可以帮助组织进行人员配置。

临床方式可以获得更深的了解。亨利·明茨伯格是这个领域的先驱。他确认出十个基本的经理人角色：名义领袖、联络者、领导者、监控者、传播者、发言人、创业者、故障排除者、资源调配者、谈判者（Minzberg，1973）。明茨伯格认为，有效的经理人需要根据管理层级、管理职能扮演不同角色到不同程度。梅勒迪斯·贝尔宾（Meredith Belbin）在研究团队时也有过类似的看法：平衡的团队（由行为互补的人组成）比随机组配的团队更有效（Belbin，1996，2003）。

诸如此类的研究催生出了一个庞大的咨询行业，它们使用的测验多如牛毛，大都以这种或者那种分类法为基础。不幸的是，描述这些测验优点的文献有时让人想起二手车卖家的销售摊位：承诺很多，但最终不过是老调重弹。正如你买二手车时要做的一样，你要问另外一个问题：它有多牢靠？这些测验是怎么开发的，观察过现实世界中的人吗，还是仅仅做过一些实验室研究？这些测验信度如何、效度如何，结果真实吗？还是仅仅表面看上去不错？

确定领导原型

冒着让自己显得像二手车销售员的危险，我想介绍领导行为测评的一个新方式，一个新工具：领导原型问卷（LAQ）。在研究领导原型的过程中，我用一种不同于别人的方式看领导力——站在真实组织的战略制高点观察真实的领导者。我的目的是，帮助经理人看到并理解其工作行为（洋葱的外层）与其根深蒂固的性格特质（洋葱的核心）之间的连续性。领导者的态度和人际风格是其内心剧场（包括人生早期与权威人物的关系）、重大人生经历、其他经理人所树榜样和正式领导力培训共同作用的结果。具体领导行为的前因变量，有时十分清晰，有时又不清晰。在谈论表演具体的领导风格时，我用"原型"一词指代外在现实与内在现实之间的界面。"原型"的英文"archetype"，源自拉丁词语"archetypum"和希腊词语"arkhetupon"（"arkh"的意思是"主要的"，"tupos"的意思是"印记"）。

我的研究表明，有数个重复出现的行为模式会影响一个人在组织背景下的领导有效性。随着时间的推移，我根据这数行为模式构造出数个领导原型，用于诠释领导者在组织中扮演的八种角色。我确认出的八个领导原型分别是：战略家（strategist）、促变者（change-catalyst）、交易者（transactor）、建造者（builder）、创新者（innovator）、处理者（processor）、培训师（coach）和沟通者（communicator）。

当然，这种研究不可能囊括现有的所有性格类型及其行为表现，因为有些性格类型的人比较可能成为领导者，而有些性格类型的人很不可能成为领导者。例如，我遇到的具有自我挫败型人格、依赖型人格、抑郁型人格或者淡漠型人格的领导者都很少（Millon，1996）。

领导原型描述了组织背景下领导者为人处世的特点。领导原型问卷（LAQ）的设计目的是，帮助经理人确定其首要领导原型，更清楚地了解其行为，弄清每种领导原型在哪种组织情境下最有效。考虑到行为适应能力的重要性，需要指出的一点是，有效的领导者倾向于在不止一个原型上得高分。有些领导者会根据情境切换焦点。然而，领导原型与领导情境匹配不当，是组织运行不良、经理人失败的主要原因。LAQ 可以帮助经理人分析自己以及与自己一起工作的人，然后帮助经理人了解与表现出某种主导原型的人一起工作是什么样子。他们最好在团队里扮演什么角色——如何把个人优势与团队角色结合起来？最好采用什么方式管理他们？最好采用什么方式为他们工作？如何最好地使用他们？他们与谁一起工作比较好？应该避免把哪些原型的人放在一起？为了组织的未来，需要把哪些原型的人放在一起组建经理人团队？经过这样的分析，你可以避免搭配错误，组建一流团队。另外，你可以让他们知道别人如何看他们，他们对自己的认识与别人对他们的认识在哪些地方存在差异，在哪些地方是一致的。我们稍后再谈那个。首先，八个原型是什么？

八个原型

战略家：领导就是下棋布局

战略家擅长把握组织所处环境的动态和趋势。他们提供愿景、战略方向、非传统思维，来打造新的组织形式、为组织的未来发展打基础。

- 精于抽象思维、想象思维；
- 眼光长远；
- 高屋建瓴；
- 擅长务虚；
- 会抓重点；
- 精于全局思维；

●能够横向思考：打破常规；

●很有兴趣从事新事业／解决非常规的棘手问题；

●精于逆向思维；

●敏于应变；

●擅长化愿景为战略。

最适合的领导情境：动荡年代，当环境变化要求新方向时。

危机时刻，战略家能提供愿景、信心和力量，来鼓励茫然无措、士气低下的人们。罗斯福总统就为美国做了这些事情。面对大萧条，他告诉美国人："只有恐惧本身才是我们应该恐惧的。"他鼓起了美国人的信心，赢得了美国人的信任，因此得以连任四届总统。任总统期间，他带领美国人走出了大萧条的阴霾，又带领美国人在"二战"中赢得胜利。当奥巴马总统高呼"是的，我们能"，我们知道他想做同样的事情。

在工作中，战略家也许知道正确方向为何，赢得很多人的赞赏，但是也许不那么擅长说服那些人走那个方向。战略家尽管通常智商极高，但是也许缺乏情商。尽管他们擅长化愿景为战略，但是他们并非总是擅长下一步，化战略为价值观和行动，因为这一步涉及大量感化人心的工作，而他们往往不愿做这些事。为了弥补这一缺陷，战略家需要借助培训师的力量。

一家欧洲零售连锁店的总经理，正在与另外一家公司进行耗时而复杂的谈判，以期击退其收购要约。谈判期间，这位总经理依靠销售负责人把谈判进展告知公司的人。这位销售负责人，年纪很大，和蔼可亲，最喜欢做的事情就是，结束一天的工作后穿着公司发的休闲西服到酒吧里坐一坐。这种偶然之间想出来的非正式安排，结果非常有效。第二年，公司进行裁员，也采用了这种非正式安排来促进沟通。

①为战略家工作

● 不要立即拒绝他们看似古怪的建议。

● 认识到战略家不擅长化战略为行动，在这方面辅佐他们。

● 不要期望战略家给你具体的目标和指示。当他们提出目标和指示，主动承担起实施目标和指示的责任。

● 认识到战略家的抽象思维方式可能会导致沟通问题。帮助他们把他们的思想"翻译"成简单易懂的语言，传播给更多的人。

● 不要期望战略家过问你的工作细节。记住，他们对大思路感兴趣得多。

● 不要期望战略家因为你工作做得好而表扬你。他们一般都吝于褒奖别人。

● 战略家并非总是擅长管人，接受这一点，做好帮助他们补救这个问题的准备。

● 经常找他们谈话，寻求他们的建议。你也许会了解他们的所思所想，获得启示。记住，战略家喜欢向别人介绍自己的思想。

● 把市场研究和产品研究拿给他们看，以肯定或者质疑他们的愿景。

②管理战略家

● 认可并鼓励他们的创造力。不要期望他们关注细节。

● 多花时间倾听他们的想法，帮助他们把想法变成可操作的方案。

● 保护他们免遭那些喜欢用一刀切方式管人的经理人的伤害。期望他们与众不同。及时发现并响应他们的需求。过度官僚的做法，极有可能埋没他们的才干。条条框框太多，他们也许就会离开。

●对他们要有耐心。因为他们眼光长远，所以他们的方案并非总能立即见成效。

促变者：领导就是力挽狂澜

促变者喜欢乱局。他们擅长修改组织"蓝图"或者描绘新的组织"蓝图"。

●擅长发现变革机会；

●擅长识别变革需要，还擅长说服别人认识到变革的必要性；

●愿意独自承担有风险的任务；

●擅长把抽象概念转化成实际行动；

●总在寻找新的挑战性任务；

●有很强的紧迫感；

●果断坚决，当断则断；

●特别擅长实施；

●设定高标准、监控绩效；

●能够让愿景、战略和行动保持一致；

●擅长识人用人。

最适合的领导情境：并购之后的文化整合，或带头进行重组或改革，帮助组织走出困境。

鲁迪·朱利安尼（Rudy Giuliani）擅长处理棘手任务。任纽约市长期间，他让犯罪率下降了三分之二，把纽约市变成世界级的犯罪管理模范城市。他的敢作敢为为他赢得了好名声，然而，他糜烂的私生活又为他招致了颇多谴责。2001 年 9 月 11 日，世贸大厦遭到恐怖袭击，朱利安尼临危不乱，挽救了几千人的生命。恐怖袭击发生的时候，总统布什为了自己的安全乘坐飞机"空军一号"在空中兜圈子，而朱利安尼担当起"美国市长"，用冷静的声音向外界通报事态变化、稳定民心。他召集警察局局长和消防局局长，与他一起坐镇指挥营救工作。他与地方以及联邦政府的主要人物商谈应对策略。他走上街头，看望市民，让市民知道他没有抛弃他们独自逃命。接下来的日子，他坚持纽约各行各业照常营业，参加在袭击中牺牲的 200 多名急救服务人员的葬礼。"明天，"他说，"纽约还会在这里，我们会重建，我们会比以前更强。"

如果说促变者的优势就是应对危机和果断坚决，那么他们一体两面的劣势就是容易厌倦现状。他们也许会为了激发活力而故意搅乱局势，或者失去耐心离开组织。

西蒙·莱文森[1]，五十岁出头的年纪，有着二三十岁人的精力，为数家多媒体公司将其海外市场扭亏为盈。他在这些公司所待时间最长为五年。他的妻子看得出他厌倦现状的关键信号："一般，三年是转折点。首先，变得躁动不安——他不能连续 n 年都做同样的工作；然后，开始不愿上班，缺乏活力，反应迟钝；再然后，猎头打来电话；最后，经过数周忐忑不安的等待，我会知道，我是要开始学习另外一种语言，还是要继续面对他的闷闷不乐。"

如果西蒙所在的团队有一位领导原型为培训师、处理者或者沟通者的人，那么他的精力就可以疏导出去。这些人提供的不同视角，有助于他把眼光放长远一些，引导他在成功力挽狂澜后投入其他可以让他保持兴趣的项目。

---

[1]　所有经理人的姓名和职务都是虚构的。

①为促变者工作

●促变者关注眼前，容易不顾后果地鲁莽行事。需要的时候，帮助他们慢下来，帮助他们看到他们仓促之下做出的决定会引起什么后果。

●因为紧迫感，促变者可能考虑欠妥当，还可能忽视别人的感受。

●意识到促变者有可能让周围的人人心惶惶。帮助他们明白其行为的后果，做好发挥缓冲作用的准备。

●做好行动准备。促变者不喜欢把时间耗在冗长的计划上。

●因为促变者非常容易厌倦现状，所以他们有可能为了变革而变革。指出这一危险，如果他们已经发起了变革项目，那么试着阻止他们。

②管理促变者

●把他们用作故障检修员，让他们为组织排忧解难。

●当他们提出变革计划，确保让他们说出背后原因，避免为了变革而变革。

●不要打击他们的热情。耐心倾听他们的提议，用积极的、建设性的方式帮助他们修改提议。

●不管让他们做什么事情，都不要忘记给他们设置边界。他们也许会凭着一腔热情把事情办得脱离控制。

●试着培养他们的反思能力，避免他们困在促变者这个角色上，帮助他们迈出职业发展的下一步。

●向他们指出，组织变革不只是结构变革。帮助他们发展情商，在实施变革的过程中更好地考虑与人有关的问题。

交易者：领导就是经营生意

交易者是优秀的生意人。他们擅长识别并利用机会，以谈判见长。

- 喜欢尝新、冒险、探索；
- 总是寻找新挑战；
- 对日常管理不太感兴趣；
- 优秀的销售员／谈判家；
- 坦然面对变化；
- 有热情／有活力；
- 主动出击；
- 关注眼前；
- 适应能力超强；
- 擅长经营人脉；
- 风险承受能力超强；
- 迫切希望积累财富；
- 很懂人心。

最适合的领导情境：并购谈判或者其他谈判。

汤姆·马拉尔的谈判能力让他平步青云，成为所在投资银行的一位非常年轻的合伙人。他和他的副手组成了一个特别有效的团队。他的副手是细节导向的，擅长与人打交道，知道如何选人、用人、留人。

30岁刚出头，汤姆就厌倦了银行的工作，开始寻找新挑战。他想开一家专门面向制药业的私募股权公司，没过多久就找到了一群投资者支持自己的这一计划。但是汤姆非常不擅长做自己的老

板。尽管他谈好了几笔很有赚头的生意，但是最后都搞砸了。日常
管理事务让他厌烦，他总是拖延会议和决定，做了决定后经常反
悔。这让他与几位科学家背景的企业家之间的关系变差，而那几位
企业家的公司对他商业模式的成功非常重要。经过几年的挣扎后，
投资者受够了，与他终止了合作关系。汤姆的私募股权公司倒闭，
不得不重新找工作。

交易者有活力，判断力强，但对规章制度缺乏耐心。尽管他们
擅长创造财富，但是他们非常不擅长管理自己，所以他们经常给组
织制造麻烦。他们需要战略家、处理者和培训师来与之平衡。

①为交易者工作

●做好行动准备。不要期望他们会花很多时间与你开会达成
共识。

●交易者会独立做出大部分决定，然后交给你去执行。

●做好弥补准备。交易者对日常管理不感兴趣，这个特点也许
会引起问题。在这方面帮助他们。

●不要等着交易者来找你。他们本人是主动出击的，所以也期
望你采取主动，不管是谈升职、谈工资还是提出新想法。交易者期
望你主动向他汇报项目进展。提建议要直接。交易者喜欢别人坦率
直言、直击要点。他们没有耐心听你啰唆地解释。

●他们容易不耐烦，所以设法让交易者对你所说的话感兴趣。

●他们有时过度乐观，制订出一些不切实际的计划，这时要给
他们泼冷水，制止他们徒劳无功的做法。警惕他们为了讨价还价而
讨价还价。

●交易者总有出人意料之举，对这一点要有准备。有些交易者
利用马基雅维利策略得到自己想要的。定期找他们交流，弄清楚到

底是怎么一回事。

●有些交易者也许脾气不好。当他们发脾气时，要从容应对。他们不记仇，很快就会忘掉。

②管理交易者

●认识到他们非常容易厌倦。不断给他们提出新挑战，最大限度地发挥他们的潜能。经常给他们讨价还价的机会。

●认识到他们关注眼前的倾向，帮助他们明白其行动的长期后果。

●认识到他们对日常管理缺乏兴趣，明确地向他们表示，在日常管理方面，他们要保证基本的勤政水平。需要的话，指导一下他们。

●当交易者乱发脾气时，提醒他们注意。向他们解释，乱发脾气会对下属或者组织里的其他人造成什么不良影响。

●告诉他们，有什么事就对你坦率直言。向他们解释，你希望下属不要对你有任何隐瞒。并且，让他们明白，你不喜欢组织里有喜欢操纵别人的人。向他们解释，喜欢搞政治是一回事，企图操纵上司是另外一回事，别想对你耍心眼。

●记住，物质激励对交易者非常有用。在设计奖惩制度时记住这一点。

建造者：领导就是自主创业

建造者梦想有所建树，而且有能力和决心让梦想成真。

●独立需要强烈/控制欲望强烈；

●精力旺盛、有活力、劲头足、进取心强；

●毅力超人，挫折承受能力很强；

●能够忍受模糊情境；

●能够承受巨大压力；

●专注于长期目标；

●高成就动机；

●喜欢有所筹谋的冒险；

●擅长创造性地适应／创造力强；

●非常渴望有所建树；

●非常擅长赢得别人的支持／获取资源；

●社交技能中等；

●很难与权威人物相处。

最适合的领导情境：在组织内外建造"臭鼬工作室"（skunk works，在有限的时间和有限的资源下，突破技术上的限制，推出令人惊讶的成果）或者进行其他形式的创业。

尼尔斯·约翰森在一家大型移动电话公司工作数年后，开始对那家公司的政治氛围和缓慢决策程序心生不满。尽管他在那家公司一直发展得很好（进去没多久就脱颖而出，连升几次），但是他觉得那家公司对自己不再有吸引力。尼尔斯决定辞职，进入一家权威的工程学院攻读工业工程博士学位（他把这一决定看作职业发展"暂停"）。他表现优异，毕业后申请到了一项权威的奖学金，到斯坦福做了一年博士后。他的计划是，利用那一年在电信行业寻找有趣的机会。但是他知道，因为出自企业世家，内心深处他还是希望创办自己的公司。在斯坦福，他在移动电话行业的研究吸引了一家瑞典信息技术公司的兴趣，该公司邀请他加盟。他最初还有些犹豫，最后发现很难拒绝他们的邀请。当时，那家瑞典公司特别需要进行某种形式的技术变革，看中了他在那个行业的专业背景，邀请他在帕洛·阿尔托创办一家新的分公司。那家公司还从总部挑选了一群最能干、最聪明的人，帮助他去创办新的分公司。那家公司向他解释说，新分公司属于"臭鼬工作室"性质，不受公司常规管理规则的约束。之所以选择这种形式，是因为这种形式有助于引进下一代移动电话的新技术。新分公司的经理直接向总裁报告，这一做法可以避免新分公司的经理受到大型公司经常存在的"噪声"的影响。这个事情尽管有很大的风险，但是尼尔斯觉得是很好的机会。考虑到他的创业欲望，即使最后以失败告终，也是一次很好的学习经历。

建造者往往有很强的控制欲，不愿服从权威。他们总是有一种错觉（这种错觉可能曾经是真的）：没人能做得和他们一样好。因为他们控制欲强，对权威怀有矛盾心态，所以他们很难下放权力，也很难授权。尽管他们可能很有感召力，但是他们糟糕的沟通能力以及有意无意制造的恐怖氛围有时会让他们当中某些人脱离现实，对决策制定造成损害。他们需要重视流程的人（处理者）帮助他们带领组织走向下一阶段，尽管对他们来说这样做很难。

①为建造者工作

●指出他们的独立型领导风格可能会给决策制定过程制造瓶颈。帮助他们采取更专业的做事方式。如果有必要，找一个重视流程的人帮助他们。

●运用标杆说服他们采取更专业的做事方式。举几个例子，让他们看看其他组织是如何管理工作流的。

●帮助建造者理解让别人参与决策过程的必要性，向他们解释授权的优点。

●帮助他们设定事情的优先顺序。和他们一起分析，他们能在何处增添最大的价值。

●他们负责的组织或团队，容易出现"群体思维"；如果出现，就挑战它。做好充当魔鬼代言人或者拳击陪练手（尽管这可能威胁到职业发展，但是这个险值得冒）的准备。指出创造虚假现实、根据错误假定做决策的危险。

●不要期望建造者怎么表扬你。他们不太擅长营造积极反馈的文化，接受这一点吧。认识到他们可能极其结果导向。

②管理建造者

●倾听他们。他们喜欢别人听取他们的意见。确保他们认识到，你非常关注他们的项目。向他们解释，组织里有他们的一席之地。

●认识到他们的独立需要和控制欲望，但是帮助他们理解让别人参与决策的好处。督促他们不要什么事都亲自去做。和他们一起探讨授权的好处。

●不要苛求他们事无巨细都向你报告。

●当他们提出过度乐观的计划，你就需要当心了。表扬他们的计划，但是帮助他们把计划修改得切合实际一些。

创新者：领导就是提出创意

创新者专注于新事物。他们很有能力解决极其复杂的问题。

●强烈希望推行自己的想法；

●富有创造力和想象力；

●总在寻找创新机会：新项目、新活动和新流程；

●想法不断变化／很难定下想法；

●能够容忍复杂的问题，喜欢解决复杂的问题；

●不管做什么，都设置挑战性目标；

●毅力惊人／专注；

●在推行自己的想法时，眼光长远；

●不懂公司政治；

●沟通能力差；

●物质收益是次要的；

●有时显得古怪。

最适合的领导情境：为组织贡献创意。

创新者不断提出新的做事方式，不管是在提出想法阶段还是在实施想法阶段。他们总能提出创意，改进产品或服务。创新者的一个突出例子是比较有争议的公众人物麦当娜。她似乎总在改变形象和风格，在演员、歌手、作家、明星妈妈（明星妻子）等角色之间自如地切换，具体扮演什么角色，取决于她的哪种才能在占优势或者特别受欢迎。

英国发明家詹姆斯·戴森（James Dyson）花了将近十年的时间设计出无袋双气旋真空吸尘器，有了以自己名字命名的家电品牌。为了缴纳每年的专利续展费，他花光了所有积蓄。山穷水尽之际，他的产品终于开始卖钱了。现在，戴森吸尘器在全世界的销售额是 30 亿英镑，"dyson"成了吸尘器的代名词（吸尘器在英文中的代名词有两个，在美国是"hoover"，在英国是"dyson"）。作为公司唯一股东，戴森的个人资产达到了 7 亿英镑。戴森不仅创造能力强，而且营销能力和规划能力也很强。2005 年，为了将生产成本节省下来用于进一步扩张，他顶着舆论压力把制造厂从英国搬到马来西亚，把研发留在英国。不到一年，戴森的英国本土员工数量就超过了在把制造厂搬到海外之前的数量。

创新者的缺点是内向、褊狭。公司政治也许会让他们逃离，但是把他们和一些社交能力强的人搭配在一起，可以组成强大的领导力。

①为创新者工作

●认识到创新者不喜欢管人，所以不要期望他们给予你多少指导和反馈。要自己主动做事。

●因为他们总是不断有新想法，所以帮助他们把注意力集中在最有可能给组织带来收益的项目上。

●创新者不大关注财务上的问题，帮助他们意识到他们所做项目的成本收益，防止项目脱离实际。

●意识到创新者在项目中追求完美的倾向。他们从来不会满意，接受这一点，帮助他们在恰当的时候完结项目。

②管理创新者

●鼓励他们推行创意，疏导他们的精力。

●组织里某些注重流程的经理人，也许因为看不惯创新者的古怪而排挤他们；这个时候，要出面保护创新者。

●不要把创新者放在执行职位上。如果你想让他们贡献创意，可以在团队里设置一个类似专家的角色，确保符合流程和程序。

●引导他们把精力投入到会给组织带来最大收益的项目上。帮助他们在恰当的时候完结项目。

●用建设性的方式利用他们的热情。疏导他们的热情，让他们报告手中令人兴奋的项目，起到激发其他人的作用。

处理者：领导就是追求效率

处理者喜欢组织像一台平稳运行、状态良好的机器。他们非常擅长围绕组织目标进行体制设计。

- 系统观；
- 非常擅长把抽象概念转化成实际行动；
- 擅长实施基于流程的行动；
- 擅长设计制度和流程；
- 不喜欢非结构化情境；
- 恪守规章制度；
- 对组织非常忠心；
- 组织公民行为 / 合作性强；
- 自律，可靠，高效，负责；
- 压力之下保持冷静；
- 积极看待权威；
- 擅长时间管理。

最适合的领导情境：在混乱中建立秩序。

处理者适应力强，合作性高，可以弥补其他大多数领导风格。任何一种经理人角色阵中，他们都很重要；他们不是那种会让组织陷入麻烦的人。他们非常忠诚，不怕面对艰难的决定，即使要付出个人代价。

1974 年，杰拉尔德·福特成为美国总统，其主要任务是重建民众对总统的信心——其前任理查德·尼克松让民众丧失了对总统的信心。他知道，作为总统，"总是要面临艰难的决定"，于是，上任不到一个月，他正式赦免尼克松，让这位前总统免遭大范围公开审判的羞辱。这个事件引发了一场全国范围的骚动，福特面临国会的质疑：赦免是在尼克松辞职以前福特与尼克松达成的交易之一。福特坚持认为，赦免是"正确的"，因为有利于重建白宫的权威，而且，正如福特的继任者吉米·卡特所说的那样，有利于"治愈我们的国家"。然而，水门事件给福特的成就蒙上了一层灰，导致他在1976年的重新竞选中落败。后来，比尔·克林顿给福特颁发"总统自由勋章"，认可他对国家团结的贡献。

有时遵守规章制度可以逐渐变成固执死板，所以处理者有时在机会面前反应迟钝，甚至错失机会。但是，一般而言，处理者是很好的合作伙伴，而且他们知道如何让事情运转起来。

基拉·罗兹是一家一流大学的国际发展系的系主任，奉命做一个紧急裁员研究——当时，那所大学机构臃肿、人浮于事。基拉知道，答案是，要裁就裁整个部门，不管是教职人员，还是行政人员。第一个选择是化学系，因为全国呈现出一个趋势，即申请化学专业的人越来越少。然而，该校化学系的研究十分前沿，国际认可。裁掉化学系，学校就会丧失很大的竞争力，学校可承担不起这种损失。另外一个选择立即显现出来：国际发展系。这个系很小，但是花费却不小，回报稳定——一直很低。基拉最后的建议是，裁掉自己的部门、裁掉自己。

①为处理者工作

●向他们解释，辅助战略家、交易者或者建造者的重要性。让他们明白其平衡角色的重要性。

●认识到处理者也许会扼杀其他人的创造力。做好准备，让他们明白这一点。

●充当处理者与你的下属之间的缓冲器，保护下属的创意免遭处理者的打击。

●帮助处理者识别新机会。鼓励他们冒险，鼓励他们果断采取行动。

●遵守既有规则和流程。偏离既有规则和流程太远，会激怒处理者，毁掉你的前途。

●认识到，为处理者工作，顺从比创新更可能得到奖励。

②管理处理者

●鼓励他们去做他们擅长的事情——关注细节，但是也要帮助他们看到全景。向他们解释，削减成本、提高效率可以，但是不能损害组织利益。让他们牢记，能够给组织带来最大收益的是战略创新。

●向他们示范，可以怎样帮助组织当中其他不太关注细节的人。

●阻止他们制定太过僵化的制度和流程。与他们一起探讨这样做的不良后果，比方说，打击人们的积极性。

●支持他们迅速做决定。他们在做决定前总是需要过量的信息，帮助他们克服这一缺点。

●别人不严格遵守规则制度，他们就会焦虑，这个时候，要让他们冷静。记住，我们生活的世界是不完美的。

培训师：领导就是人员培养

培训师打造高绩效团队和高绩效文化。

●同理能力强／情商高；

●好的倾听者；

● 让人信任；

● 亲和力强，富有合作精神；

● 擅长协调人际纠纷；

● 能够打造高绩效团队和高绩效文化；

● 擅长培养人 / 给予建设性反馈；

● 擅长给予职业指导；

● 擅长激励人；

● 擅长沟通；

● 人生观积极；

● 擅长授权；

● 偏爱参与式管理。

最适合的领导情境：发起文化变革项目，特别是在网络结构型的、基于知识的、高度复杂的组织。

　　阿德里安·弗里堡，在数家高科技公司做过故障检修员，还做过一段时间临时经理，直到猎头找到他，给他提供了一个职位。一个有着一款出色产品的小软件开发公司，其创办者兼 CEO 强调等级，喜欢命令式的管理方式。这位 CEO 离去后，那家公司终于有了喘气的机会，委托猎头找一位领导风格迥异的人来长期担任 CEO，结果联系上了阿德里安。阿德里安有些犹豫。他现在的生活就过得挺好的。孩子独立、离家，在法国和意大利都有房子，短期集中性任务非常适合他——这样的任务也很赚钱。然而，那家公司的简介有一点非常吸引他：唯一的那款产品，非常有市场，地位至少在一段时间之内是不可动摇的。那家公司显然不缺乏创新思维，尽管大部分创意都不了了之。那家公司的人都很有能力，不幸的是，这些人也很不满意，公司离职率很高。

阿德里安接受了那份工作。上任头两周，他很少待在办公室，而是马不停蹄地找员工谈话，拜访供应商、大客户。他与销售团队一起出差三天。上任第一个月月末，他把所有员工召集到一起开会。首先，他总结了他了解到的情况，并且宣布在接下来的两个月，他会制订一个计划，为某些搁置多年的创新项目筹谋资金，争取激活项目。然后，他说这两个月期间，他办公室的门会一直开着，欢迎任何人来给他提意见和建议。他们公司所在的大楼，是仓库改装的，他们在最上面两层，里面用木板隔出了很多小间。阿德里安说，他要拆除那些木板，让办公室变成大通间。

阿德里安找出了几个可以担任开发团队负责人的员工，立即让他们投入到一些搁置的项目上。他成立了一个专门的部门，还邀请客户代表作顾问，来推动阿尔法产品的第二代、第三代开发。他要求销售部门招募新人进行培训。阿德里安的办公室也在大通间，他认认真真地待在办公室，消除某些员工起初对他怀有的戒备心。最后，他还是不得不把办公室搬到一个"隔间"，以确保一定程度的隐私和保密。不过这个隔间没有门，员工可以随时去找他，这成为公司新文化的一个标志。在头两年，他很少回法国和意大利的家。两年即将结束之际，新一代的软件出炉了，几个搁置的项目激活了，公司绩效改进了，吸引到两个新的投资者。

培训师特别擅长最大限度地激发人们的潜能，能够通过培养他人、督导他人获得巨大的满足感。对应地，他们很难在需要的时候硬起心肠，他们对绩效不佳的人太过宽容。他们也许并非总是那种最适合处理危机的领导原型。

①为培训师工作

●认识到培训师也许心肠太好，因此不能在需要的时候狠下心来做出艰难的决定。有时，这意味着你也许必须充当"刽子手"。

●阻止他们保护绩效不佳者。向他们解释这样做的不良后果。

●阻止他们用负向激励法（让人内疚）管理绩效不佳者，支持他们用正向激励法（给予真诚的、建设性的反馈）管理绩效不佳者。

●制造紧迫感，促使他们尽快做出艰难的人事决定。

●当他们对经理人的改变能力过度乐观时，试着让他们回到现实。提醒他们，已经给过那个经理人太多改过机会。帮助他们建立切合实际的绩效计划。

②管理培训师

●认识到他们能够最大限度地激发人们的潜力。

●偶尔提醒他们对人要严格一些。

●向他们建议，他们的人员培养技能还可用于其他哪些地方。鼓励他们利用他们的能力指导潜在的初级经理人。

●帮助他们变得不那么理想主义、更贴近实际，帮助他们适应公司政治。

沟通者：领导就是舞台监督

沟通者是伟大的影响者，十分擅长打动别人。

●擅长传达大主题/全景；

●擅长运用简单的语言/暗喻；

●不关注细节；

●口才好/知道如何吸引别人的注意力；

●能够用积极的方式重塑困境；

● 能够打动别人；

● 擅长建立关系、打造同盟；

● 擅长管理各种利益相关者；

● 非常擅长让人明白其观点；

● 非常擅长利用"专家"；

● 喜欢寻求外界帮助 / 使用顾问或者咨询公司。

最适合的领导情境：为了帮助组织渡过危机，调动一切可以调动的力量。

沟通者的演技和口才令人印象深刻。他们乐观，令人愉悦，因此能给身边的人带来积极的影响，甚至让周围的人为之倾倒。然而，他们喜欢谈大面上的问题，不喜欢处理细节问题，这可能会给其他人造成压力，容易被人指责"肤浅"。

罗纳德·里根，与媒体的关系非常融洽，有"伟大的沟通者"之称。早在他成为美国总统以前，他就是一个出色的演说家。他搞笑，能够轻易令人卸下防备，天生擅长吸引人们的注意力，能够打动鼓舞各种人。做总统的时候，他让写手为他"量身定做"让他能够简单而真诚地表达思想和情感的演讲稿。他乐于授权给顾问和内阁，因此工作比以往任何一届总统都轻松。正如乔治·布什总统在里根的葬礼悼词中说的一样："他认为人就要时不时地休息一下，因为，正如他说过的那样，没有什么比时不时地骑骑马更有利于身心健康。"里根的一位顾问兼演讲稿撰写人佩吉·努南（Peggy Noonan），非常羡慕里根，为他写了一篇著名的颂词。然而，她指出："（他的）最大缺点，就是他那广为人知的淡漠，这让他的孩子痛苦，让他身边的工作人员迷茫。他身边的人都搞不清楚，为什么他对公共事务投入很深的感情，却对身边人的生活一点都不关心……对于必须要做的事情，他一定尽量用最平和的方式去做。但是，不要以为他就是一个和蔼的人。如果你妨碍了他，你就要当心啰。"

沟通者喜欢借助别人的帮助为自己增色，所以他们是咨询公司的理想客户。他们需要有人提醒他们，领导有效性是由结果定义的，不是把过多精力花在形象工程上。他们需要战略家、处理者之类的经理人帮助他们实现梦想。

①为沟通者工作

●认识到他们不擅长处理细节。需要的时候，帮助他们向别人详细地阐明为什么他们所做的事情是必要的。

●帮助他们实施他们的大概想法。

●他们直觉地知道如何、何时、何地与组织的各种利益相关者沟通，相信他们的这一直觉。

●确保他们不要长时间地在公众面前露面。露面时间一长，公众就会提出细节问题，他们会招架不住。

●确保他们有多个信息渠道，以形成客观的想法。专家不要试图怀着个人目的影响他们。

●阻止他们用权宜之计解决问题。当他们打算做一些事情，指出做这些事情的长远影响。

●与他们打交道时要现实一些。认识到，沟通者总是承诺很多，但不一定会兑现承诺。帮助他们信守承诺。帮助他们在适当的时候结束项目。

●意识到，沟通者有时会把你做的事情归功于自己。积极建立人脉，让其他人认识到你的成就。努力做到不受制于沟通者。

●防止沟通者被咨询公司耍弄。

②管理沟通者

●把沟通者放在能够发挥其才干的地方，比如在危机时刻发挥沟通者的作用，或者与各种利益相关者打交道。

●明确地表达你期望他们做出什么行动、取得什么结果。让他们解释，计划如何达到你的期望；向他们解释，达不到你的要求会有什么后果。

●建造支持系统，帮助他们进行随后的实施。

●防止他们过度使用咨询公司或者其他顾问。

●当心他们钻制度的空子为自己谋利。

绘制原型图

那么，我们可以用这个新的团队角色模型做什么？我们如何利用这个机会更好地了解自己和别人？如何根据测评结果帮助领导者根据角色调整行为？

关键的一点是，原型是个体响应环境的结果。在这个情境下合适的行为，在另外一个情境下也许并不合适；对这个角色来说是优势的特点，对另外一个角色来说也许是劣势。了解了性格、胜任特征和团队角色，就掌握了一个强大的组织设计工具，正如我们那位聪明的将军表明的那样。了解人们偏爱的风格，对团队组建至关重要，我们可以把有着不同领导原型的人搭配在一起，让他们互相取长补短。

然而，正如前面提过的那样，领导行为模式并不好确定，测评过程可能很复杂。而且，测评过程可能会引起某种疑病症。就像入门医生觉得自己患有自己研究的所有疾病一样，我们开始都会觉得，好像八个原型都符合自己——这太好了，因为事实就是，我们大部分人都可以划分到不止一种原型里，而且随着生活的变迁，我们的领导原型也会变化。自我了解不是一种静止的、一次性的事情。

领导原型分析的很大一部分是指导人们如何为各种领导原型的上司工作，以及如何管理各种领导原型的下属。理想情况下，要让测评对象本人以及测评对象所在核心团队的成员（例如，同一部门的同事，或者，经理人团队的资深成员）完成领导原型问卷。必要的时候，还要让组织内外所有其他利益相关者（例如，客户，其他部门或者分公司的同事）完成领导原型问卷。核心团队评价分数、其他利益相关者评价分数分别求平均分，然后与自我评价分数一起画成蜘蛛网图，各种分数之间的一致之处、不同之处就会一目了然。现在以基拉·罗兹（就是前面那个建议把自己所在部门包括自己一起裁掉的人）的测评结果为例，说说具体是怎么做的（见图7.3）。

看她的蜘蛛图，首先看到的是，她对自己的认识与别人对她的认识相当一致，除了战略家角色以外。核心团队以及其他利益相关者对她的处理者、促变者和培训师三个角色的评分都很高，这可以解释为什么大家认为她是最适合处理裁员问题的人。另外，她在沟通者这个角色上得分很高，说明她擅长传达消息。她在战略家这个角色上得分之所以分散，可能是因为测评是在她建议把自己所在部门包括自己一起裁掉之前做的。尽管她的"自裁"之举别出心裁，但是她绝对不是一个创新者，她自己不这么看，别人也不这么看。

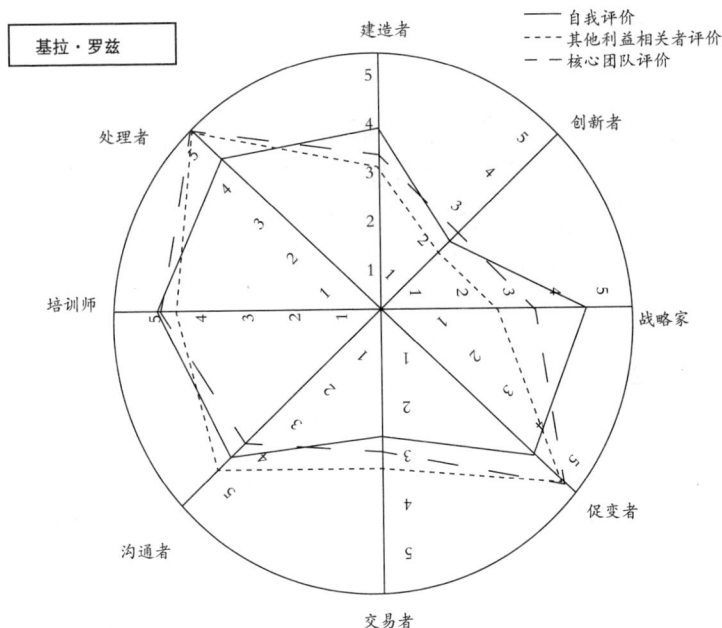

图 7.3 领导原型蜘蛛图

有机会看到蜘蛛图并进行反思之后，接着就该考虑以下问题。理想情况下，这些问题应该放在测评对象所在的经理人团队一起讨论，这样就可以与其他团队成员的分数比较，还可以求出团队总分，找出团队在哪个角色方面有所欠缺，但是，即使只针对测评对象进行分析，也是十分有价值的。

考虑到你的组织所在的环境，你的组织需要什么样的经理人角色阵？为了获得最大的有效性，需要什么样的领导行为？考虑到外部环境的变化，什么样的行为应该加以压制或者改变？

你认为你最突出的领导风格是什么？如果你收到了多方反馈，那么别人认为你最主要的领导风格是什么？你如何解释两者之间的差异？

你的领导风格符合你的组织所在的环境吗？你的风格会引起问题吗？如果会，是什么问题？

你的关键下属的领导风格是什么？他们的领导风格与你的匹配吗？你应该试着改变自己风格的某些方面吗？你应该避免什么行为？你的下属能做些什么帮助你？你还会吸纳新成员来弥补团队的缺点吗？

你上司的风格是什么？上司的风格与你的匹配吗？上司应该试着改变其风格的某些方面吗？上司应该避免什么行为？你有什么建议提给上司吗？

考虑到经理人角色阵对团队的重要性，你掌管的团队以及你所在的团队分别应该做些什么改变？

我们是什么样的人

以上有关领导原型的讨论说明，理想的领导者应该兼具几种风格。显而易见，在各个领导风格上得分越高越好。兼具的风格越多，选择余地就越大，就越能游刃有余地应对不同情境。然而，很少有领导者在各个角色上的得分都很高。于是，我们需要对领导者进行行为训练，让他们能够胜任更多的角色。不过，这样做的时候，我们需要现实一些。有些角色不是自然而然出现的，它们就是不符合我们内心剧场的剧本。我们也许没有某种人格特质，因此不能表现出对应的行为。如果把一个人放在与其性格不匹配的角色上，就会引起问题，特别是在组织高层。让经理人发挥他的优势，同时让领导原型与之互补的人帮助他，比让他去做明知他做不到的事情要好得多。

认识到经理人角色阵的重要性，我们就能更好地理解别人，还能更好地理解别人是如何工作的。我们会认识到团队存在哪些需要弥补的缺陷。而且，最为重要的是，把领导力看作一群优势互补的人的合力，我们就能在不断变化的环境之中更加主动地提高团队的有效性。此外，经理人团队，如果关注领导风格的个体差异，就会理解团队成员之间的互相依赖性，并且认识到怎样才能让每个成员为团队做出最大贡献。这有助于营造一种相互支持、相互信任的文化，减轻团队压力、减少团队冲突，促进人们创造性地解决问题。另外，信任增强，大型组织常见的那种各自为政现象就会减少，知识管理的有效性就会提高。从这个意义上说，打造高绩效团队有助于打造无边界组织，而打造无边界组织是高度复杂的矩阵式组织面临的一项真正挑战。然而，最为重要的是，当经理人花时间了解彼此的优劣势，就会为高绩效组织打下基础。伟大的经理人很容易找，把几个伟大的经理人凑成一个高绩效的团队却并不容易。我们永远都不该忘记，团队离不开个人，但是一个人成不了团队。

第 3 篇
领导力与生涯发展

引言

本书最后一篇所有章节的共同主题是我们步入中年后的人生变迁。在通常用法中，"中年危机"一词被普遍用来解释任何 40 岁以上的人遇到的任何不寻常事件。我用这个词指代个体发展学者埃里克·埃里克森心理发展理论所说的第七个阶段，成年中期经历的危机——繁衍对停滞①。能否从这个阶段健康地进入下一个阶段——成年晚期，取决于我们能否实现态度和行为的某些重大调整。这些调整包括，放弃对子女生活的干预，接受与父母之间的角色逆转，应对生理上的变化和衰退，获得对所取得成就的满意感。我的关注焦点是中老年时期的生活事件如何影响经理人，而且在观察过程中我把中年当作人生的关键阶段。我考察的是我们在生活和工作的转折关头面临的变化：相貌、青春、梦想和职业潜力的丧失和衰退。

第 8 章将考察这些不可避免的丧失和衰退会让我们在生活和工作中生出什么体验。步入中年后，我们开始用"还有多少日子可活"而不是"自出生之后多久"来丈量我们的人生。我们开始透过三面镜看我们的人生。镜子的一面代表着我们的童年，让我们回想起自己小时候的很多事情。镜子的另外一面显示着我们的父母，让

---

① Erikson, E. (1963), *Childhood and Society*, New York: Norton.

我们疑惑自己是否会变得像他们一样。然而，镜子最令人害怕的一面是，我们如何看我们自己。很多人步入中年后就不敢照镜子，他们没有勇气面对岁月的侵蚀。幸运的是，普通的镜子只能照出我们的外表。

"管理余生"，就是挑战倒计时"还有多少日子可活"的消极含义，想办法积极地面对那些不可避免的变化。在本章，我将考察人们应对中年生活和工作危机的各种方式，以及这些应对方式对组织的意义。这些应对方式，有的偏积极，有利于进一步的成长，有的偏消极，会积累抑郁和怨恨情绪。我主张通过外部干预（来自精神分析师、心理治疗师、领导力培训师和顾问），或者通过组织内部的综合服务，把领导力培训和生涯指导制度化。

第9章将围绕 CEO 生命周期概念进一步探讨这些话题。在本书第5章，在把普京当作俄罗斯公司的 CEO 评价其任职期间的表现时，我稍微提及了一下 CEO 生命周期的概念。CEO 或者领导者的生命周期，是人整个一生生命周期的浓缩版，可以分为三个阶段：进入期、巩固期、衰退期。一不小心，最后那个最没创造力和生产力的阶段就会变成持续时间最长的一个阶段。对于领导者来说，继任管理是一个让人很有心理负担的任务。领导者卸任之后体验到的丧失要比我们大多数人都多，一想到自己将不再站在聚光灯下，领导者就会出现很多经典的焦虑反应。我将描述继任问题在领导者身上激起的比较灰暗、具有破坏性的反应，进而论证继任的顺利进行需要董事会或者其他类似机构的警惕、支持和指引。我还要论证，CEO 本人也觉得悲伤，但并非总有毅力、能力或者勇气走出这种状态。他们并非总能明白或者接受，他们失去了观众，是时候退出舞台了。我将介绍几个退出策略，与过久霸占舞台、屡提"当年勇"、对观众悄然离场视而不见相比，这几个策略更有益处、更令人满意。

第 10 章将通过一系列案例观察讨论退休综合征（不愿放手），并且考察个人、组织和社会如何对待退休。埃里克森把人生的这个阶段，通常是 60 岁以后，叫作"成年晚期"，这个阶段的矛盾是自我整合对绝望。所谓自我整合是指，获得人生圆满、没有遗憾的感觉。不能实现自我整合，就会绝望，继续畏惧死亡。埃里克森认为这个阶段的文化反响与个人反响一样多，我将结合我们对特别的领导力开发项目的需要讨论这一点，以给这本书画上一个圆满的句号。

本章的一个关键话题是准备，但是要走出畏惧和否认状态，我们很多人都必须学会放手。这章就是提醒我们所有人最后都会死，但是这章是我们所有人都必须学习的一课。"人必须忍受自己的死亡，"哈姆雷特说，"正如忍受自己的出生一样，成熟就是一切"。

结语那章将比较"原生者"和"再生者"。根据著名心理学家威廉·詹姆斯（William James）James，W.（1902）.The Varieties of Religious Experience，a Study of Human Nature—A Psychology Classic on Religious Impulse.New York：Exposure Publishers，1988 的理论，原生者是那些一直本本分分过日子的人。他们一直过得十分安逸，于是固守现状。相反，再生者是下大力气再造了自己的人。他们（因为各种不同原因）厌倦了现状，觉得人生毫无意义、自己像行尸走肉，于是痛下决心改变，最后获得重生。再生者给我们的启示是，要主动利用外在世界的变故和危机来实现内心世界的平静。做再生者意味着，用不同的眼光看世界，用不同的眼光看待我们与他人、与社会的关系。再生者，通常在伟大目的、幻想、梦想或者毅力的支撑下，或者在外界不寻常事件的刺激下，能够实现蜕变。他们也许会发现自己变得非常强大了，连做梦都没想到过的那样强大。

第8章 中年——世界停一下，我要下车 [①]

如永生般逐梦，如末日般生活。

——詹姆斯·迪恩

把中年危机当作复活身心的机会，而不是无助地忍受、眼睁睁地看着身心衰退。

——简·布罗迪

伟大的瑞士心理学家卡尔·荣格说，中年是"人生最辉煌的一个阶段，在这个阶段，一个人会全身心地投入到工作当中。但就是在这个阶段，一个人要进入黄昏，开始下半辈子"。

不再向前看，而是频频向后看，大部分是不由自主地。而且，开始盘点人生，看自己是如何走到这一步的。找到真正的动机，做出真正的发现。对自己以及自己人生的审视，能让一个人认识到自己的独特之处。但是，这种认识并不容易得到，只有经历过最严重

---

① 本章大部分内容节选自以下文章：Kets de Vries, M.F.R.（1978）."The Mid-Career Conundrum"，*Organizational Dynamics*, 7（2），pp.45—62。

的打击才能获得这种认识。（Jung，1993，p.45）

中年是一个深入审视自己的时期，是一个在内心质疑自己的时期。有人说过，正是在那个可恶的时期，时光老人赶上自然母亲。不论我们是否有所准备，中年可能是一个过渡期、重评期，年轻人展望未来，老年人回顾过去，而中年人烦恼现在。

根据荣格的说法，这个中年过渡期从 35 岁左右开始、持续数年，具体持续时间因人而异。进入这个所谓的人生全盛期，我们可能会面临巨大的压力，因为在这个时期，我们的责任最重。男女都会经历一段时间的骚动不安，也就是所谓的更年期综合征。各种神经质症状和身心疾病纷纷出现。中年是离婚、疾病、猝死的高发时期。在这个时期，人们会用不同的眼光看待职业发展。除了少数大器晚成的人以外，人们会渐渐放弃目标和志向。

有可能，职业生涯中期危机只是我们这个由残余新教分子或者更好成就伦理推动的成就导向社会的特有现象。成就导向意味着，职业发展应该只进不退，进而意味着很多经理人会郁郁不得志（考虑到在典型的金字塔等级结构组织，越往上职位越少）。我认为，预防或者减轻职业生涯中期的失望，有助于提高人们职业生活的总体质量，也有助于提高组织的有效性。

步入中年的经理人容易焦虑，为余生的意义操心。在本章，我将探讨中年不可避免的丧失和变化引起的心理紊乱，并且考察几种常见的应对机制。

什么变了

一位已经步入中年的经理人（面对摆在面前的挑战，这个人越来越焦虑）曾经对我讲述了一个令他很苦恼的梦。他说，在梦中，他坐在电脑前写报告。开始一切都很顺利，可是突然毫无征兆地，他生出了强烈的恐慌感。他看着电脑屏幕，发现他写出的内容让人读不了了，因为"碎成一片一片掉下来"。一切看起来都很乱，他辛辛苦苦写了半天的报告没用了。接着，梦境出现了恐怖的一幕：电脑屏幕突然变成了镜子，映出他自己的脸，严重扭曲。他惊醒过来，浑身是汗，非常害怕。

讲述这个梦的时候，经理人联想起他在工作中日益强烈地体验到的无意义感。他觉得工作不会有什么结果，开始疑惑这样年复一年制订计划、斟酌预算、夺取市场份额、为公司增加利润到底有什么意义。他还担心他能否保持他为自己定下的节奏。正如他的梦象征的那样，他真正担心的是，他是否会崩溃，而且，最近他还患上了胸痛，这进一步加重了他的恐慌感。他开始怀疑，自己是否患上了严重的疾病。

这个经理人的梦，让我们初步了解到步入中年以后面临的重要问题。

一系列丧失

身体衰老

首先，也许最重要的是，人到中年，会更加清楚地意识到变老、疾病，以及与变老和疾病相伴的依赖性。对年轻人来说，死亡只是一个遥远的传说。如果你还不到40岁，你容易认为这些话题不适合你。也许，这样认为是比较好的。

中年以后，事情变得十分不同了。本章所列数起案例中的经理人，很多都开始用不同的眼光看时间。他们感觉到了生命是有限的。他们觉得，对自己而言，死亡不再是个遥远的传说，而是日益迫近的现实；在身边开始有人（特别是父母）患上重病甚至去世的时候，他们的这种感觉尤其强烈。这些人是他们内心剧场的重要人物，这些人的去世会让他们觉得不安、悲伤。

我们所有人都能意识到这一点，只要我们做一件简单的事情：照镜子看看自己的相貌有何变化。诗人让·科克托（Jean Cocteau）曾经说过："镜子是人能够看到死亡的地方。"生理变化必然带来心理影响，因为自我是与身体密不可分的。身体走形、健康出问题、丧失吸引力，会给人们的自我带来严重的打击，这种打击会唤醒激活早期童年经历造成的不安全感和补偿反应。对处于领导职位的人来说，这种打击尤其严重，因为他们一般都十分自恋。自恋者特别容易（所有人在一定程度上都会）坚守"幻想年龄"（phantom age），也就是想象自己永远处在那个成功的、有吸引力的年龄。不幸的是，身体故障会有力地、不可否认地提醒他们自己的真实年龄。生理年龄正在赶上幻想年龄。法国前总统瓦勒里·季斯卡·德斯坦在回忆录中坦率得令人吃惊地描述了意识到自己在变老之后的恐惧和悲伤。

在我还是共和国总统的时候，我的相貌就开始走样。其实，相貌走样应该早就开始了，只是我没有意识到。我从未完全接受自己的相貌：个子太高，姿态不自然；臀部太宽，而且下垂；在青少年时期，正如照片显示的那样，脸部线条太柔和，不够刚毅。

非常年轻的时候我就开始脱发。第一次注意到这个现象，是在德国一家小型疗养院的宾馆浴室。浴室天花板中央有一扇窗户，光从那里透过，垂直射下来。我在镜子里看见，光穿透我的发顶（我可以看到稀疏的头发分成一绺一绺的），直接照在头皮上。这一幕让我觉得害怕……

像自然界的所有事物一样，像所有动物一样，我也会慢慢地衰亡……即使如此，我拒绝面对衰亡，我努力回避所有衰亡迹象。我从不照镜子，除了刮胡子，即使在刮胡子的时候，我也让灯光尽可能昏暗。沿着街道走路，我会留神，从不看橱窗，那里也许会照出我的样子。

在做总统的七年之间，每当我坐在记者对面或者怀抱孩子站在人群中，我拒绝去想他们看到的是我当时的真实样子，一秒钟也不去想。我说服自己相信，他们眼中的我一直是这个样子：正值壮年（35 岁左右），头发浓密，肌肉发达，没有因为生活变得沧桑，刚刚褪去青少年时期的青涩。我把所有的旧西服都留着，好继续穿。这些西服没有丝毫破损迹象，可以帮助我活在一个假象中——时间对我没有影响，我一直是 35 岁。（Giscard d' Estaing, 1991, p.110）

镜子强迫我们承认，我们的身体正在发生某些变化。人类的自我首先是身体自我。身体形象（包括面孔）对稳定的身份感非常重要。生理变化会带来很大的心理影响，强烈影响我们的人生观。生理上变老，就会更加关注身体，更加担心健康状况。

那种主要依靠外表吸引注意力、管理自尊感的自恋的女人（不排除也有这样的男人），特别容易觉得很难应对越来越明显的衰老迹象和体象变化。她们也许会试着与衰老做斗争，而且也许开始会赢几场，但是长期来看，她们会输。整容只能做几次。

能力丧失

对男人来说，变老带来的另外一个自恋创伤（除了相貌变化以外）与性有关。很多男人特别担心性能力减弱或者丧失，害怕步入中年后就不能再做情圣或者花花公子。尽管他们也许不会公开讨论这些事情，但是我们可以从男人们在更衣室的玩笑中感觉出来。男人们在更衣室的玩笑，很多都与提高性能力的药物有关，比如伟哥。当然，如果男人真的坦承这个问题，那一定是在精神分析师、精神病学家或者心理治疗师面前。

性能力丧失的应对方式因人而异。中年男子经常有的烦躁感和愤怒感，深层原因可能就是性能力丧失。性能力丧失，还会让中年男子嫉妒下一代：他们不用为这些问题烦恼，真不公平！结果（记住，嫉妒是人类寻求心理平衡的一种主要方式），有些经理人也许会把攻击欲望转移到别处，表演自己的烦躁感和愤怒感。就是因为这个以及其他一些原因，所以我说神话中的拉伊俄斯王（俄狄浦斯的父亲）依然健在，活在组织中。在象征意义上，"父亲"也许想杀死"儿子"。我遇见过不少这样的高级经理人：因为自己不能改变的事情（变老，特别是性能力减弱）而感到不安，于是找年轻经理人的茬。用这种方式，他们向世界证明，他们仍然掌握着权力，即使秩序变了。

所以，如果我们遇到的组织，年轻人离职率很高，"我们对年轻经理人委以重任"之类的话既有磨炼之意又有刁难之意（因为只有很少年轻经理人能通过他们的"考验"），那么我们应该怀疑拉伊俄斯王精神在作祟。

我们从财经新闻中了解到的颇具戏剧性的继任故事，或许也与类似的心理障碍有关。这些故事的内容通常是，高级经理人不愿为下一代腾位子。他们害怕被下一代超过，于是想方设法打压后起之秀。我经常听到有人说："CEO的第一个任务就是找到可能的继任者，杀死那些混蛋！"在组织里，做"王储"可能是一个非常危险的任务。（在下面几章我会进一步谈论这个现象。）

能力减弱、嫉妒下一代其实反映出某些经理人非常合理的一个担忧：自己是否有能力继续驰骋职场。他们也许越来越害怕落伍，开始觉得受困于思维定式，他们不再学习，他们觉得自己的生产率在下降。很多经理人正是在人生的这个时期觉得举步维艰。有些经理人也许振作精神，改变生活，改变工作。然而，很多经理人没有勇气走出这一步，而是牢牢抓住现有的工作，即使以牺牲心理健康为代价。不过，重组、裁员等外部因素也许会强迫他们改变。

兴趣丧失

有些经理人用另外一种方式表达负面感受：说他们觉得无聊。无聊感也许可以看成诉病最多、毒害最大、表达最频繁、体验最经常的人类情绪。然而，正如任何心理学家都会对你说的那样，无聊感是一种复杂的心理状态，下面可能掩藏着很多负面情绪，包括自由浮动性焦虑、躁动、易怒、紧张和抑郁。不管原因是什么，这样的感受都不利于愉快高效地工作。

组织缺乏活力和创造力，原因经常是员工普遍觉得无聊，而深层原因就是员工普遍觉得工作没有意义。在工作中长期觉得无聊，背后的原因并不好探索，因为表面的无聊感抑制了很多负面情绪，结果人们说不出自己有哪些强烈的负面情绪。然而，我们可以假设，无聊感其实反映着不满足感和不自在感。傲慢和防御是无聊的主要贡献因子。因为傲慢，所以我们对新鲜的体验、情境、活动和观点不好奇。因为防御，所以我们不进一步了解自己。

自相矛盾的是，无聊感有时能让人们舒缓休息。无聊感让人们有机会做不那么想做的事情。有些人说，他们利用无聊的时候学习、修补家什，或者做其他琐事。无聊感让人有机会沉思。很多经理人报告说，无聊之时，他们经常做白日梦，想象自己处在另外一种情况，或者计划将来做些什么。也许无聊感最重要的一面是（堪比"瘾君子"偶尔暂时的戒瘾），它也许能降低我们的容忍度，这样我们就能对已经变得非常熟悉的情境重新产生兴趣。不管因果关系如何，通过更好地理解无聊感的含义，经理人可以学会建设性地面对这种不适感，扩宽意识、释放压抑的情绪。

觉得自己像骗子

有些经理人有另外一个问题：因为过去的成功而开始觉得自己像骗子。这多多少少有些讽刺意味。尽管取得了有目共睹的成就，但是他们开始怀疑自己是否真的像别人以为的那样好。不管获得什么样的成功，他们都把它归因于运气、笨鸟先飞，或者诸如长得好看、惹人喜爱之类的肤浅因素。受这种非理性思维困扰的人，觉得很难接受自己的才干和成就。他们莫名其妙地认为自己愚弄了身边的每个人。然而，越成功，他们就越害怕最后被人揭穿。可以料到的是，这样的担忧会引起严重的焦虑。

我在本书系第一本书的第5章讲过，有些人之所以觉得自己像骗子，是因为他们要求自己事事做到完美。这种完美主义倾向可以追溯到成长过程中父母对待他们的方式。也许小时候，他们的父母错误地对待他们的成绩，把他们的成绩归因于他们的能力而非他们的努力，这样就导致他们对自己的能力形成不太实际的认识。渐渐长大后，他们开始怀疑自己以及父母的认识。在他们的体验中，成就和能力都是虚假的。难怪他们不能享受自己的成就，即使是成年之后。

让事情更加复杂的是（特别是对男人而言），无意识地担心超过父亲。这种无意识的担心也许还伴有一种无意识的预期：父亲也许会嫉妒、报复自己。这些情况表明，对这些人来说，俄狄浦斯问题从未解决好。童年时期的这些担心，往往是在家庭、学校、社会的暗示下产生的，有几分现实依据，也许在成年时期还一直保留着。如果成功之后名利双收，生活环境与小时候大不相同，这些担心就会加重，变成真正地担心分离、疏远、拒绝。这样，在职业阶梯上的晋升，带来的不是快乐，而是越来越强烈的恐惧和焦虑。

家庭丧失

一些家庭问题开始在这个阶段困扰很多经理人。他们当中的很多人，开始日益担心自己与孩子、与配偶的关系。他们认识到，他们以前对工作投入太多、忽略了家庭。他们觉得自己与孩子的联系越来越少。很多人很难面对孩子的日益独立。他们看不顺眼很多事情，包括孩子的变化。结果，他们当中有些人，如果觉得孩子的某些行为不可接受，就会想方设法去纠正。但是，为时已晚，他们做不了什么。干预的最佳时机已经错过，当时，他们忙于工作，分不出精力来关心孩子。

很多男人（是家庭的主要经济支柱）在讲述与家人的关系时，暴露出自己用相当功利的方式对待生涯。他们理直气壮地说："开始我在工作上拼命一些，日后我的妻子儿女就会过得舒服一些。"好像只有未来才是重要的。这些经理人当中的很多人，花在工作上的时间和精力是花在家庭上的两三倍。然而，他们并不愿意承认这个事实。问他们花多少时间陪伴家人，他们会给出远远超出实际时间的答案，与妻子、孩子的答案不一致。进一步追问他们，他们会说，重要的不是时间的长短，而是品质的好坏，他们与家人相处的每分每秒质量都很高。但是，分析他们的行为就会发现，他们只是嘴上说得好听，其实根本没有与家人好好相处。他们这样做，结果悲哀地发现，当他们终于完成了工作上的目标，妻子儿女已经远离了。当他们用这种方式延迟满足,当他们把现在抵押给未来,他们错过了很多与家人相处的温馨时刻,这些时刻永远不会再现。某一天,他们突然想做出改变,弥补错过的时光。但是,已经太晚了。在这个阶段,做出改变、修补与家人的关系,并不是什么容易的事情。

中年危机的一个重要内容就是婚姻危机。孩子正要离家或者已经离家。夫妻双方都开始担心,家里只剩下两个人,生活会怎么样。如果不再用孩子作借口维持关系,婚姻还能经营下去吗?很多夫妻很难应对这种局面。家好像变了很多,安静得令人窒息。并非偶然地,以及并非一定是有意识地,这样的夫妻也许会制造一个"问题孩子"让彼此有话可说。此外,问题孩子也许会顺应情势,继续留在家里,延迟他们的分手。有些夫妻会想方设法避免谈论真正涉及彼此的问题。结果也许太痛苦。

有些人也许会搞婚外恋,最后离婚。不少人用这种方式恢复活力。有些男人与比自己年轻很多的女人恋爱,以对抗衰老。这些"彼得·潘"(指天真的成年人)甚至会重新建立家庭,希望这次能经营好婚姻和家庭。他们在寻找第二次机会。而且,有时确实管用,在跌过大跟头并吸取教训后。

有些男人还很难面对妻子有自己的事业。在比较传统的家庭(和社会)中,丈夫一心扑在工作上,妻子在家相夫教子。很多丈夫期待妻子为自己的事业"喝彩欢呼"。在孩子变得比较独立后,很多妻子会捡起以前的事业,重新变得精力充沛、兴趣盎然,这可能引起丈夫的憎恨和嫉妒,特别是如果丈夫厌倦了自己的工作,对工作之后的妻子不能随传随到感到不满。

中年人的另外一个压力源是,父母日益老态龙钟。目睹上了年纪的父母生理能力、心智能力逐渐衰退,我们可能会非常痛苦。有些人会觉得这预示着自己将来的命运。正如一个禅理故事所说的那样，"祖死，父死，子死"——生命遵循一定的模式。看到父母去世，我们开始意识到接下来就会轮到我们。此外，父母越来越依赖我们，于是我们必须承担新的、不同的角色，把父母当孩子对待。我们很难适应这种角色逆转，会觉得不安。意识到死神正在逼近父母，我们就会想到自己在不久的将来也会死去。

周年反应

此外，我还遇见过一些有"周年反应"（anniversary reaction）的经理人。所谓周年反应是指，一种说不清道不明的焦虑，仔细分析一下，就会发现这种焦虑与深爱之人的去世有关。这种反应通常被体验为抑郁。基本上，这是父母（或者生命中其他重要人物）去世留下的阴影，在父母忌日或者自己即将到父母去世年纪时被激活。如果父母在相对比较年轻的年纪去世，这种反应会尤为明显。人们怀疑（不一定是有意识地怀疑）自己的命运是否也会同样不幸，于是距离父母忌日越近，或者自己越接近父母去世的年纪，就越焦虑；焦虑逐渐积累，有时会演变成严重的危机感。有些人甚至体验到与已逝的父母（一般是同性别的一方）类似的症状。深深压抑的死亡恐惧，也许会激活，进一步加重不适感。

结束在即

中年危机不仅有生活方面的，而且有工作方面的。步入职业生涯中期，我们会在工作中面临很多烦恼。工作中的烦恼和生活中的烦恼交织在一起，也许会让我们痛苦不堪。在前方等待我们的，似乎只有无法逃避的迅速衰退。

很多经理人步入中年后会盘点人生，问自己"接下来呢？"；有些经理人比较幸运，在职业发展的黄金阶段实现了职业理想。但是，这不一定是什么好事。因为完成了人生任务，同时就意味着失去奋斗目标。这些找不到新挑战的人，可能变得十分抑郁。

有些经理人则没那么幸运，没有在职业发展的黄金阶段实现职业理想。他们盘点人生，发现距离最终目标只差一步，但是越往高层竞争越激烈，而自己年纪又越来越大，于是怀疑自己是否有实现梦想的那一天。

这种情况下，他们会出现德国人口中的"Torschlusspanik"。这个词语的字面意思是"关门一刻的恐慌"（原意是指一个人在城门关闭时害怕挤不进城的恐慌），在心理学中的含义是"对随着年龄增长失掉更多机会的害怕"。他们当中有些人，也许意识到自己正处在职业生涯的最后一个阶段，必须抓住最后的机会去实现梦想，于是开始疯狂地工作，拼命做最后一搏。另外一些人，觉得牌洗得不公平，自己再也没有机会实现梦想，于是心怀怨恨。他们也许在工作中或者在家里把怨气撒在别人身上。

类似地，与此同时，退休变成一个日益迫近、不容忽视的现实，进而也会引发很多担忧。对退休的准备充分吗？如何最好地处理退休？对于那些把工作当生命的人，退休真是个十分可怕的想法。尽管这些担忧中，钱的问题很重要，但是，主要问题另有其他。很多经理人，没有为退休做好充分准备，不管是在金钱方面还是在其他方面，因为他们就是不想考虑退休问题。

管理余生

看过以上讨论，你有没有暂停一下思考自己的人生？还是说，你没有时间做那种"没有意义的事情"？你没有时间观望，因为有太多事情要处理。变老并没让你的生活变得轻松一些，而是让你的生活变得更复杂了。现在，你必须同时在很多战线作战。但是，尽管如此忙碌，你是否有时怀疑自己仍然应付得来吗？

如果你对自己诚实，你也许意识到诸如此类的问题开始占据你更多的时间。但是，是什么让你的态度发生这种转变？你知道为什么你变得越来越喜欢反思吗？

你的答案可能是"我不知道"。那么让我稍微换种问法。做事情时，你仍然觉得有活力吗，还是觉得自己越来越死气沉沉？你年轻时的那种热情怎么啦？还在吗？你是否有一种不好的感觉：好像什么东西都引不起你的兴趣？你要付出更大的努力才能维持像过去一样的热情？你像上了发条的钟表吗？

在我主持的高级经理人学习班中，我经常碰到有学员这样问："我55岁。我做这家公司的总裁五年多了。一想到未来的十年我要继续做同样的事情，我就觉得非常害怕。我应该怎么做？你有何建议？我有什么办法再造自己吗？"显然，这些问题没有简单的答案，尽管很容易就说一句："辞职！"但是，辞职之后干什么呢？去哪儿呢？

对领导者来说，放弃权力尤其困难。身居高位带来的公众认可，对他们非常重要。这定义了他们部分的自我感。就像树木需要水和阳光才能茂盛一样，很多领导者需要下属的敬佩才能觉得自己真正地活着。他们渴望源源不断的自恋给养。对他们来说，退出公共领域代表巨大的丧失。退休会剥夺他们视为基本养分的东西：组织身份；特殊待遇；对别人、对政策、对财务和对社区的影响力；别人对他们的个人重要性以及他们作为领导者的重要性的不断肯定。对他们来说，从高处退位、成为小人物的前景太没吸引力了。

正如美国前总统罗纳德·里根曾经调侃的那样："两周前我开始办理退休，我真高兴终于办完了。我就是不喜欢退休。退休之后，周末的乐趣都没了。"

除了考虑经理人的个人利益（这里，我指的是工作对心理健康的好处）之外，还要考虑其他因素。我们都知道，CEO 对组织中其他人的生活有着很大的影响。正是因为这一点，所以我们应该保证CEO 继续用健康的、创造性的、有效的方式工作。

也许你已经认识到自己身上的这些"经理人烦恼"。也许你觉得自己越来越固执保守。也许你需要承认（尽管很难承认）你越来越厌倦现状。中年是人生的一个关键时期，你现在做出的决定会影响你度过余生的能力。

应对中年危机的方式

人格因素与外部环境（配偶和工作满意度是最重要的）共同决定着一个人应对中年危机的方式，特别是应对我在本章开头讲过的工作危机、家庭危机的方式。我将从两个维度来分析人们的应对方式。

第一个维度是主动—被动，指的是个体是主动地与外部世界联系，还是被动地应付来自外部世界的刺激。第二个维度是现实检验，指的是个体诠释、感知外部世界的现实程度。有些经理人接受现实（不管现实多么的令人不安），处理实实在在的问题。另外一些经理人则没有达到这种比较成熟的心理状态，而是借助于退化的、刻板的，甚至扭曲的方式应对现实。这个维度也可以说成"现实的"—"扭曲的"。"现实的"一端，现实检验功能较好；"扭曲的"一端，现实检验功能较差。

　　这两个维度结合在一起，就可以得到经理人与环境互动的四种主要风格（见图 8.1）：建设型、知足型、防御型、抑郁型。重要的是记住一点，这是理想情况下的划分，现实生活中，一个人很有可能表现出不止一种风格，也就是说，一个人的风格很难确切地归到四种主要风格中的任何一种。

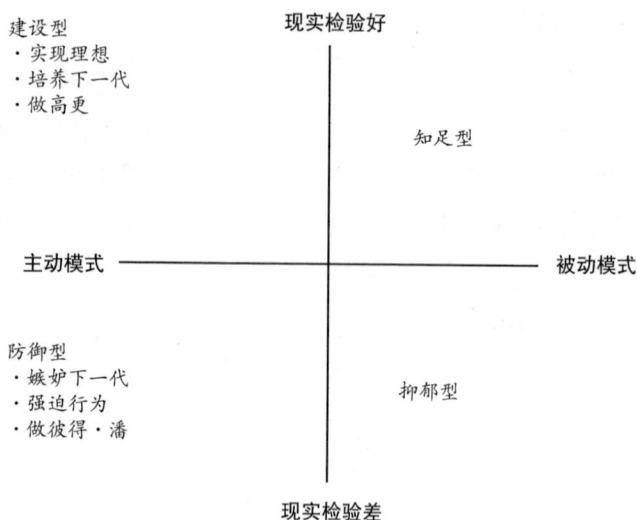

建设型
·实现理想
·培养下一代
·做高更

现实检验好

知足型

主动模式 ——————————————— 被动模式

防御型
·嫉妒下一代
·强迫行为
·做彼得·潘

抑郁型

现实检验差

图 8.1　中年危机：应对方式

建设型风格

　　这个风格还可继续分为三个亚风格。

　　有些经理人有能力用现实的态度盘点人生，不断学习，不断吸收新信息，重构体验。他们知道如何再造自己。他们知道，反思得深，才会了解得透。他们能够分享资源、技能和创造力来支持下一代经理人的发展。对某些经理人来说，职业生涯中期的成就基本上符合早期的期望，所以人生的这个时期是志得意满的时期。这些人接受自己。他们精神矍铄，壮心不已。对这些人而言，职业生涯中期不过是相当平静的过渡期，他们没有其他人通常会有的危机感和创伤感。

还有一些经理人，基本上有着同样现实的人生观，但是对这些经理人而言，盘点人生是比较困难的任务。他们现在认识到他们最初的志向与他们现在的成就之间的差距。他们在职业生涯中期是相对成功的，但是他们没有体验到他们所期望的那种满意感。中期盘点让他们失望。尽管失望，他们还是留在原处，设法继续下去。他们对自己能力和外界机会的看法都比较现实，因此愿意也能够安于现状。他们有心理力量和成熟度走出失望，调整目标。他们关心下一代。例如，他们督导、培训下一代经理人，希望在下一代经理人身上延续自己的职业生命，继续间接地体验成功。

伊恩，45 岁，副总裁，渐渐认识到其终身志向——成为公司的 CEO——不太现实。这些年，两个技能更符合公司需要的年轻经理人成了副总裁。一天，总裁告诉伊恩，要任命这两个年轻人中的一个做他的接班人。伊恩对这一消息并不吃惊，但是仍然感到失望。然而，伊恩明白这一决定的合理性，能够管理自己的失望情绪。新总裁上任后不久，伊恩就能把大部分精力投入到辅助他全面检修公司战略上。另外，伊恩开始在执行委员会会议上扮演元老角色（其他经理人都渴望听到他的建议），既提高了他自己的有效性，又给公司带来了好处。

在以上两个亚风格以外，还有另外一个"建设型风格"：用比较戏剧化的方式应对职业生涯中期危机。具有这种亚风格的经理人，也许决定改变生涯轨道。这些经理人足够现实，知道在现在的职业上自己永远不能实现最初的抱负，于是问自己最初的职业选择是否正确。他们也许会得出结论说，最初的选择是错误的。最简单的办法就是，在现在的公司调换职位，扮演一个完全不同的角色，恢复活力。这个办法行不通的话，他们可能就会到其他组织寻找机会。最有可能的是，如果他们选择进入一个全新的领域工作，那他们一定彻底考察过在这个新领域取得成功需要具备什么条件，并且认为自己具备这些条件。我把这种风格叫作"做高更"（doing a Gauguin）。高更这个人，在中年时期完全放弃了银行职业，变成了一个画家。

展现出建设型风格的经理人，不管是三种亚风格中的哪一种，适应情况都是最好的。他们的现实检验功能非常稳定。他们很少有压力症状。他们有繁衍感。他们是所在组织的骨干。他们保证了延续性和成长。

知足型风格

"satisficing"（知足）是诺贝尔奖获得者赫伯特·西蒙发明的一个词语（Simon，1967）。我之所以用这个词语命名，是因为这个风格的人，没有太高的理想，对现状比较满足。有些经理人，对世界的认识基本上是现实的，但只是被动地应对来自外部世界的刺激，而不是主动寻求挑战。这些人的成就导向相对不强，抱负相对不大（同前面那个风格的人相比），生活安稳，容易满足。他们不求最佳，只求满意。就像具有建设型风格的人那样，说他们遭遇职业生涯中期危机是不恰当的：他们一般会平静地度过职业生涯中期。我们可以假定，大部分组织拥有大量基本上满意现状的人；他们不是抱负远大的人。

以一家大型食品公司的质量控制经理人（40 岁）为例。我让他评价一下自己在组织里的生活，他的回答显示出他对工作是满意的。他说，他觉得现在的工作很好（过去的五年里，他一直做现在的工作），他一心想着怎么把工作做好。他非常喜欢他的职业。他有一定的自主权，但是他清楚地知道权限所在。他与上下级的关系都很好。这个人在薪水、职位上没有一点儿野心，总是力所能及地帮助组织里的其他人。他丝毫不在意功名利禄。在别人眼中，他是有风度的、友好的、服从权威的、没有攻击性的，对营造良好的工作氛围贡献很大。

我发现，他的婚姻非常成功，夫妻相交如水。他非常看重家庭，投入了大量时间和精力陪伴家人。工作之余，他也有一些爱好，比如做模型飞机，整理花园。然而，在访谈期间，这个人显得像一个对自己、对别人了解都不深的人，经常意识不到自己行为背后的动机。

在我们这个成就导向的社会，这样的经理人经常被人视作胸无大志的人。尽管他们的状态可以被描述为"停滞"或者"没有进步"，但是他们对现状满意，通常没有什么压力症状。只有诸如免职或者降职之类的重大事件，才会扰乱他们的平静状态。

防御型风格

这个风格的经理人，主动地寻求挑战，又对世界有不切实际的认识。他们的现实检验功能似乎有些问题。这样的人，也许有着压力症状以及其他不良行为模式。他们觉得生活艰难，难以忍受。这里，我们指的是那种认识到自己的生活被引向了错误的方向、有一种恐慌感的经理人。其中，有些人表现出强迫行为——苦干非巧干，而这意味着死路一条。他们疯狂地工作，可是拿不出什么成绩。在这群人当中，技能落伍和工作倦怠是十分常见的，免职或者降职也是十分常见的。这些人非常不愿意改变工作行为模式，根本不努力提高管理技能和技术技能。

也有些人把享乐置于工作之上。这些人也许对工作绝望，把大部分时间花在业余活动上。他们也许像彼得·潘一样——否认自己达到了人生的另一阶段，尽管时间流逝的痕迹十分明显。他们也许通过寻找艳遇来克服对自己、对工作的消极感受。除此之外，他们还不愿意帮助培养年轻经理人，而是怨恨、嫉妒年轻经理人。

迈克，42岁，一家中型电子公司的财务总监，开始抱怨自己的失眠和胃病。五年前，他的事业一直很成功，工资稳定增长，职位稳定提高。后来，他的平静日子结束了，因为公司来了一位比他年轻的空降兵，成了公司的财务副总裁，这是迈克一直梦想的职位。一段时间后，迈克开始出现健康问题，服药之后才控制住病情。他的行为也出现了明显的变化。他的着装风格有了变化，开始穿时髦衣服扮年轻。与此同时，他的同事开始抱怨他阴晴不定、反复无常的脾气。他的烦躁易怒反映在他接二连三换了好几位手下上。似乎没人能达到他的要求，都被炒了鱿鱼或者调往别处。尽管迈克待在办公室的时间比以往任何时候都多，但是他的工作效率降低了。他经常拖延工作，工作质量也有所下降。

深入调查之后发现，迈克的家庭生活也出现了问题。在过去的五年里，他与妻子的关系恶化了很多。他下班后越来越不按时回家，而是待在夜总会直到次日凌晨。他搞过多起婚外恋，最后不得不离婚。他开始酗酒，而且日益严重，最后导致他被公司解雇。

迈克的例子表明，像他那样的经理人有数个可能的防御模式，最常见的是迁怒、否认和沉迷。这些防御模式分别是表现代际嫉妒

（下一章将进一步探讨这个话题）、彼得·潘主义和强迫症的方式。

嫉妒下一代

有些经理人不愿或者不能接受其不切实际的抱负不会实现这一事实。他们为自己的处境愤怒，把自己的不幸怪到别人头上。他们不能接受自己没有进步，于是出现退化行为，比如，偏执敌意、行为不良、用疾病逃避等等。

采用迁怒模式的经理人，经常把组织里的年轻一代作为靶子，因为年轻一代代表着新的技术和领导技能。他们对年轻一代既嫉妒又愤怒，还想与他们竞争，这种复杂感情可能会导致他们滥用权力。他们也许用各种不光明手段让年轻经理人摔跤，比方说，让年轻经理人承担当前根本承担不了的责任。如果某位高级经理人手下的初级经理人离职率很高，那么仔细调查一下就会发现，原因就是那位高级经理人使用了这种模式。这些高级经理人的行为不仅会毁掉手下年轻人在组织的前途，而且会对组织士气造成不良影响。

做彼得·潘

采取否认模式的经理人，在职业生涯中期拒绝承认自己没有能力实现自己不切实际的目标，用酗酒、吸毒、乱交、身心疾病逃避。他们与年轻女人恋爱，过分关注健康和外表，否认自己在变老。放纵之举可能会让他们的工作和生活越来越糟。这些经理人试图忽视他们已经达到职业生涯高原期或者被公司降职的事实。他们出现了不现实感，在工作中出工不出力。伪装成了他们的生活方式。组织生活变成了演戏，经常还含有否认成分和强迫成分。

强迫行为

主要采用强迫模式的经理人，也有非常类似的行为表现。这些人诉诸躁狂防御。他们给人的印象就像活机器：过度活跃，但总不能实现目标。他们是典型的冠心病易患者、A 型行为者（竞争意识强，对他人有敌意，抱负过大，易紧张和冲动）。而且，他们当中有些人，用工作逃避令人不满的家庭生活。

即使事业成功，这些经理人也不能从过度活跃、过度补偿的行为中解脱出来。实际上，他们的疲倦感和郁闷感甚至会增强。成功会让他们更焦虑。这样的人不仅觉得自己在连遭报应，还觉得自己需要追逐其他，甚至更不切实际的目标。这种行为模式可以看成严重抑郁和精神崩溃的迹象。

抑郁型风格

防御型风格继续发展，可能就会发展成抑郁型风格，既被动又扭曲。防御型经理人的很多疯狂举动，是为了（常常是无意识地）掩盖精神崩溃的迹象。自我诋毁、失败感和悲观就是这些经理人的特征，他们觉得自己的一生白过了，什么目标都没实现，他们还觉得没有理由继续活下去。他们没有足够的信心寻找新的起点，也不相信自己有能力继续学习和发展。他们强烈地怀疑自己是否被人赏识过。对他们来说，职业生涯中期带来的是"为时已晚"感。他们开始更多地回想过去。抱负、乐观、满意和身体健康现在变成了无望、悲观、孤独感、无目的感和身心疾病。这种无助感和无望感也许会导致没有活力、工作出错和降职免职。在某些情况下，甚至会导致自杀。

中年过渡期对组织的含义

人的寿命越来越长，退休年龄可能越来越晚，将来可能有很大比例的中老年经理人。随着社会和经济的发展，在一家组织工作终身的现象将变得越来越少。我相信，社会以及组织可以利用生涯发展模式的这一变化把中老年人的才干和技能用在工作中、家庭中和社区中。中老年人的才干和技能是很大一笔财富，可是这笔财富现在被浪费着。中年过渡期可以变成重新评价、重新评估和积极行动的机会。

尽管让个人痛苦、让组织生产率降低，但是经理人中年过渡期问题得到的关注很少。我将提几条也许对处于职业生涯中期这个关键点的经理人有用的建议，希望有助于预防，或者至少是减轻令人不满的应对反应和症状。

领导力培训

鉴于很多经理人在中年以及职业生涯中期遇到很多问题，我认为，我们非常需要给经理人提供领导力培训，帮助他们改变令人不满的行为模式。我这里说的领导力培训，是指组织的高级经理人发起的特殊领导力培训，除了处理棘手的组织问题以外，还要探讨一些个人问题，比如涉及家人和朋友的问题。

我提倡大力使用领导力培训，不仅指严重危机时刻进行的干预，而且指在平时进行的具有预防性质的生活指导。现在的领导力培训，大都是针对为数不多的濒临崩溃或者已经崩溃的经理人，没有任何针对为数众多仅仅是情绪低落、感觉不适的经理人的生活指导。为了开展生活指导，我们应该确定职业生涯（以及家庭生活）的高危时期，并且采取合适措施。在这种背景下，领导力培训不仅意味着做问卷调查、重新定向，而且意味着学会如何管理失望、痛苦等负面情绪，意味着处理一般生活问题。

领导力培训还可以起到重要的教育作用，即让经理人了解帮助下一代在组织里进步和发展的重要性。带教、培训下一代，非常有利于一个人的心理健康。这里要插一句，说说利他动机（Kets de Vries，2009）。对处于职业生涯中期的经理人来说，帮助下一代成长也能促进他们自己的成长。

领导力培训还可以帮助经理人学会如何学习，如何获得新的技能和胜任特征以更好地解决问题，如何继续坦然面对新挑战。"学习只是人生前 20 年做的事情"的理念无可救药地过时了。考虑到环境的迅速变化，终生学习将是必不可少的。这让领导力培训变得更加重要。提供终生学习机会、营造信任支持氛围、认识中年时期的家庭变化和工作变化，都有助于预防人才断层和人浮于事（Dotlich，Noel and Walker，2004）。

终生职业指导

越来越多的人意识到，就领导力开发而言，组织过于强调入职期，在入职培训上投入资源过多。有些组织关注职业生涯中期的指导，但是直到最近职业生涯中期培训和退休前培训才渐成气候。随着人们越来越了解与职业生涯中期有关的问题，组织需要更加关注"职业生涯中期生活指导诊疗所"和"职业发展重新定向工作坊"之类的理念。这样的诊疗所和工作坊不仅让经理人有机会评估自己的能力、兴趣和机会，而且可以发布有助于经理人做决定的信息。在这些诊疗所和工作坊中，工作的目标可以重新加以审视，职业发展方向可以适当加以调整。

在这种背景下，我还相信，领导力培训师应该做好帮助人们处理换工作问题的准备。随着组织和员工之间的心理契约被打破，一生从事多种工作将会是正常现象。有效地处理换工作问题，要求既有远见，又能在公司之外找到机会。正如我前面指出的那样，不时换工作将是越来越正常的现象。我们越来越有可能看到，不仅发展停滞、被迫辞职的经理人会换一种全新的工作，连那些相对成功的经理人也会寻找新的发展和成长道路。组织需要更加清楚地意识到这些现象，做好处理这些变化的准备，因为这些现象和变化意味着他们需要付出更大的努力留住人才。

此外，双职工家庭越来越多，这也要求组织帮助经理人做到工作家庭平衡：经理人越来越不愿意为事业牺牲家庭。

预防落伍

落伍和倦怠是知识和信息快速增长通过技术变化、职业变化和管理实务变化带来的负效应。知识革命是终身领导力开发之所以重要的另外一个原因。技能过时的经理人，经常会被降职、转岗（调到不会造成多少破坏的职位）或者解雇。有些比较"幸运"的经理人被明升暗降，有些经理人也许被迫提前退休。这些落伍、倦怠、冗余问题，可以通过技能更新或者再就业培训（在一个新的相关的甚至不相关的领域再次就业）加以预防。越来越多的经理人在寻找办法再造自己。

考虑到很多组织对落伍的或者冗余的经理人冷酷无情，不愿意为他们担起部分责任，所以，自然而然地，怨恨普遍存在，特别是在中层经理人中间。然而，不是所有落伍的或者潜在冗余的经理人都能表达他们的痛苦和不满，因为在他们看来，这无异于自己承认失败。有时，他们甚至意识不到自己出了问题，尽管有一些身体症状。这些经理人也许表示对工作满意，却为身体压力症状出现率高出一般人群水平而苦恼。

很多经理人之所以不满意公司对待员工职业与个人发展的态度，是因为组织内部的后备人才管理往往只是针对"王储"，而不是占大多数的经理人。这样分配资源会对公司士气造成什么样的影响？除了这个问题以外，还有另外一个很难回答的问题：一个组织实际上能够养得起多少"王储"？也许，更好的办法是，把资源投在对潜在冗余经理人进行再教育上，让他们从事更符合自己能力和兴趣的职位。

自助

自然地，对于建设性地应对职业生涯中期危机、防止经理人落伍或者冗余来说，经理人自己要担起很大一部分责任。显而易见，现在这个时代，公司给经理人机会，但是经理人必须自己管理职业发展。把人生和职业发展掌握在自己手中，意味着不时切合实际地评估目标和机会，对公司或环境变化可能带来的落伍、冗余、倦怠迹象保持警惕。只有通过这样的举动，人们才能看清自己的未来、采取恰当的措施。例如，利润下降、高层变动、并购重组、过量招聘、技术变革、市场需要变化，都需要引起警惕。

压力症状也可以促使经理人改变对待家庭和工作的方式。现代医学之父威廉·奥斯勒先生（Sir William Osler）曾经说过，长寿的最大保证之一就是，在中年时期经历一次不太严重的心脏病发作。这个经历会让人更加关注身体健康，改变生活习惯。然而，我们可以希望，不时的个人评估和坦率的自我评价也许可以避免发生这样的危机。

正如我前面提过的那样，一生从事多种工作将会是越来越正常的现象。在这个年代，职业发展更多地由个人而非组织的需要塑造着，还可能根据个人经历的生活变化不时改变方向。随着人们不用终生绑在一个工作、一个组织上，也随着人们越来越正视自我，经理人将会更好地武装自己，管理职业生涯中期的过渡以及之后的职业生涯，把潜在不良影响降至最小。

结语

多年以来，我探索过很多人步入中年以后遇到的各种问题，以及他们应对这些问题的方式，在这一过程中，我坚定了一个信念：解决中年经理人功能失调的答案在于，提供领导力培训、指导和咨询，帮助他们度过中年这个关键时期。我还要强调一下，经理人需要采取行动避免落伍和倦怠，不要过于坚持最初的职业选择，要经常评估一下是否能从工作和生活中获得满足和乐趣。

及时关注这些问题，可以把职业生涯中期的体验转变成继续成长和发展的驿站，而不是衰退至无聊、沮丧和停滞的起点。记住，只要我们能够自我更新，我们就是活着的；只要我们时刻进行自我更新，我们就能梦想，就能去探险。

第 9 章　CEO 生命周期 [①]

生活的艺术在于，好好把握每一次放手与坚持。

——亨利·艾利斯

退休是最难听的一个词。

——欧内斯特·海明威

失之桑榆，收之东隅。

——老子

很多公司都有一个传统或者一条政策，规定 CEO 到一定年龄就要卸任。受到这个传统和政策的限制，这些公司的 CEO 会做相应的打算。很多 CEO 有足够的远见和洞察力，克服了暂时的留任欲望，转而以督导和培养下一代管理者为乐。大多数 CEO 和大多数董事会成员能够处理好 CEO 继任问题。然而，有些 CEO 很难面

① 本章大部分内容根据以下文章改编：Kets de Vries, M.F.R.（1995）. "The Life Cycles of CEOs", *Across the Board*, 32,（8）, 32—37, and Kets de Vries, M.F.R.（1994）. "CEOs Also Have the Blues", *European Management Journal*, 12,（3）, pp.259—264。

对继任和退休。其他关键人物，包括董事会成员以及高层管理人员，（也许是自愿地，也许不是）可能也不采取真正的行动，只是敷衍塞责，这样，继任很难顺利进行。

看看以下实际案例（人名、地名、机构名等均为化名）：

●一家多样化纸制品公司的董事会成员召开董事会议，讨论主席兼 CEO 鲍勃·里德提交的一份报告。鲍勃刚过了退休年龄，董事会成员以为他会在这份报告中列出一个继任者候选人名单。然而，鲍勃告知董事会，尽管进行了广泛的猎寻，但是选拔委员会得出结论说，没有哪个候选人是合格的：三个内部候选人需要至少四到六年的调教，三个外部候选人（尽管都有一连串优异表现）缺乏公司未来发展需要的专门知识。董事会同意，鲍勃应该推迟四年再退休。但是有几个董事觉得困惑。有些事情不太对劲。真的没有一个合格的外部候选人吗？为什么公司里没有一个人合格？这些年的领导力开发都在做什么？还是说有这个可能——选拔委员会知道鲍勃贪恋权力、不愿卸任，于是与他勾结了？

●一家小工具制造公司即将退休的 CEO 哈罗德·杰克逊，与董事会和朋友讨论多次后，决定任命他的副手菲尔·孔蒂做他的接班人。孔蒂了解小工具行业，熟悉公司业务，会继续执行杰克逊发起的计划。杰克逊曾经考虑引入一位董事推荐的外部人，但是总觉得孔蒂最顺眼（在孔蒂身上看到年轻时的自己），相信孔蒂会好好继续他的事业。杰克逊退休五年后，大家看到，孔蒂真的好好继续了他的事业。新产品线没有开发出来一条，制造车间就像博物馆，公司吸引不到什么年轻人才。最后，董事会不得不决定换掉孔蒂。

●比尔·霍夫曼刚刚离开一家电脑公司，就接管了另外一家非常相似的电脑公司。这个时候，他明确地知道自己想做什么。他的下属们解脱般地说前任 CEO 终于离开了，还向他保证说他们一定会帮助他推行他的计划。头六个月左右，比尔的计划进展顺利。因为他知道在何处以及如何下力，所以他很容易就发动了一些必要的变革，推动产品创新，帮助公司在日新月异的电脑行业生存下去。然而，那年下半年的一段时间，比尔注意到他的副手们对待他的方式发生了微妙的变化——莫名其妙地抵制他的计划。之后，他又发现，有些副手们私下聚在一起开会，背着他做事。随着这样的事情越来越多，比尔开始觉得掌控不了局面，不能把计划推行下去。CEO 任期第一年结束之际，比尔已经在认真地考虑跳槽。

正如这些例子表明的那样，并非所有的继任都能顺利地进行。在我描述的各种破坏下面潜藏着一幕心理剧，心理剧的关键演员没有觉察到或者只是潜意识地觉察到了心理剧的上演。公司领导层变动，会激发几股心理力量，这些玩家（CEO、董事会成员、其他高层管理人员）必须小心应对这些力量。

卸任

CEO 和董事会应该警惕的第一个潜在问题就是，当 CEO 接近退休年龄，必须（首次）承认某一天他或她与公司的联系会结束。为了坦然接受这一事实，CEO 必须克服我们所有人都有的几种隐秘的恐惧。

否认死亡

每个人都有一个根深蒂固的愿望：自己可以长生不老。意识到自己必须放弃权力，这一愿望就会破灭。在我了解的一起案例中，一家成衣公司的总裁兼创始人，拒绝接受自己的身体衰退。他经历过一次轻微的中风，但是公司的人不敢讨论继任问题，这是他的禁忌。非执行董事都是他的朋友，不愿处理这个问题。最终，第二次中风让他卧床不起。这个时候，连公司的二把手都没做好准备接他的班。经过一段很长的混乱期，公司经历几次严重的经济损失后，一家竞争对手以超低的价格收购了这家公司。

　　这样的创始人，即那种把公司当作成功的象征和自我延续的人，往往特别难放手。对长期习惯了握有大权的人来说，交出权力相当于判死刑，所以他们避而不谈这个话题，下属和董事会成员往往被迫也避而不谈这个话题（Kets de Vries，1996；Kets de Vries，Carlock，and Florent，2007）。他们也许担心，如果他们谈论继任问题，CEO 会认为他们的这种举动——明目张胆地表示希望他退位——是一种攻击，进而打击报复他们。

　　这位创始人兼总裁之所以拒绝考虑继任问题，也许还有另外一个原因：深深地希望留下遗赠。留下某物作为自己成就的见证，这种举动可以视作在象征意义上打败死亡。尽管遗赠可能是有形的，比如一座办公大楼或者一家工厂，但是遗赠最有可能是无形的公司文化，比如管理哲学、对公司政策的个性化诠释、独特的做事方式等等。当移交权力的一刻来临，即将离任的 CEO 也许担心继任者会不尊重遗赠，毁掉他或她辛苦多年建造的东西。

　　为了确保遗赠的存活，CEO 也许会寻找一个萧规曹随的继任者。但是，这样找个克隆体，往往会为自己埋下失败的种子。考虑到公司的需要在不断变化，现在看来是正确的路线将来也许会毁掉公司（Levinson，1974）。外部环境很有可能是不同的。有些 CEO 甚至秘密地（并非总是有意识地）怀有一个希望：继任者将失败，为他自己的不可或缺性进一步提供证据。他们甚至会有意无意地采取措施，为继任者制造障碍。

丧失权力

CEO 继续掌权的个人需要有时并不符合公司的最佳利益。卸任以后，有些 CEO 改变主意，与选出来的继任者作对（第 10 章将进一步探讨这个话题）。尽管他的攻击听起来十分有道理，但是实际上，他的攻击完全是出于他对丧失权力的恐惧。

对某些 CEO 来说，与官方指定的继任者合作是一项十分艰难的任务。有位继任者存在所代表的权力丧失，实在是太痛苦了，让人接受不了。一种反应是，保持模糊局面，保存自己的势力。这种破坏的症状是，接二连三地更换王储。尽管哥伦比亚广播公司的威廉·佩利、格蕾斯公司的彼得·格雷斯（Peter Grace）、西方石油公司的阿曼德·哈默（Armand Hammer）等商业大亨是特例，既不是创始人也不是继承人，但是他们也牢牢抓住权力不放手，让继任变得极其困难。较近的案例有，众所周知，迪斯尼的前 CEO 迈克尔·艾斯纳就解雇了潜在的继任者。

代际嫉妒，换句话说，嫉妒下一代，是组织里的常见现象，高级经理人恶劣对待比较年轻的经理人。自己没有做成功的事情，比较年轻的人也许会做成功，想到这一点，他们就怨恨，这种怨恨也许会导致他们设置陷阱、制造障碍，阻碍年轻人的事业发展。世界上没有哪种生物比一位居心不良的高级经理人更不快乐，这种高级经理人，自己体验不到快乐，也不想让别人体验到快乐。他们的手段都很隐秘：在给新人锻炼机会的幌子下，制造障碍，阻碍新人的进步。"王储"表面上被委以重任，实际上引起上司的嫉妒，只有死路一条。

这样的组织剧有一个较近的例子，那就是传得沸沸扬扬的甲骨文继任事件。在甲骨文的历史上，曾经有几位经理人被提名为创办者兼 CEO 拉里·埃里森的接班人，但是所有的预测结果都被证明是错的。埃里森的王储更换了好几次，每一位都是在与埃里森发生冲突或者（更糟）抢了埃里森的风头后就被迫出局或者离职。举一个具体的例子。1993 年，埃里森聘用了德高望重的经理人瑞·雷恩（Ray Lane）做总裁和 COO。雷恩工作非常有效，因此埃里森有好几年都不过问日常管理。但是，埃里森是个控制欲很强的人，所以那种局面没有持续多久。埃里森不可能忍受雷恩的成功太长时间。不出所料，埃里森再次对公司感兴趣。为了强调自己是甲骨文的唯一王者，埃里森封自己为软件部门负责人，开始削弱雷恩的权力。2000 年 7 月，雷恩离开甲骨文。几个月后，甲骨文执行副总裁加里·布鲁姆（Gary Bloom），另一位最有可能继任埃里森的内部人选也辞职了。今天，埃里森仍然是他创立的公司的唯一王者。据说，他的两个职位最高的副手都是无能之辈（Symonds，2003）。

权力心理学很奇怪。当下属了解到有新人要接管权力，就会纷纷向新人投诚。关系发生微妙变化，新的权力网出现。突然，即将离任的 CEO 觉得自己的话不再管用了。如果一位 CEO 说继任问题解决了，而有大量证据表明事实正好相反，那么我们可以肯定，这些强大的心理力量一定在起作用。他们这样说，往往仅仅是一种合理化，以掩盖自己不愿放手的事实。

选择接班人

CEO 在挑选接班人时要决定是要内部人还是外部人。表面上，CEO 做这个决定的依据是他们认为组织未来需要什么（例如，全球化、加强财务管控或者新市场导向）以及他们认为哪个候选人满足那些需要。然而，实际上，选内部人还是选外部人，往往是 CEO 根据自身利益决定的。

组织的其他高层管理人员以及董事会成员也许会对 CEO 游说，试图影响他的这一选择，甚至自己觊觎接班人的位子。于是，CEO 知道，与外部人相比，内部人更不可能替代自己。他们主要操心的也许是妥协、包容群体冲突、维持非正式社交网络。这样主要操心稳定和关系是否明智，取决于公司所处环境的状态。然而，在这些合理的解释之外，还有另外隐秘的因素也会影响这个选择，影响继任剧的进行。

选择的困境

领导者与追随者之间的连接基础是，人们倾向于认同身边的人。追随者认为其他追随者与自己相似，同时也认同领导者。造就群体的就是这股力量。认为其他人与自己相似，就会生出团结感和归属感。这个认同过程成功进行的前提条件是追随者和领导者双方都持有的一种假象：领导者一视同仁地爱着每个追随者（Freud，1921）。

从群体中挑一个人作为接班人，可以看成偏心，极有可能破坏群体赖以存在的团结假象。为了避免这一痛苦的决定，进而处理群体的愤怒，更别提落选之人的失望，CEO 往往想不惜一切代价维持这一假象。

例如，一家电子公司的 CEO，需要从身边一群经理人当中挑出一个接班人。这群经理人才干参差不齐，外部人很容易看出谁是最优秀的，尽管如此，CEO 不敢面对这一选择。他不追究比较平庸之人的错误，不表扬比较能干之人的成就。随着时间的流逝，因为对他的这一处理方式不满，几个最出色的人辞职了。CEO 至今仍不明白他们为什么离开；他认为自己很公平，对大家一视同仁。为了避免别人指责他偏心，他最终从公司外面找到一个接班人。然而，这个继任者不是"上天派来的救世主"，仅仅做了一年就离开了。雇用他、解雇他都让公司付出了很大一笔费用。

通常，公司内部的政治力量支持选择内部人。在大型、复杂的公司，与外部人相比，内部人对结构的破坏比较小，建立全新经理人团队的可能性也比较小。正如前面提过的那样，内部人还因为 CEO 需要留下遗赠而拥有最佳机会。内部人熟悉组织内部的运营情况，已经拥护前任的做事方式。确实，有些 CEO 挑选内部人，仅仅是想让自己与公司永远保持联系。

渴望完美的解决方案

选择外部人，往往标志着董事会渴望公司方向发生根本变化。有时，这一渴望背后有着充分的理由，比如行业巨变或者经济转型。但是，有时这一渴望背后是心理力量在作祟，比如，CEO 对继任者的嫉妒、憎恨。董事会（以及控制董事会的 CEO）不把公司移交给知根知底的人，而是移交给一位近乎陌生的人。

一家陷入财务困境的银行的 CEO，几乎把自己和董事会逼疯了，因为他选不出接班人。公司内部没有哪个人符合他的标准。此外，因为他过去击败了公司里的其他人当选为 CEO，所以公司其他人显然缺乏做好 CEO 的能力。最后，在绝望之下，董事会说服他引入了外部人汤姆·兰登。董事会知道，兰登会实施严格控制提高贷款质量，而这会带来很多麻烦。

兰登上任了，但只做了三年。他完全忽视公司的文化，坚持提高贷款质量，导致公司流失了几个大客户。表现不佳，再加上激起

REFLECTIONS
ON LEADERSHIP AND CAREER DEVELOPMENT
领导力与职业生涯反思

了其他几个高级经理人的憎恨，所以他没做多久就下台了。再一次，董事会不知道如何处理继任问题。和从前一样，他们没有有效地监控公司的人才库，在鼓励 CEO 从公司内部培养接班人上，他们做得很差。

明智的 CEO，会把挑选接班人的责任分散出去。由 CEO 一手操办，CEO 就有可能搞砸（不一定是有意地），选出一个不合适的人。因此，在决定是从内部还是外部挑选新 CEO、具体选谁为 CEO 上，非执行董事们要发挥关键的作用。如果计划得当，内部人继任就不会给公司带来什么冲击。不幸的是，外来的和尚会念经。董事会也许会把内部人的优点视为理所当然，抓住内部人的缺点不放。因此，即使内部有胜任的人，董事也不会选他们。

不足为奇的是，失败的公司比成功的公司更可能从外部找接班人。众所周知，如果想改良，内部人最合适，如果想革命，外部人是最好的选择。在很多案例中，内部局外人，即不参与核心业务但非常熟悉业务的人，也许是最好的选择。

最后一幕

CEO 终于换届，过渡期启动，现状打破。正如所料，公司领导层大换血，组织结构受到影响，汇报关系发生变化。但是，心理力量在这里还会起作用，可能导致新 CEO 不能顺利度过过渡期、坐稳位子。

怀念过去

任何新 CEO 都要面对的一股强大力量是，人们都有美化过去的倾向。我们都容易过滤掉令人痛苦的、引发焦虑的念头或者事件。愉快回忆有时会掩盖相关的痛苦回忆。面对压力，人们容易成为否认和回忆之争的牺牲品。

有人曾把这一现象命名为"蝴蝶梦神话"。在达芙妮·杜·穆里埃的小说《蝴蝶梦》中，一位年轻女人嫁给了一位鳏夫，嫁过去后发现身边的人总是提起其前妻的优点，好像其前妻是个完美无缺的人（Gouldner，1964）。实际上，那位已逝前妻是个毒妇。已经不在了的人是很难取代的，因为已经不在了的人，在别人的回忆中是完美的，代表着一个理想标准，外人很难达到这个标准。当人们怀念一个已经不在了的人，任何幻想都可能成为真事。人们总是倾向于把过去看作玫瑰色的人生。

此外，大多数人的行为都受到强大的守旧力量的影响。我们对陌生的东西心怀警惕，于是牢牢抓住熟悉的东西。公司经理人和董事会成员经常坚持认为过去要好得多，于是守着老一套观念和做法。要克服这种守旧力量，继任者要打一场硬仗。

不可接受的现实

不可避免地，换届，即使计划周密，也会引起大量焦虑。人们必须理清很多变化和不确定。不确定让他们渴望方向和领导，于是CEO 的象征角色变得非常重要。他们希望新 CEO 是救世主，能解决所有问题。可以理解的是，没有多少 CEO 达到这个理想标准。

焦虑的人们需要强势的领导者，这一倾向可以解释为什么CEO 在危机时刻比在正常时刻更有影响力，为什么新 CEO 会享受一段人人欢迎、人人拥护的蜜月期。有些 CEO 知道利用这段蜜月期。但是蜜月期能持续多久呢？很快，现实就会到来，紧随现实而来的是失望。

CEO 生命周期：多久才够久

　　我经常疑惑，高级经理人的状态最佳期有多久？人们，特别是 CEO，对这一问题的认识很难达成共识。答案多种多样。毕竟，有很多变量在起作用。例如，所处环境是严重动荡的还是相对稳定的？不同利益相关者（董事会、机构股东、股票市场、银行、客户或者私人股东）施加了什么样的压力？是不是家族企业？（如果是，答案会大不相同，因为人们为自己干活是最卖力的。）

　　然而，CEO 给的答案通常是 10 年，左右偏差不超过 2 年。我们需要记住，如果是家族企业，这一数字会有很大的不同。有些情况下，家庭成员会在非常年轻的时候当上 CEO，然后在这个位子上坐很长时间。想想我以前提到过的那些经理人，比如哥伦比亚广播公司的威廉·佩利，西方石油公司的阿曼德·哈默。这些人几乎要把各自的公司带进棺材里。然而，任期不仅关系到他们的个人利益。我个人倾向于支持神奇数字 8。在我看来，对大多数在压力极大的职位上工作的人来说，状态最佳期很有可能就是 8 年。然而，现实是 CEO 的任期越来越短。事实上，太短了。

　　大多数 CEO 是在 50 岁出头成为 CEO 的（不幸的是，大多数 CEO 仍然是男性），这个时候，他还可以有效工作很多年。问题是，这些年里有多少年是真正有效的？CEO 能够真正发挥领导有效性（激发创造力，鼓励创新，提高生产率，推动组织发展）多少年？

来自高层的看法

新 CEO 很快认识到，做领头羊改变了很多事情。生活突然与以前有了很大的不同。在很多情况下，做了 CEO 就是达到了职业阶梯的顶端，没有了上升空间。权威人物（如果我们忘掉董事会）不再对你指手画脚。现在大家完全指望你拿主意。情况经常这样，你发现自己有时觉得十分孤独、焦虑、害怕、没有安全感，怀疑自己是否担当得起新职位的职责。尽管也许不愿承认，但很多 CEO 都怀疑自己能否胜任。他们怀疑自己是否已经江郎才尽。但是对大多数新 CEO 而言，这不过是杞人忧天。新官上任，要解决的问题太多了，他们通常很快就转而为别的事情操心了。

然而，有个有趣的问题值得考虑一下：CEO 是否有生命周期之类的东西？这个职位遵循某种模式吗？如果遵循，有哪些阶段呢？这些阶段是如何展开的？我认为 CEO 有这样的生命周期，本章我要描述 CEO 生命周期的各个阶段。（在本书第 5 章讨论普京任俄罗斯总统期间的表现时，我提到过这个话题。）

就像有产品生命周期（一种产品进入市场后，其销售量和利润随着时间而改变的模式）这个东西一样，我将论证，CEO 带来的"回报"也遵循这个模式。产品和技术生命周期变得越来越短，给想与时俱进的 CEO 带来了很大压力。难怪 CEO 生命周期变得如此之短。

在概念上，我认为 CEO 的任期分为三个阶段：进入期、巩固期和衰退期。

进入期

如果你是 CEO，达到这个最高职位后，你要做的第一件事情是什么？显然，头等大事是赢得支持者的信任。你必须取得成功、证明你自己、巩固你的位子。你想建立自己的势力，这意味着你必须赢得董事会的支持和下属的尊重与忠诚。

上任后，就立即开始了蜜月期——你在整个 CEO 任期内最愿意听取别人意见和建议的时期。在这个时期，你愿意学习，愿意尝试。你愿意尽可能快地吸收大量关键知识。正是在这个时期你愿意发起重大变革，特别是如果你是空降兵的话。

这个阶段要问的重要问题有：帮助你获得这个职位的人到底对你有什么期待？如果他们想看到变化的话，他们想看到什么变化？你觉得公司有什么问题？为了解决这些问题，改变现状，你认为你能为他们提供什么特殊的才能？

例如，是不是有这个可能：他们觉得公司缺乏创新，需要一个在高科技领域有一连串优异表现的人。还是，他们认为公司花销太大，需要一个擅长削减成本的人。或者，再次，他们需要一个擅长人际关系或者人才管理的人，因为公司经过了一年的混乱，需要一个能把大家团结起来的人。然后，再次，公司下阶段的主要任务是开拓国际市场，因此需要任命一个有着丰富国际市场经验的人，等等。因此，明智的做法是，第一步行动要符合任命你的人的期望。

然而，他们的期望和你的关注并非是天生一对。尽管进入期的特点是 CEO 愿意听取别人意见和建议，但是进入期还是有出现退化的可能。因为进入期可能压力很大，而且因为你体验到严重的焦虑，所以你也许会退回到你认为你最擅长的事情上：回到过去十分有效的那套行为模式。然而，这个行为模式也许并不适合处在这个特殊时期的公司。根据先前经验仓促做出的决定，也许特别难以纠正，因为改变主意太丢脸了。你也许后来不愿换个方向并承认你犯了错。

在这个试验期，你作为 CEO 的表现也许还达不到支持者的期望，特别是如果你是空降兵的话。毕竟，有这么多新东西要学习：你必须理解新环境；你必须了解各种各样的支持者；你必须选择左右手。你也许还必须"杀死"被废掉的王储——组织内部有望夺得 CEO 职位的人。

巩固期

当新 CEO 建立起一个彰显自己性格的主题（这个主题似乎也顺应外部环境的力量），就进入了第二个阶段，巩固期。你已经通过了通过仪式，证明了你自己。随着你能够拿出好结果，你开始在工作上觉得更有安全感。公司绩效在改进，你自己的绩效就要到达顶峰。

在这个阶段，如果一切进展顺利，你已经与各种各样的支持者结成了联盟。你的下属拥护你选择的路线。你与董事会建立了良好的关系，董事会对你的能力有信心。当然，如果事情进展不顺利，你就会失业。如果董事会越来越为业绩担忧，对无能的 CEO 越来越没耐心，那么你失业的可能性就会越大。

但是，让我们假设事情进展顺利。重要人物对你的绩效满意，你赢得了各种各样支持者的信任。随着势力的巩固，你越来越有机会实现来自你内心剧场的当务之急——你给组织描绘的蓝图。随着时间的流逝，你越来越聚焦于某个主题，这个主题也许反映了贯穿你终生的某样东西。

我们可以把这个主题看作试图解决某个从未得到完全解决的问题——仍然让 CEO 有意无意地挣扎的某样东西。然而，令人不安的是，对这一主题的任何偏离也许都不再受欢迎，僵化开始出现。结果，创造力遭到扼杀，能动性遭到打压。

衰退期

这个阶段从什么时候开始呢？可以说，从 CEO 的角度来看，当他觉得自己不再那么兴致勃勃地想掌握新东西时，衰退期就开始了。巩固期向衰退期的转变，是渐变。唯一重要的是，重大主题的微妙变化，以及因为质疑重大主题而冒着危险改变重大主题的人。

CEO 到达衰退期的迹象可能是，产品系列没有多少变化，公司也没有即将推出新产品的计划。客户构成似乎也没有什么变化，公司也没有争取主动开发新客户。公司没有新鲜血液注入，高管团队还是由那群死心拥护现有 CEO 的高级经理人组成。另外一个指标是，公司积累了太多现金，而且，对于如何利用这些现金，高管层已经黔驴技穷。

正是在这个第三阶段，问题可能会滚雪球。CEO 怎么啦？你也许太过安定，而且不再听得进不同意见。实际上，你有可能严厉打压不同意见。此外，工作本身不再能够给你足够的刺激。你越来越固执保守，也许对工作越来越懈怠。

这方面的一个很好例子是，传奇人物亨利·福特。福特是 T 型车的制造者，T 型车（广大百姓都买得起的车）起初是一个极其大胆的创意，后来几乎造成了福特汽车的垮台，因为福特不愿改进设计。自 1908—1927 年，T 型车的设计都一直保持不变，尽管在此期间，市场发生了很多变化，福特汽车被通用汽车抢去了很多市场份额。福特无法走出对制造便宜车的沉迷。他内心深处关心的问题（揭示出很多有关他对自己的农民父亲的矛盾情感）是，通过为几乎与世隔绝的偏远农场提供运输工具来帮助农民。

美国大型连锁百货商店蒙特哥玛利·沃特的前主席斯韦尔·李·埃弗里（Swell Lee Avery）也有类似的偏执狂倾向。埃弗里关心的问题是削减成本和流动性（他害怕遇到经济大萧条），这个主题在他任职其他职位时是有效的。不幸的是，在这一沉迷下，埃弗里把蒙特哥玛利·沃特变成了一家门面为百货商店的银行——顾客没有什么东西可买，公司没有什么利润可赚。

还有一个例子，数字设备公司（DEC）的创始人兼前主席肯·奥尔森（Ken Olsen）。奥尔森是计算机行业的先驱之一，他早期对计算机行业愿景的描绘，完全符合顾客的需求。然而，他后来一门心思追求技术上的完美，不太关注顾客不断变化的需求，让公司变得僵化，适应不了市场。最终，公司利润大幅下降，他被迫退休。很不幸，他说了一句让他格外出名的话，"个人没有理由在家里摆台电脑"。

观察媒体大亨萨默·雷德斯通（Summer Redstone）的行为，很多业界观察家不禁要问，维亚康姆（Viacom）能把小股东抱团造反推迟多久？把公司分成两个实体刺激公司股价升值，也许并不是让公司走出困境的办法。此外，雷德斯通的行为似乎出现了问题。在接受拉里·金（Larry King）的采访时，他说："怕死的人就是会死的人。我不会死。我会永远活着……我觉得我仍然活在 20 岁，每方面，甚至是性。"（生于 1923 年的雷德斯通，刚刚娶了一个比自己年轻 40 岁的女人。）不幸的是，他的这一"永生"妄言对陷入困境的公司的股东来说，更像是威胁而不是承诺。对雷德斯通来说，幸运的是，好莱坞的大多数媒体公司的经营更像私有的封地而不是真正的企业。如果维亚康姆是一家陷入困境的银行、汽车公司或者报社，那么雷德斯通应该早就下台了。但是，即使是在娱乐界，维亚康姆也不能奢侈到允许领导者活在过去，行为举止像渐渐老去的 Rat Pack 乐队成员，在维加斯赌场向歌舞女郎抛媚眼。如果雷德斯通继续掌权下去，考虑到公司的糟糕业绩，维亚康姆这个庞大帝国也许撑不了多久。

这些 CEO 因为各种各样的原因很难适应外界环境的变化。他们固执地坚守某个过时的主题，最后不得不垮台。自然，环境变化越快的行业，这种不匹配显现得越早。环境比较稳定的行业，行动僵化的经理人可以逍遥久一点。

CEO 很难向自己承认，他们越来越不中用了，是时候改弦易张了。他们的自我感与他们的工作联系得太紧。他们也许贪恋职位的权力、沉迷于站在舞台中央。适时放手，说来容易做来难。衰退期会给公司造成很大的破坏。坚守一个过时的主题，可能会带来很大的灾难，在某些案例中，甚至让公司破产。

然而，除了坚守过时的主题以外，还有其他可能表现。有些 CEO 渐渐退出日常管理，做甩手掌柜在外逍遥。因为需要新刺激激发活力，所以他们可能对公司之外的其他事情感兴趣，于是把公司交给下属按照他那套老方法管理，让自己有更多时间去做其他事情。他们也许开始追求更有意思的业余事业或者业余爱好，把很多精力花在社交和运动上。如果这样做的是一个善于授权、懂得放手的 CEO，那是完全可以接受的。不幸的是，把公司交给下属管理并不等于授权。授权也许还意味着，下属开始质疑 CEO 追求的主题，发现这些主题不再合适。

还有一些 CEO，把有限的资源浪费在购买飞机、建造俱乐部、建造度假村、赞助特殊活动或者其他烧钱的事情上。有些 CEO 开始冒险把钱投在新领域上。他们也许把并购看成解决内心不安和焦虑（无聊感）的办法，不管花费多大的代价。结果，他们把公司资源花在对公司建设没有多少用处的项目上。值得赞赏的是，有些 CEO 也许热心于公益事业，赞助艺术事业或者特殊体育赛事。这很好，只要不损害公司业务。

克莱斯勒汽车公司的 CEO 李·艾柯卡，在公司需要他全力以赴带领公司渡过难关时，把大部分时间和精力花在一些业余活动上——为自由女神像筹集资金、玩票似的争做总统候选人。这是创意很好时机不对的典型例子。斯堪的纳维亚航空公司（SAS）的前CEO 扬·卡尔森（Jan Carlson），也醉心于并购游戏并且频频在媒体面前露脸。对于这两个人，人们开始问谁实际上在经营公司、负责公司的日常管理。这样的行为和坚守过时主题结合在一切，会让衰退加速。

如果董事会没有恰当地履行监督职责，衰退期的情况就会更糟。你证明了自己，董事会对你的监督就会松懈。随着时间的推移，你也许在董事会安插了很多因为得过你的好处而不敢真正履行监督职责的人。在很多情况下，董事会成员可能与 CEO 打成一片。毕竟，董事会中的很多人也许会在某天自己成为 CEO。让一个关系很好的同事改变行为或者离开公司，并不是什么容易的事情。因此，很多董事会经常睁一只眼闭一只眼，只有在情况变得非常严重时才采取行动，而这个时候往往已经太晚了。

了解自己

那么，对于那些在工作中举步维艰、担心自己不再有效的CEO，我们可以有一些什么建议呢？当然，最好的事情就是，如果这些 CEO 自己能够认识到发生了什么事，承认他们确实越来越不中用，趁还没有出现问题赶紧改弦易张。优雅地退出，总是最完美的选择，对大家都有好处。尽管这一决定也许很痛苦，但是事实会证明这是最明智的决定。卸任也许会让你受到触动、提高有效性，尽管是在另外一个职位、工作或者活动上的有效性。

领导者和领导力开发项目可以提供另外一种形式的人生盘点。

花时间反思、比较，即研究"内心剧场的领导者"，也许会让你有复活感，保持效率。这样的项目是很好的机会，可以与境遇类似之人交流想法。也许你会受到激发，离开组织，换一份工作。

暂停

再往前走一步，CEO可以考虑休长假。实际上，考虑到公司政治的现实性，很少有人选择这样做。很多高级经理人觉得休长假的做法太冒险了，担心回来之后他们的职位已经不在了（这种担心很合理）。然而，有些经理人，就是那些成功地休了长假并且做了安排保证在自己休假期间公司仍能有效运行的人，觉得这样做是很有价值的，能让人重新焕发活力。

禅位

有些经理人乐于做事业导师或者领导力培训师——看年轻经理人独立地担风险、做决定。当然，只有在CEO营造出了相互信任、坦承沟通、可以挑战成规的文化时，这种做法才有用。做事业导师和领导力培训师，是在组织延续自我的一种方式。

采取这种方式的CEO，有助于组织从自身经验学习、成功地适应环境变化。CEO可以营造一种文化，帮助年轻经理人预测外部环境的要求，利用新机遇，持续地发展，避免陷入不良学习模式。

改变时刻

很多CEO面临的重大挑战是，认识到改变路线的时刻到了，不再造自己就可能变成行尸走肉。因为如果他们继续一条道走到黑，他们就会走入坟墓。很多针对吸毒者或者酗酒者的12步康复项目都在使用美国神学家莱因霍尔德·尼布尔（Reinhold Niebuhr）

的一句祷告词：

　　赐予我平静吧，让我接受我不能改变的；赐予我勇气吧，让我改变我能改变的；赐予我智慧吧，让我看出什么是我能改变的、什么是我不能改变的。

　　明智的 CEO 都懂得这句话的含义。

第 10 章　退休综合征：放手心理学 [①]

学问积年而成，而每日不自知也。

——拉尔夫·瓦尔多·爱默生

不要温和地走进那个良夜，

白昼将尽，暮年仍应燃烧咆哮，

怒斥吧，怒斥光的消逝。

——迪伦·托马斯

想想死亡，就会发现变老并不是一件那么糟糕的事情。

——莫里斯·切瓦力亚

在获得奥斯卡提名的凄凉喜剧《关于施密特》中，杰克·尼科尔森扮演了一位退休之后无所事事的保险公司经理人——67 岁

---

① 本章内容在别处发表过，详见 Kets de Vries, M.F.R.（2003）. "The Retirement Syndrome: The Psychology of Letting go"，*European Management Journal*, 21（6），pp.707—716；Kets de Vries, M.F.R.（1979）. "Is there life after retirement?" *California Management Review*, XXII（1），pp.69—76, and Kets de Vries, M.F.R.（1994）. "Can You Manage the Rest of Your Life?" *European Management Journal*, 12（2），pp.133—137。

的华伦·施密特。这个老男人伤心地面对着死亡的日益迫近和生命将尽的空虚，电影是对他的性格研究。这部电影第一个令人痛苦辛酸的仪式，是他的退休欢送会。"欢送会"清楚地表明，施密特不想退休。他不知道自己为什么要参加这样的活动。他不尊重那个接替他的人。对他而言，退休预示的不是美好夕阳，而是日暮途穷。施密特似乎在工作之外就没有其他爱好。一退休，他就盘点人生，疑惑他的工作、婚姻、家庭是否像他曾经希望的那样。更糟的是，他对邂逅的妻子非常不满意（"住在我家的老女人是谁？"）。他爱女儿，可是与女儿关系疏远，女儿很少与他讲话。他住在内布拉斯加州奥马哈市，女儿住在千里之外的丹佛。女儿正要结婚，他认为女儿的未婚夫是个十足的蠢蛋。为了寻找某种意义，他决定每月捐出 22 美元，资助一个非洲"养子"——6 岁的恩杜戈。给养子写信是他与外界沟通的唯一方式，只有这个时候他才能倾诉一下烦闷的心声。当妻子给屋子吸尘时突然倒下去世，他退休之后所剩不多的世界也坍塌了。他没有能力照顾自己，身体开始恶化。他不仅不修边幅，而且没过多久就把家里弄得比猪圈还乱。

对过去和未来都不确定的施密特，心血来潮之下把 30 英尺长的房车（他在妻子的唠叨之下买的）收拾出来，打算跨越整个国家去阻止女儿的婚礼。在路上，他找人搭讪，结果发现，没有工作做掩护、没有妻子的帮助，他不知道怎么与人交流。他去看小时候住过的房子，结果悲伤地发现那里变成了轮胎商店。他想与看守拖车停车场的夫妇搞好关系，结果笨拙地调戏了那对夫妇中的妻子。他最大的噩梦是他女儿的未来婆家——一群非主流文化人士。他的未来女婿，工作是销售"最顶尖的"水床，稀疏的长发梳成了马尾辫。他未来女婿的母亲，一个无比猥琐的老女人，用甜言蜜语把他哄进热水浴缸（甚至与他搞鸳鸯浴），在他耳边低语自己的性生活细节。在她的挑逗下，这个把几十年光阴浪费在保险行业的人，这个过着按部就班的中产阶级生活的人，这个生活都由妻子一手安排的人，这个因为过度控制女儿而把女儿赶到一个像未来女婿那样的男人身边的人，终于崩溃了。透过施密特的这趟旅程，我们看到一个人如何被渐渐剥夺了对工作、婚姻、女儿、生活的幻想。施密特似乎是在赶日子而不是过日子：失败啊，一刻不敢放松地卖命工作，到头来收获的却只有迟钝、孤独、抑郁和恐惧。如果早知道人生会这样，他也许会用另外一种方式度过。

施密特最后满怀遗憾，是没有好好进行生涯管理的悲哀例子。随着故事的展开，《关于施密特》变成了一个有关人生的警世故事，重申了那句明智的谚语：不要把所有鸡蛋放在一个篮子里。如果我们要想人生过得圆满，我们必须在工作之外的事情上投资，而且不要退休之后才开始投资。一心扑在工作上，结果可能什么都没有。这部电影告诉我们的是，优雅地变老的人很少。对我们太多人而言，退休之后，我们突然意识到我们基本上没有为退休做准备。但正如施密特的例子十分压抑地阐释的那样，迟早有一天，握有权力的人必须放手。

放手挑战

经常有人说，年纪渐老，我们必须放弃某些东西。而我认为，未能放弃某些东西，我们就会变老。现在这个社会，一生从事多个工作的现象越来越普遍，当然，随之而来的挑战就是，知道放弃什么、如何放弃、接下来做什么。如果我们想让晚年生活过得圆满，那么我们必须提前放弃对工作和金钱的一心一意，在工作之外的事情上投资。我们发现，最值得投资的东西是关系。例如，如果我们在关系上投资，我们就能制造与亲密之人的美好回忆，这些美好回忆会在我们面临逆境时支持我们走下去。生活不仅是学会放手，还要学会开启新东西。

不再一心扑在工作上，到底是积极体验还是消极体验，取决于个人及其所处环境。放手会对某些人造成很大的伤害；他们认为放手是危险的，不管是按时退休还是提前退休，不管是自愿的还是被迫的，不管是因为被人夺权还是因为健康问题。

高级经理人如果过了最佳状态期后还牢牢抓住权力不放，不仅会让组织付出高昂的代价，而且会给个人造成很坏的影响——让高级经理人脱离实际，生活品质下降，自己和下属反应歪曲，陷入孤独，过度看重外部成功象征而非内心祥和安宁。我们不该忘记，当遗憾代替梦想，当我们放弃理想，我们才是真正地变老。担心、怀疑、自利和绝望会毁掉人的精神。我们需要超越本杰明·迪斯雷利的悲叹："年轻懵懵懂懂，长大整日奋斗，老了只有遗憾。"

家庭和社会对退休的态度

有个古老的德国民间故事可以解释，为什么变老和退休经常给人负面体验。

从前，有个老人，年纪很大了，没有能力养活自己了，与儿子和儿媳生活在一起。老人的眼神变差了，耳朵不好使了，手伸不直了。吃饭时，老人拿不稳勺子，把食物洒在干净的桌布上。儿子和儿媳非常生气，最后把老人赶到炉子后面的角落里，眼不见为净。吃饭时，老人就伤心地看着餐桌，眼里含着泪水，回想过去的幸福时光。一天，吃饭的瓷碗从老人颤抖的手中滑落，掉在地上摔成碎片。儿媳责骂老人，重新给了他一个木碗。自那以后，老人就用木碗吃饭。

一天，老人的孙子在炉子前把几块木板钉在一起。老人的儿子看到了，问："你在做什么？"老人的孙子高兴地说："我在做食槽，好在我长大后给你和妈妈吃饭。"老人的儿子儿媳泪流满面，哭了半天。后来，他们擦干眼泪，亲吻了老人，把老人带回了餐桌旁。自此之后，老人一直在餐桌上吃饭，直到去世，没人说他什么，即使他把食物洒在漂亮的、雪白的桌布上。

故事的中心思想不是这家人是否从此就幸福地生活在一起，而是我们从根本上否认变老、轻视老年人，以及这些态度留下的苦味。故事的寓意集中在我们害怕角色逆转：我怎么对你，你就怎么对我。小时候，我们依赖别人。长大后，我们对老年人怀有矛盾心态。一方面，我们表达对他们的爱和依恋；另外一方面，我们也许会表现出对他们的敌意和憎恨，因为不能忘怀他们早年用身份压人。我们所在的社会，是年轻人的社会，退休的人在缝隙里求生，尊老并不是十分重要的。我们不再因为国王或者主教丧失权势就杀死他们，但是这并非意味着我们会放下对老年人的成见。

但是社会中的退休人员数目增加了，因为人的寿命延长了，而且因为退休年龄太早了（直到最近，退休年龄才有所推迟）。从社会经济学角度来看，这是让人忧虑的现象。考虑到社会的老龄化趋势，谁该为退休埋单？社会真的承担得起吗？过去，一个人只要还能工作就不用退休。现在，在这个我们渐渐适应了的西方社会，这是一种奢侈。考虑到社会的老龄化速度，退休程序成了一个越来越重要的问题，对个人来说如此，对组织来说如此，对社会来说亦是如此。

退出仪式

退休可以看成一个转折点，一个引导个体从一个社会位置转到另外一个社会位置的通过仪式。它是年老的象征。这个心理社会转折点的庆祝方式，可以是一场盛宴、一个纪念品、工作最后一天或者最后一段时间享受特殊对待。在组织中，这些仪式的目的是帮助人们定义并且接受自己作为退休人员的角色。组织通过这些仪式向外宣布某人角色和位置的转变，用特殊对待表彰他取得的成就、感谢他做出的贡献。不幸的是，这些仪式，焦点是在过去，很少提及新开始、未来挑战和机会。

然而，祝贺和玩笑不能掩盖一个事实：某人要与工作、工作世界、职业生涯分手了。这些退出仪式会唤醒分离感和丧失感。退休经常被体验为哀悼和放逐，掩盖在微笑、握手和纪念品这层薄薄的伪装下。

一了百了

主动句"我退休了"和被动句"我被退休了"存在明显的语义差别，然而，这两句话的实际意思没有多大差别——大多数人没有多少选择，别人为他们做决定，他们被退休了。对很多人而言，退休象征着拒绝，以及一个衰老过程的开始，这个衰老过程与从童年到少年再到青年的成长过程恰好相反。与青少年时期的快速生理变化不同的是，变老是缓慢的。变化通过另外一种方式实现：别人给我们贴标签，给我们在社会时钟上所处位置贴标签，我们也许因为这些标签而觉得自己老了。

放手对很多领导人来说实在是太难了，于是他们牢牢抓着权力不放，即使知道自己已经江郎才尽，即使自己的表现再也不能令自己满意，即使觉得孤独、空虚、没有成就感，即使再也找不到新挑战，即使不再有清晰的方向感。我把这个叫作"退休综合征"。

很早就坐上 CEO 位置然后在这个位置上坐了很久的人，最容易出现退休综合征。与较晚坐上 CEO 位置的人不同，他们大多已经丧失了最初的兴奋感和冒险欲。他们在风华正茂之时取得世俗意义上的成功，让下坡期比上坡期长得多，也危险得多。退休让他们想超越过去的成就可又不确定该采用什么办法。我们不禁要问：我们是该同时还是该相继拥有"美貌"和"权力"？

汉克·德威特①，一家信息技术公司的前 CEO，39 岁时卸任，非常明白衰退的感觉：

我总是觉得疲倦不已，大部分精力都用来担心别人是否注意到我已经精疲力竭、集中不了注意力——这让我更容易精疲力竭、集中不了注意力。这不是那种健康的疲倦，不是那种注射一下肾上腺素就能让你恢复过来的疲倦。我丧失了兴奋感，一切都变得无聊。我参加会议，从头坐到尾，但是会后说不出我们在会议上讨论的第一件事情。我曾经感觉如此好，但是我现在丧失了那种感觉。当然，人们确实注意到了我的变化。流言四起。我开始变得偏执，担心别人在我背后说坏话、使暗箭，还回避某些人。我觉得我把所有东西都挂在一个指头上。我经常对自己说："坚持下去，还有一年。"我这么早就把自己榨干了，我很害怕；我似乎江郎才尽了。早上开车去上班，我必须和一个冲动的念头做斗争：掉转车头回家。当公司开始丧失市场份额，我知道这得归咎于我的精神状态——至少，我看不到任何出路，不管怎么做，结果都是一样的。我认识到我想逃走，不久之前，我还是非常积极乐观的，不管是对我自己，还是对我的公司。这种状态结束得太早了。

---

① 所有名字都是化名。

对像汉克这样很早就到达事业顶峰的相对年轻的经理人来说，另寻出路是实际的选择。像他那样的人，可以换行业，尝试新事业，做非执行董事，加入非营利组织，加入公共部门，回到大学学习、追逐一度放弃过的梦想。对这些人而言，还有很多机会和奇遇可以期待。

但是，即将（或者被迫）告别职位的年老的领导者呢？面对"接下来做什么"的问题，他们知道答案只有一个——退休，而且他们一般不喜欢这个前景。当然，他们可以退到非执行董事职位上，做义工、打高尔夫，或者整理花园，但是这些选择不一定能带来和领导职位一样的满足。随着退休日期越来越近，领导者意识到不得不放手，不得不面对一些残酷的现实：失去工作（人生的一项关键活动，对自尊感意义重大），可能丧失健康和活力，以及丧失在公共场合露面、与公众接触的机会；丧失影响力、权力，还丧失别人的关注和敬佩。另外，他们还必须与实际上成了陌生人的配偶一起待在家里，而且他们知道，20 岁时与配偶的相处模式现在不一定适用。

他们会意识到这些实际的或者潜在的丧失，他们会意识到需要改变生活方式，更糟糕的是，他们还会意识到早年失去了什么，即在往上爬的过程中失去了什么，即追逐人生理想的过程中失去了什么——与配偶或者伴侣、孩子、朋友的良好关系、发展业余爱好的时机。面对退休，很多 CEO 宁愿抓住权力不放，而不是面对那些令人痛苦的现实；宁愿行动而不是反思（因为反思容易让人郁闷）。他们也许害怕马尔科姆·福布斯所说的"退休杀死的人比繁重工作杀死的人更多"，于是想方设法在权力范围内推迟最后审判日。

除了这些个人冲突外，面临退休的人还有钱的问题和人际问题要操心。在比较传统的公司（除了金融领域以外），退休金一般低于 CEO 全部收入，而且，离开公司越早，退休金越少。很多领导者习惯了与可支配收入较高的人打交道，想待在熟悉的圈子里，于是在经济压力下继续原来的工作，或者寻找新工作。导致领导者继续留在工作市场的另外一些压力有，配偶和孩子习惯了其高收入工作带来的奢华舒适的生活。

然而这些因素只是冰山一角，尽管可能十分现实（在做决定时是十分重要的考虑因素）。放手危机还与很多隐秘但是强大的心理和情绪因素有关。下面，我们来看看这些因素。

变老的生理影响和心理影响

尽管生老病死不可避免，但是，很多人在自己身上看到衰老迹象时会大吃一惊。当镜子里满是皱纹的脸显示出岁月的侵蚀，他们觉得好像——正如一位智者说过的那样——他们因为自己没有犯过的罪孽受到了惩罚。

意识到自己的身体在衰老，可能就会寻找其他东西来替代吸引力和活力。对某些人而言（主要是 CEO，考虑到他们手握大权），玩弄权术是重要的替代品；如果不是实际上那就是象征上，有权成为有貌的替代品。亨利·基辛格，美国前国务卿，甚至认为权力对性能力有补偿作用，因为他说"权力是最好的春药"。基辛格非常清楚有权的人在异性看来是多么性感，但是他的那句评价也暗示权力让掌权者上瘾。

人们如何看待身体、生殖器或者性能力与权力之间的关系？可以从印度某公国一直保留到 17 世纪的一个令人类学家非常好奇的传统看出。

这是帕提亚拉（印度一城市）的一个习俗：王公要在国民面前裸体一年，期间只穿一个钻石护胸甲（由1001颗耀眼的蓝钻和白钻搭配而成），生殖器完全勃起。他的表现被视作暂时代表着西瓦林卡——阴茎的象征，是湿婆神的性器官。王公游行时，国民热烈地欢呼，承认生殖器尺寸大，也承认大地将散发神力（Cath，Curwitt and Ross，1982，p.524）。

领导者也许英姿不再，但是，如果领导者仍然拥有权力，那么他们仍然具有性魅力。难怪这么多领导者不愿放手。

不存在感

曾经有人说，人因为活着而变老。我要说，没人因为活着而变老，只会因为对活着丧失兴趣而变老。太过担忧丧失和软弱于是对未来不抱希望的人，经常陷入抑郁思维不能自拔。对这些人来说，放开权力和责任（就会变得软弱）是特别没有吸引力的选择。他们有时愚蠢地与不可避免的变化做斗争。如果一位领导者只剩下权力，那么他也许会固执地坚守权力。他们一想到自己会在一夜之间从大人物变成小人物，从一个举足轻重的人变成一个无足轻重的人，就会非常焦虑。也有人选择直面这一威胁，例如哈里·杜鲁门总统，他离任后不久说，"两个小时前，我说五个字，世界各地都会争相传诵；现在，我说两个小时，也没有一个人在意"（Graff，1988，p.5）。很多领导者，因为自恋倾向，害怕这种地位变化。只要留住了权力，他们至少有马屁精和应声虫陪在身边。

从美国前总统林登·约翰逊的例子可以看出放手的心理压力。自童年时起，约翰逊就经常做瘫痪的噩梦：

他看到自己纹丝不动地坐着，在一张大大的直靠背椅上……椅

子放在一片空旷的平原中间。一群牛向他冲来。他想动，但是动不了。他一遍一遍喊妈妈，但是没有人来。（Kearns，1976，p.32）

约翰逊的家族有不少人中风过。他的祖母在一次中风后自脖子以下都瘫痪了，坐在一张像他梦里那样的椅子上。我们可以揣测一下，约翰逊童年时期对瘫痪的恐惧（正如他的梦揭示的那样）对他后来的所作所为有多大的影响，他追逐权力多大程度上是对无助感的补偿反应。即使后来他变得做梦也没想到的那样成功——成为美国总统，无疑是世界上非常强大的人——他仍然害怕变瘫。无独有偶，他的两个前任，富兰克林·罗斯福和伍德罗·威尔逊实际上得过和约翰逊祖母一样的病。

祖母的形象与前两个总统的形象在约翰逊的心中融合到一起了吗？后来的事情表明，融合了。20世纪60年代晚期，约翰逊认识到自己是时候辞去总统职位了。他的健康出现了问题；他卷入了政治危机；显然，用常规武器无法打赢越南战争；国会不再支持他；他连任的机会很小。在他的总统任期即将结束之际，曾经的噩梦以另外一种形式重现了：

这次，他躺在白宫红房地上，而不是坐在旷野中央的椅子上。他的头仍然是他的头，但是自脖子以下，身体是瘦弱的、瘫痪的，结合了伍德罗·威尔逊和他的祖母人生最后几年的形象。他的总统助理们都在隔壁房间。他听见他们为了划分权力吵得不可开交……他听得见他们，但是不能命令他们，因为他既不能说也不能走。他病了，不能动，但是没有哪个助手想保护他。（Kearns，1976，p.342）

约翰逊从这个梦中惊醒过来，十分害怕，不敢再睡，怕做同样的梦。他只能通过一个特殊的仪式让自己平静下来：起床，沿着白宫散步，直到走到伍德罗·威尔逊的肖像面前，抚摸一下这幅肖像，回到床上睡觉。似乎，约翰逊需要做出这个象征意义的动作，才能安慰自己：他还活着，没有瘫痪，死去的是伍德罗·威尔逊。瘫痪的象征意义，以及克服瘫痪的需要，是约翰逊心理状态的明显指标。因为不久就要丧失权力，所以他付出很大努力才能维持的心理平衡打破了。无权，在他看来，意味着瘫痪——虚无和死亡。

大厦情结

让不存在感和相伴的抑郁感变得恶化的是，我们所有人都觉得需要死后留下什么遗赠。领导者经常烦恼的一个问题是：是否可以指望继任者尊重他们花了那么多时间建造出来的"纪念碑"——他们的成就。很多领导者有一种情结，这种情结可以称为"大厦情结"。他们担心自己留下的遗赠会被毁掉，于是尽可能牢牢抓住权力。在更根本的水平上，留下某个东西，让人凭此纪念其成就，是在象征意义上打败死亡。法国总统们十分擅长此道，例如，乔治·蓬皮杜建造了蓬皮杜现代艺术中心，弗朗索瓦·密特朗在拉德芳斯建了凯旋门、在卢浮宫建了玻璃金字塔，雅克·希拉克建造了凯布朗利本土艺术品博物馆。留个东西作为自身的延续反映出领导者很难面对死亡，很难面对避无可避、逃无可逃的最终放手。他们害怕，他们不在了，人们就会否定他们的成就、忘记他们。

退休领导者，不仅（也许多年以来首次）要背负情绪负担面对未来的不确定，而且必须放弃作为他们个人以及整个组织动力源泉的愿景或者梦想。此外，递出接力棒后，领导者也许要眼睁睁地看着继任者全盘否认这个愿景，认为它落后了、不适应未来了。立储会对即将离任的 CEO 造成很坏的影响，因为人们会纷纷向王储投诚。也许会有一个新的愿景，替代他原先的愿景，让他愤怒、悲伤、抑郁。那些把工作视为生命的 CEO 最难接受这种变化。随着退休的日子越来越近，他们意识到他们的时代就要结束，于是生出一种恐慌感。他们也许坚持（不管这种坚持多么费劲）认为，还有很多事情等着他们处理。这样，不足为奇以及经常出现的是，如果情况允许，CEO 也许会改变主意，想尽一切办法不腾位子。

然而，还有另外一种可能。他们十分满意自己的成就，乐于培养下一代，于是愿意退出。关键是，"梦想"是否实现了——下一代是否拥护他们的梦想。如果不是心甘情愿地退出，他们就非常容易嫉妒、愤怒。即将退休的领导者也许会把愤怒发泄在不知感恩的下一代身上，或者社会，或者变老本身，所有这一切撕毁了他奋斗终生建立起来的东西。路易十四的名言"我死后，管它洪水滔天"，非常值得记住。老人可能是危险的，他们也许丝毫不在意他们死后世界会变成什么样。

以牙还牙

领导者不愿放弃权力的另外一个原因是，害怕别人寻仇报复，或者说以牙还牙。以牙还牙是来自古巴比伦法律的一条原则，具体内容是：罪犯用什么方法伤害受害者到什么程度，就用什么方法惩罚罪犯到什么程度。历史上很多社会的法律都采纳了以牙还牙原则。尽管现代社会建立了其他司法制度补偿受害者，但是这条古老的以牙还牙原则仍然在集体或者个体的无意识中起作用。它表现为内疚感、害怕遭报应、随口而出的"有仇不报非君子"等说法，还有焦虑感、压力、抑郁、噩梦等症状。

以牙还牙原则与害怕退休有着紧密联系。做领导的，都要做一些艰难的决定，影响到别人的生活和幸福，有时是正面的影响，更多的时候是负面影响。因为无意识地坚守以牙还牙信念，所以领导者会记住所有那些决定，并且，随着"受害者"数目增加，越来越害怕遭报应。结果，领导往往与偏执相依相伴。任何人都可能变得偏执，领导者尤其可能，因为他们确实面临很多或明或暗的危险（很多人对领导者心怀怨恨，但是为了保住工作而管住嘴巴）。不得罪人的领导不是好领导。总有一些人觉得受到了领导者的打压，梦想着报复领导者，就像总有一些人嫉妒领导者，企图夺取他们的权力（特别是在换届之时）。

领导者，正如他们能够成为领导者所表明的那样，特别擅长权力游戏。他们对政治局势的任何风吹草动都很敏感，如果发现王储越来越得民心，他们都会扼杀在萌芽状态。他们也许猛烈打击野心勃勃的觊觎者。对领导者而言，在一个充满敌人（不仅是想象的敌人）的世界，担心别人害自己是十分合理的。领导者无处可藏，于是变得过度怀疑、过度警惕、过度敏感、过度小心。他们对危险信号和敌意信号敏感，主要反应模式是防御。考虑到领导者确实面临很多真正的危险，所以健康的怀疑是有效的适应机制。对危险（不管是实际的，还是潜在的）保持警惕，只不过是为了生存。

害怕失去权力后遭到报复，于是很多领导者变得充满攻击性：他们先发制人，把对手置于死地，即使没有明显迹象表明对手要报复他们。显然，这样的行为不符组织的最佳利益。

保险行业一家公司的 CEO，在权力范围内想尽一切办法推迟退休。几十年来，她一直因为性格粗暴而闻名于外，树了很多敌人。在掌舵期间，她对高级经理人进行了多次清洗，对组织进行了几次有问题的重组，导致数千员工失业。因为这段历史，她害怕越来越近的强制退休日，她称那些打算在她退休之后"找机会报复她"的人为"那些狗娘养的"。她担心,她退休之后,那些觉得被她冤枉的人更有可能起诉她。这一担心不仅干扰了她的理性思维,而且进入了她的梦境。从前段时间起,她经常做同一个梦。她在一片沼泽地里迷路了,十分焦虑,不知道接下来会发生什么;她听见远处有猎犬的叫声,于是拔腿就跑,担心受到攻击。梦醒之后,她心中留下的恐惧感,很像即将到来的退休带给她的恐惧感。

因为内心剧场险象环生,所以这个女人用尽一切手段让非执行董事取消她的强制退休日期。在一家猎头公司的帮助下,她试着说服董事会相信:在公司发展的这个关键时期,公司内外都没有合适的人接任她。她这样做,加剧了非执行董事的被害焦虑。他们支持她说,如果她不再做几年,让公司找到一个合适的接班人,公司就会面临巨大危险。

组织在退休中的作用

显然,退休综合征问题的解决,既要从个体水平着手,又要从组织水平着手。然而,众所周知,组织非常忽视这个问题。组织经常抛弃即将退休的人,任其自生自灭。组织很少帮助他们,也很少为他们做准备。

约翰·西蒙是一家投资银行的高级经理人。他的放手体验,反映了退休对很多缺乏准备的人的负面的、破坏性的影响:

哦,当然,我不想走。没人想走。他们也许会说一堆废话,表达对退休的期待,实际上他们只是想最大限度地利用退休。

我55岁时,他们厚着脸皮建议我提前退休。我开始以为他们在开玩笑,后来认识到他们是认真的,那个时候,我无法相信。我说出自己的感受后，他们就没有推行这个计划。我 59 岁生日快到的时候，他们建议我重新考虑一下退休。人力资源部的人花了天知道多长时间准备退休政策内部宣传册，像颁发奖品一样给了我一本，我记得。正是在那个时候我决定：我要留下来，不管用什么办法。没人像我那样精通业务。我认为他们忽略了我这些年所做的一切。我的意思是，我倾注了那么多心血，怎能轻易把工作移交给一个发型愚蠢的商学院毕业生？就因为人力资源部的人认为我应该这么做？

我根本没有想过退休。为了留下来，我削减了出差时间，不过这也是因为公司进行了分权化改革，我手中的大部分权力下放给了区域办事处。59 岁时，我闲了下来，在过去的 15 年里，我从来没有这么闲过。有时我觉得自己处境危险。我的所有同事几乎都走了，我所在的部门，像公司的其他部门一样，满是比我年轻很多的男男女女。他们似乎非常抱团，而我被排挤在外。

我与即将离任的 CEO 关系很好。我们在 20 世纪 70 年代同时进入公司，我们的妻子是朋友，我们经常有来往。他一直到 65 岁生日退休，然后以顾问身份每个星期来公司两次，就这样继续在公司干了 15 个月。我认为，我可能会和他一样；至少，我不认为我会在 59 岁就退休，然后与公司一刀两断。没人提出说让我继续做顾问，我自己提了，可是，他们却说要解散我所在的部门，这让我大吃一惊。他们想尽可能显得委婉地说，我离开后，我所在的部门就"养不活了"；公司要扩张海外业务，在海外建立更多办事处。但是，我得到的印象是，他们认为我占着位子不做事。我似乎是唯一感到惊讶的人。我觉得背后被人捅了一刀。

我知道我怨恨。我病了，这还是我头一次生病。只是这里痛那里痛（医生没发现我有什么严重问题），但是我必须做很多检查，结果陷入抑郁。他们提出给我开离别庆祝会，我拒绝了；我觉得他们太虚伪了。他们庆祝什么呢？现在，我有一点儿遗憾，因为我是在一片阴霾之下离开了那个我干了不止 25 年的公司的。

这是 3 年前的事情了。现在，我觉得好受了些。退休之后，我一直在服抗抑郁药，直到去年，一次偶然机会下，我有了一个真正的爱好——园艺。我们有一个大花园，但是我从来没有正儿八经在花园里做过什么，只是习惯于出钱请人打理花园。去年夏天，花匠严重背痛，请了几个星期的假，我不得不给他替班。现在，我们把花园打理得十分特别。打理花园实际上成了我的全职工作。我与妻子的关系也改善了。起初，在家里无所事事可真痛苦。妻子是个艺术家，全神贯注于自己的事业，当然，做她那行的，也没有退休之说。我不认为她理解我退休之后的心情。讽刺的是，在我离开公司的同一周，她举办了首次个人作品展。我们年纪一样，在我觉得被世界抛弃的时候，她却获得了那么多荣誉，仍然热情地工作着。我们就这一点谈过话，谈话并不容易。上个月，我 63 岁了，妻子赠给我一幅油画，她自己画的，画的是我家花园里我最得意的那部分风景。在这之前，我不知道她画了这幅画，她给了我很大一个惊喜。这幅画似乎让我过去的阴霾都散开了。

约翰·西蒙接受了自己的处境，但是付出了很高的情绪代价。尽管他的问题很大程度上是由他的性格造成的，但是公司对待他的方式加重了他的问题。尽管公司在处理经理人退休问题时，心怀善意，但是他们做得很不够，没有取得好效果。

下面拿约翰·西蒙的经历与另外一个处境类似的退休经理人的经历对比一下。维克多·卡罗迪，一家大型跨国公司化学部的总经理：

我 60 岁出头时，所在公司被收购，母公司开始更多地介入我们的运营。没过多久，我的老集团 CEO 离开了，一夜之间氛围剧变。这一剧变让我很不高兴，让我更加不高兴的是，公司批准了我的提前退休提议（尽管只提前一年）。我的退休金没受影响，公司继续给我支付养老保险直到我 65 岁生日，我还收到了一小笔奖金。

至少三四年前，我就开始思考如何度过退休之后的人生。我知道我必须像做商业计划一样计划我退休之后的生活。我知道我需要一定程度的自制，要提早计划得尽可能长远。我想做些慈善工作，并把这个希望安排在离开公司之后去实现。在结束工作的六个月前，我已经计划好了慈善工作的所有细节。我参加了几次退休后生活指导课程，这些课程是由当地一家组织筹办的。我还参加了一个领导力培训班，这个培训班指导我们如何适应退休之后的生活，帮助我们探索退休之后我们可以干些什么。领导力培训班是公司提供的，对我帮助很大。

随着退休的日期越来越近，我对退休的态度越来越积极。我以为我会在某些方面心怀忧虑，但是基本上我坦然面对退休，如果不是 100% 地热情迎接退休的话。公司的态度起了很大的作用；我提出每周在家工作几天，他们欣然同意了。失去责任和权力，我并没有烦闷、失落。但是，想到以后就要无所事事，我有些忧心，正是因为这个原因，所以我才投入大量精力筹备退休之后的新生活。我已经想好了如何在收入减少的情况下过日子，实际上，距离我退休还有一年，我们已经搬到了一所更小的房子，因为原先那座房子需要很多的维护费用。孩子已经离家了，再住那样的房子已经嫌太大了。

我非常熟悉接替我职位的那个人。实际上，我带过她一段时间。在最后的两个月，我领着她四处拜访，把她介绍给我的主要客户，还与她进行了工作移交。她在这个职位上表现很好，我感到很骄傲。

起初，我确实考虑过继续留在公司，不过换个顾问性质的职位，还就此征询过几个人的意见。但是，我们的儿女和孙子孙女都住在国外，我们需要经常旅行，无法在工作上投入很多精力。我们一年有四个月待在国外。在英格兰的时候，我去癌症协会做义工，每星期花去两个上午，有时还要额外花时间参加一些会议。我是两家公司的非执行董事，不过这花不了我太多时间。我的大部分朋友也退休了，所以我们更常见面了。我更常读书了，也更享受读书时间了。我还经常游泳、散步、去剧院，每次至少去听歌剧或者音乐会一次。我们还形成了一个习惯，每年远游一次。最近的一次是去印度，18个月后将环游世界，这是我和妻子一直都想做的事情。我的妻子乃至全家都对我的退休持积极态度，给了我很大的帮助。最后，我们都对我的退休充满着期待。

现在，三年过去了，我可以真诚地说，我觉得满足，生活充实。我见过的很多人都觉得退休之后丧失了很多东西，但是我不这么觉得。我以前确实怀疑过，我是否觉得愤懑，觉得被人遗忘，觉得孤立无援。我认识的很多人都有这些感受。我现在恢复过来了吗？哦，在我离开两年后，我原先的公司找到我，邀请我做临时COO。我受宠若惊，十分高兴。被人邀请，确实意味着很多东西。但是，公司换了办公地点，而我每年又有那么多时间在国外……我没有进行多少思想斗争，就拒绝了公司的邀请。

最终，对我而言，最重要的事情是，我既幸运又坚决：幸运的是，我很容易就适应了退休的念头，然后是退休本身；坚决的是，我打算行动起来。而且，当然，妻子一直陪伴着我，鼓励我把退休看作人生的一个新开始，而不是什么东西的结束。

对维克多而言，退休是个大事，是个好事。但是，并非每个人都像维克多那样富有远见，提前做计划，而且，并非每个人在不得不放手时都像他那样有时间、有兴趣做准备。此外，并非每家公司都像他所在的公司那样帮助员工为退休之后的生活做准备。

大多数公司认为，退休计划，即如何开启人生新阶段，主要是由个人操心的事情，公司几乎不提供什么反馈和指导。考虑到经理人离任操作不当的话，公司士气会受到损害，所以，这个目光短浅的政策非常危险。这个目光短浅的政策也反映出，公司的经营理念也许同样目光短浅。今天，组织容易因为以下几个原因让高级管理人员提早退休。提早退休政策可以看成一种让组织年轻化的方式，一种在低迷时期代替裁员的方式，一种为年轻人腾位子的方式。然而，提早退休政策会让组织严重短缺可以作为文化传承者的资深员工，而资深员工的短缺可能会影响组织的"记忆"（即组织的文化价值观），进一步损害士气和绩效。组织必须面对几个重大问题：如何认识并且最大限度地利用资深经理人的价值；如何预期并且包容退休和裁员给员工带来的情绪反应；如何照顾对公司做出巨大贡献的经理人的心理需求。制定政策解决这些问题，会大大减轻即将退休人员的压力，预防退休综合征的发生。

没人能阻止自己变老，但是我们可以想办法优雅地老去。组织退休政策应该允许并且帮助即将退休的经理人为退休之后的生活做准备。一个这样的政策是阶段性退休，该政策允许员工逐渐减少工作量，从而逐渐从全职工作状态过渡到完全退休状态。阶段性退休政策对组织还有另外一个好处，返聘有特殊才能的退休人员，让他们发挥余热。尽管可能要给退休返聘人员支付更高的工资，但是这样做的成本也比招募、选拔、培训、激励工作经验较少、年纪较轻的人低。给即将离任的经理人机会，让他们担任顾问，这些经理人就不会觉得退休是那么痛苦，还觉得退出得比较体面。逐渐减少工作时间、逐步到位公司退休金、工作分担、在家办公——逐渐放手——有助于缓解突然离职极有可能引起的打击。觉得公司仍然需要自己，经理人的精神状态就会好很多，并对未来有积极的期待。制定相关政策、提供相关活动帮助即将退休的员工调整状态的公司，让人有机会看到工作之外的其他选择、提高退休之后的生活品质。

如果这个计划看起来太过理想（考虑到今天的经济和社会现实），那么也许需要记住一点，我们迟早都会面临不得不放手的一天，感受那一天到来之时的心理压力。明智的、人性化的组织政策，应该认识到这一必要性，花时间花精力从组织文化入手解决这个问题。让经理人优雅地退出，会对工作氛围带来积极影响，让组织成为更好的工作之地。

对很多人而言，也许退休和变老还远着呢。但是，在那一天到来时才做准备就太迟了。有个做法看起来相当愚蠢：在事业顶峰期除了杂草啥都不种，却希望日后获得巨大丰收。我们需要一边生活一边给生活投资。我们需要做自己人生的主人。为了具有这种主人翁精神，我们需要发展多种多样的兴趣爱好，我们需要持续不断地学习。亚里士多德不是说过"教育是防老的最佳本钱"吗？退休并非一定是一个充满绝望和无助的终态。从一个组织退休，也许意味着加入另外一个组织。应对职业生涯周期这个阶段的方式有很多。第二甚至第三职业、新兴趣、运动、旅行、义工、老年大学、新友谊或者孙子孙女，都有助于给社会时钟添加一个新阶段。也许应对退休的最佳方式是，有意识地做准备：提前计划，重视与家人朋友的关系，继续学习，最重要的是，允许自己放手。除了发展新的兴趣爱好外，最重要的是，经营与家人朋友之间的关系。

为了让晚年生活更加愉快，重要的是，制造并珍视幸福的时光——我们"打动"别人的那些时刻。美好的回忆会带来活力感，是很好的防老资本。只有进行这种投资，我们才能走出一条不同于华伦·施密特（本章开头所讲故事中的悲情主角）的路。变老需要勇气，也需要智慧，即知道如何用一种体面的方式老去。当我们接受生活充满压力的事实，当我们不再受到童年内疚感的折磨，当我们能够躲避悲惨的成年陷阱，当我们能够为长远的幸福放弃一时的放纵，当我们能够正确运用判断力，我们就走在了通往智慧的道路上。获得这种智慧——我们也许很早就开始寻找这种智慧，早得超出了我们的想象——是人生之书最难的一章。

REFLECTIONS
ON LEADERSHIP AND CAREER DEVELOPMENT

结语篇
重生体验

人生苦短，及时行乐。不要虚度光阴，要享受每一天。

——贺拉斯

不要到死亡来临时发现自己从未活过。

——亨利·大卫·梭罗

许多人的墓碑上应该这样写："死于 30 岁，葬于 60 岁。"

——尼古拉斯·穆雷·巴特勒

关于我的命运，需要知道的，我已经知道了。有一天我会死去，这是我无法改变的。我唯一能够决定的是，如何度过生前的时光。我可以待在岸上，吓瘫了；也可以扬起风帆，乘风破浪。

——理查德·伯德

20 世纪初，心理学家兼哲学家威廉·詹姆斯首次把人划分为"原生者"（once-born）和"再生者"（twice-born）（James，1902）。根据詹姆斯的说法，原生者是那些一直本本分分过日子的人。他们一直过得十分安逸，于是固守现状。相反，再生者是下大力气再造了自己的人。他们（因为各种不同原因）厌倦了现状，觉得人生毫无意义、自己像行尸走肉，于是痛下决心改变，最后获得重生。再生者给我们的启示是，要主动利用外在世界的变故和危机来实现内心世界的平静。人生最惨莫过于等了很久才开始。

人的一生总会经历逆境，这些逆境会强迫我们关注内心世界、发生内心蜕变，获得"新生"。我们如何应对这些逆境，决定了我们是原生者还是再生者。显然，如果知道自己活不长，或者有过濒死体验，那么我们也许会活得更热情。我们也许想充实地度过剩下的每一天。人生苦短，我们必须时不时地停下来思考一下，否则我们也许就像没有活过一样。

在组织中，原生者规行矩步，上面希望他们做什么他就做什么（Zalenik，1977；MacGregor Burns，1978）。他们是社会化程度很好的顺从者，墨守成规，非常适合在条条框框很多的组织中生存。他们尊重权威、服从命令，不愿质疑组织既定规则。原生型领导者与追随者之间的关系是交易型的。原生者制定规章制度，表明对下属有什么要求，下属执行命令后会获得什么奖励。原生型领导者是自我意识很强的人，在意别人如何看自己。他们没有创新精神，缺乏创造力，是受习惯支配的人。这些人的生活（这些人通常意识不到自己如何对待人生），受限颇多、没有波澜。足够悲哀的是，是原生者自己为自己制造了很多限制，自己囚禁了自己。原生者，为了谋生，忘了生活。他们把人生当作永不终止的银行账户。他们口中说"消磨时间"，实际上是时间在消磨他们。

相比之下，再生者有能力克服逆境，化悲愤为力量，让自己的内心发生蜕变。背叛、疾病、离婚、幻灭、退休、分离、深爱之人去世，所有这些压力事件都有可能开启一段更有意义的人生。倒霉时，他们选择采取行动。再生者把危机当作重生机会，而不是眼睁睁地看着自己衰败下去。他们认为不幸可以带来一个新的开始。他们愿意去挑战一直被视作理所当然的人生主题。他们认识到，顺境也好，逆境也罢，都是人生的一部分。

那些从原生者变成再生者的人，在人生的某个阶段遇到一个十字路口，认识到老的行事方式不再有用了。在组织背景下，原生者突然认识到自己举步维艰、没有出路；而且（因为他们的守旧），他们所在的公司也许处于同样的境地。他们认识到他们厌倦了现在的生活，觉得不安，于是把这种感受埋在心底，幻想着也许在彩虹的另一端、在黑森林的边缘或者在遥远的海岸，有更好的生活方式？然而，真正的问题是，他们会上钩吗？他们会努力争取吗？他们也许需要经历很大的思想斗争才会走出安乐窝。

再生者迅速而积极地应对个人成长和发展的挑战。他们不会当一天和尚撞一天钟。威廉·詹姆斯在谈论宗教体验与心理变态之间的关系时提到，抑郁反应在再生者中间并不少见。尽管人们认为抑郁是不好的、骂人的，但是一定程度的抑郁实际上可以鼓励反思，促进自我了解。詹姆斯提出，严重抑郁一定伴有想要理解人生的强烈愿望。得过且过，不了解抑郁的痛苦，就很难获得重生。詹姆斯以作家列夫·托尔斯泰为例，解释了俄罗斯小说家成功地再造自己、恢复心理健康、甚至比以前的状况更好。托尔斯泰说过："每个人都想改变世界，但是没有人想过改变自己。"他还进一步说："不知道我是谁、我为什么是现在这个样子，我就无法生活。"再生者试图通过反思进入一个更高的境界。这是一个救赎的过程，不是仅仅恢复原先的状态。经历困苦、成功救赎的人，就像涅槃的凤凰。似乎，人必须经历一段虚幻的人生才能开启真正的人生。

人迹罕至之路

黑森林之外

以下是但丁·阿利盖利的伟大诗作《神曲》的开头一段。但丁写这首诗的时候,对自己的未来非常迷茫。

我走过我们人生的一半旅程,

却又步入一片黑森林,

这是因为我迷失了正确的路径。

啊!这森林是多么荒野,多么险恶,多么举步维艰!

道出这景象又是多么困难!

中世纪的意大利,政治局势变化无常,但丁就是权力斗争的牺牲品。当局在但丁缺席的情况下宣布放逐他,一旦他回到佛罗伦萨,任何士兵都可以处决烧死他。从此他再也没能回到家乡。但丁写这首诗的时候是 35 岁,正好走过了人生的一半旅程(当时,生物学估计人的寿命是 70 年,有圣诗为证)。他在黑森林中迷路了。正是在人生的这个时期,在诗人维吉尔(Virgil)的引导下,他踏上了从地狱和炼狱通往天堂的路。

夕阳的尽头

维多利亚女王时代英国诗人阿尔弗雷德·丁尼生的一首叙事诗中的主角尤利西斯也经历过类似的危机状态。这首叙事诗发表于 1842 年(创作时间要更早),当时丁尼生 33 岁。尤利西斯,伊萨卡岛国的国王,同时也是一个水手,喜欢在大海上航行。特洛伊战争中的木马,设计者就是尤利西斯。特洛伊战争后,尤利西斯继续在海上流浪。在外漂泊多年后，尤利西斯回到了伊萨卡岛，与妻子、儿子团聚，过上了安定的生活。这首诗中，年事已高的尤利西斯回顾自己的一生，流露出对安逸生活的厌倦，表达出对探险生活的怀念，抒发了在晚年继续扬帆远航的理想。他只有在探险期间才觉得自己真正地活着：对比过去的英勇事迹和现在的平静生活，他再也受不了了。他决定再次扬帆远航——这要冒着很大的风险，也许是他最后一次远航。他试着说服原先的旅伴和他一起远航：

来吧，朋友们，

探索更新的世界，现在还不晚。

开船吧，坐成排，

划破这喧哗的海浪。

我决心，驶向夕阳的尽头，

超越西方星斗的浴场，至死方休。

也许深渊会把我们吞噬，

也许我们将到达快乐岛。

尤利西斯更认同自己的水手身份，而不是父亲、丈夫和国王身份。是的，回到伊萨卡岛太棒了；是的，再次与妻子、儿子生活在一起太棒了。但是，重逢的快乐是短暂的，很快就消失了。尤利西斯仍然充满活力，发现自己"娶了一个老女人"时大吃一惊，与自己"有教养的"、勤奋的儿子感情疏远。我在工作中见过的经理人，很多人都像尤利西斯一样厌倦平静、渴望冒险（尽管他们不愿表达这些感受）。

为了让我们深切体会尤利西斯现在的郁闷生活，丁尼生继续从反面着墨，描绘了尤尼西斯过去的探险生活，唤醒了我们所有人身上都有的英雄主义情结。他诱导我们释放我们压抑的信念：我们可以做得好很多。尤利西斯没有时间得过且过了，他最想要的是感觉自己真正地活着。他迫不及待地要启动最后一次远航。

丁尼生的诗给了我们鼓励（这个鼓励没有性别偏见，不是让女人在家看孩子、做家务，让男人在外打拼奋斗）：不管生理年龄如何，我们总是渴望再造自己；我们永远都有再生机会。尤利西斯道出了那些厌倦了日复一日按部就班生活的人的心声。他渴望新体验，他血液里有着不安分的因子，不甘庸碌、奋斗不息。他说，人生太短：

> 最单调最沉闷的是停留，是终止，
> 是蒙尘生锈而不在使用中发亮！
> 难道说呼吸就能算是生活？
> 几次生命堆起来尚嫌太少，
> 何况我唯一的生命已所剩无几。

原生者也许糊里糊涂过一生，永远不知道黑森林之外是什么样子，或者更糟，根本意识不到黑森林的存在。原生者永远不会加入尤利西斯的远航。更不用说存在这种可能性了：原生者会在某一天醒来，意识到一些令人不安的问题，其中最令人不安的一个问题可能是："这就是你想从生活里得到的东西吗？"

另外一方面，再生者有可能认清处境、反抗命运。他们不会什么也不做，眼睁睁地看着自己衰老下去，而是化不满为力量，复活身心。诗人艾略特名作《J. 阿尔弗瑞德·普鲁弗洛克的情歌》中的主角"用咖啡匙丈量掉生命"，那种日子会让再生者不寒而栗。不管是因为主动选择还是因为遭遇不幸，再生者都会清醒地步入黑森林，走弯路、犯错误、遭损失，发生内心蜕变、过上更真实的生活所需要面对的一切。再生者宁愿走出安乐窝，登上尤利西斯的船，探索未知领域。

深渊的对岸

不管我们是原生者还是再生者，我们如何过上更真实的生活？我们可以做些什么，唤醒我们的激情，感觉自己真正地活着？我们如何学会越过自己给自己设置的界限，追逐我们的梦想？

我主持的经理人学习班上，学员们经常提到的一个体验是，当熟悉的东西开始变得陌生，他们觉得需要暂时告别一下现在的生活。这种告别不一定是实际的，可以是象征的。例如，一个学员，就叫他皮埃尔吧，他特意决定在实际离开公司前先象征性地离开公司一年。对皮埃尔来说，这个决定并不是特别难做，因为皮埃尔老早就不再对公司抱什么幻想了。尽管他意识到公司的活动影响着他的心理健康，但是他没有采取行动。不幸的是（我经常看到这种现象），惰性是非常强大的力量，能让痛苦延续很长一段时间。当然，还有实际问题要考虑，比如房屋贷款、培训费用、汽车贷款，等等。这些负担就像创可贴，掩盖但不治愈深深的伤口。与商界领导者的讨论让我意识到，他们错过或者推迟了很多改变人生的机会。制造一个引爆点、做出真正的改变，并非总是那么容易。皮埃尔的引爆点是，被诊断出患有结肠癌，幸运的是发现及时，还可治疗。一生之中第一次住院，他有了时间思考自己的人生，而不是像以前那样浑浑噩噩地过日子。

幸运的是，皮埃尔有个好朋友，定期来看他，扮演拳击陪练的角色，支持他、鼓励他。在与这位好朋友的谈话中，皮埃尔认识到，他以前忽略存在的痛苦，做着一份自己不喜欢的工作，为一家自己讨厌的公司卖命，与一位和自己没有什么共同点的女人生活，是多么的"了不起"。他进而认识到，他过去的人生是多么虚假、没有用、没有意义。他从未想过自己为什么活着，也从未审视过自己的内心。他认识到，他不知道他最深的信念和价值观是什么。

皮埃尔进一步探索自己的内心，盘点那些自我设限、自我妨害的信念。曾经，让他质疑他选择的人生、让他理解他变成了一个什么样的人，是会严重威胁他的健康的要求。现在，他倾听内心的声音，正是这些声音一直鼓励着他去从事那些让他觉得自己真正活着的事情。反思之后，皮埃尔很高兴，开始迫不及待地想采取行动。这种转变让他意识到，自我发现是一个永无止境的过程。皮埃尔决定一步一步地来，他知道不可能一夜之间发生内心蜕变。皮埃尔想充实地度过每一天，不想再做上了发条的钟表。

皮埃尔发现，认识到现在的生活相对没有什么意义后，他释放了大量的情绪能量。原先，他的情绪能量汇集成了对工作的挫败感。现在，他的情绪能量恰当地疏导成了想方设法再造自己的动力。但是这意味着什么？他有哪些选择？他现在的处境，尽管与他最初的梦想相去甚远，但是确实让他觉得安稳踏实，也让他的家人过着高品质的生活。这些念头让他觉得自己站在一个深渊的边缘。他担心失控。但是皮埃尔也明白，他已经面对了第一个也是最大的一个危险——对自己诚实。害怕未知之物，是正常的。这种害怕甚至是可贵的，因为这让他有了对抗目标。

皮埃尔开始问自己，什么对自己真正重要，他的天资、优势、能力、兴趣在哪儿。一个人的天资和兴趣，反映着这个人觉得生活中什么最重要。皮埃尔知道，他是谨慎的，他要开始逐步实现伟大的梦想，改变自己的生活。但是，最重要的是，行动起来。皮埃尔相信自己能够改变，抵制坐等最佳时机的念头。他决定采取行动。

　　有些行动是明显的。首先从工作着手。皮埃尔想为一家有着崇高目标的组织工作，想做一些有意义的事情。一个朋友给他介绍了一个很有吸引力的机会：打造一个一流教学医院群，这是一个真正有意义的项目。婚姻问题的处理则没那么直接。他和妻子过着分居生活。他们不再讲话，也不再有性生活。但是，皮埃尔决定，再给夫妻关系一次机会。家庭治疗帮助他重建了相交如水的夫妻关系，但是，他想更进一步，让心理治疗师帮助他避免退回到原先的不良行为模式。皮埃尔每走一步，都觉得在工作和关系上更有力量了、更熟练了、更自信了、更成功了。

　　在与高级经理人的交往中，我发现，很多人只有经历了重大变故才懂得追求有意义的生活。皮埃尔上钩了，只是因为经历了重大变故。不幸的是，太多经历过一次又一次重大变故的人，没有停下足够长的时间，反思自己的人生，改变自己，让生活变得更加充实。他们每天一起床就进入同一种躁狂防御状态——不停地跑着，不问问自己为什么要跑、跑向哪里，害怕停下，害怕被迫反思自己的行为。皮埃尔，在多个不能忽略的因素的联合作用下，认识到自己不能再像以前那样活着了。他因为患上重病而获得反思空间。审视我们最真实的自我，是一件重要的工作，为了做这件重要的工作，我们都需要反思空间。当我们开始倾听内心的声音，并在内心声音的支配下行动，我们就是在倾听最深的智慧和指导。然后，我们做好重生的准备。那么，除了我说过的重大变故外，还有其他方式促进重生吗？

促变剂

　　原生者和再生者的概念尽管是由威廉·詹姆斯介绍给了大众，

但并不是他的原创。这两个概念有着古老的血统，可以追根溯源到宗教中的涅槃、新生之类的概念。很多宗教为重生提供了环境。曾经非常流行的萨满教，是在原始信仰基础上逐渐丰富与壮大起来的一种民间信仰活动，它在万物有灵信念的支配下，以崇奉氏族或部落的祖灵为主，兼有自然崇拜和图腾崇拜的内容。很多萨满教徒通过唱歌、跳舞、嗑药、服丹或者鸣鼓等活动进入迷幻状态。他们认为，在迷幻状态，灵魂会离开躯体，进入超自然世界。

自古以来，嗑药一直是进入癫狂兴奋状态的坦途。以麦角酸二乙胺（LSD）为代表的现代致幻剂的问世，反映了东方神秘主义、20世纪制药学、救世政治和19世纪浪漫主义之间引人注目的融合。作家奥尔德斯·赫胥黎在其著作《知觉之门》（1954）中，讲述了他亲身体验酶斯卡灵（一种从仙人掌科植物提炼的迷幻药）的整个经过。该书的命名，借鉴了威廉·布莱克在《天堂与地狱的联姻》（1793）中的一句话："如果知觉之门清洗干净了，那么一切都将呈现其原貌，即无穷无限。"有"LSD主教"之称的美国作家兼精神分析师蒂莫西·利里，宣称LSD有重要的精神价值和治疗价值，认为LSD可以帮助人们拓宽意识、打开思维。

致幻药可以制造一种状态，在这种状态下，人们会体验到平常体验不到的新奇而奇妙的感受。在实验中，使用者情绪体验强烈，容易获得促进转变甚至重生的心灵启示。然而，这些体验的科学性受到了挑战。

现存宗教也在寻找促进重生的方式。例如，印度上层人士的入教圣餐礼被视作第二次出生或者灵魂出生，与身体出生类似的一件大事，目标是激活灵魂自我——然后灵魂自我会经历一系列成长阶段，就像孩子生长发育一样。个体作为一个有能力的成年人再次出生了，脱去稚气、充满理性。

类似地，新教分支（福音派、圣灵降临派、基督复临安息日会）、伊斯兰教分支（例如，苏菲派、哈瓦利吉派）都有促进重生的教化。共济会（Freemasons）、东方圣堂武士会（Order of Oriental Templar）、诺斯替派（Gnostics）、科学论派（Scientologist）、蔷薇十字会（Rosicrucian）等神秘团体也使用类似的技术，对会员进行洗脑。

那些不想通过萨满教或者其他各种宗教获得重生的人，也许可以利用我们很多人都会经历的中年危机获得重生。皮埃尔的例子以及威廉·詹姆斯的观察表明，任何一种形式的心理崩溃都可以为根本转变提供机会。

对某些人来说，步入中年往往意味着灾难，因为多年以来他们一直忽略自己的真实感受。最终，有些人意识到理想自我（他们真正想成为什么样的人）与实际自我（他们在各种社会压力的限制下实际上变成了什么样的人）之间的差异。如果以再生者的角度思考，我们也许认为，中年是一生之中倾听自己潜意识的最佳阶段。一般而言，正是在这个阶段，个人在内心质疑自我（Jaques，1965）。关于人到中年，有很多说法，不管其他说法如何，但是有个说法一定是真理，那就是面对时间即将用完的事实，我们很多人都没做好准备。

也许，步入中年后，我们最深的焦虑是（正如我列出的例子表明的那样），觉得还没有完全实现自己的潜能。正是这一焦虑让我们在半夜突然醒来、在白天心神不宁。我遇到的那些经理人，最大的忧虑就是这个。他们大多数人都想留下什么；他们想过有意义的生活。他们面临的挑战是，寻找机会重塑性格、改造自己。

回到但丁和丁尼生（我认为，丁尼生诗中的尤利西斯是丁尼生的某种变更自我），我们看到他们想介绍"迷失"的概念，激发我们去做所有人命中注定要做的一件事情：与自己的死亡做斗争。

问题迹象

如果不能接受实际自我与理想自我的差异（并且不由自主地企图掩饰由此引起的焦虑），那么我们就面临另外一个危险：掉入行动陷阱。有很多故事讲述了人们是如何采取无望的，甚至绝望的行动的：我们搞婚外恋，离婚，变得抑郁，开始服百忧解（一种抗抑郁药），买跑车，整容，决定开简易旅馆，做深水潜水教练，等等。

用这些方式度过中年，尽管危险，但不是最糟的。最糟的是什么都不做。与直面压力、焦虑和抑郁相比，原生者也许宁愿忽视报警信号。处理那些会让人心生不满的深层的、半意识的、令人不安的感受，实在是一件可怕的事情。

短期来看，忽视策略也许是成功的。长期萦绕在头脑中的"情况其实不好"感受也许就这样消失了。不幸的是，我们的意识比较狡猾。更大的可能是，这些感受只是被压抑了。另外，采取故意忽视策略的人经常发现，当令人不安的感受在下次压力之下再次浮现，经过一段时间的压抑，这些感受变得更强烈、势不可当了。

听那些经理人讲自己的故事，我识别出很多标志着一个人正在从原生者向再生者转变的迹象。譬如，为身体衰老操心（意识到自己离死亡不远了）。人们也许会体验到骚动感、绝望感、无助感、危险感、恐惧感、失望感和担心感，经常觉得自己在工作和家庭中陷入了不受欢迎、受限很多的角色；或者厌倦了或者不满足于以前感兴趣的活动。他们的子女也许会问他们一些烦人的问题，或者表示对他们的担心，让他们更加意识到世事无常。再譬如，为工作不顺利而烦恼，为达到职业高原而失望。这些症状的背后，其实是没有实现年轻时的梦想，质疑自己人生道路的正确性，以及婚姻不和谐、分居或者离婚引起的骚动。

所有这些不满感也许会导致各种各样的"表演"行为，制造引爆点，进而启动从原生者向再生者转变的过程。比较明显的行为模式有：

● 需要来次生活"整容"，抛弃现在的工作或者婚姻；

● 生活方式全面变化（反映出希望做完全不同的事情），包括改变工作、回去学习、放逐旅行；

● 想克服对人（包括伴侣）、对事（包括曾经是生活中心的活动）、对物（包括曾经看得很重的所有物，比如房子、车子以及其他必需品）的厌倦感；严重质疑自己以前的成就——真的值得付出那么多时间和努力吗？

这些反思会引出一个永恒的存在性问题："我是谁？""我会去往哪里？""我想去往哪里？"

风格差异

这里需要指出很重要的一点：尽管对我们所有人来说，中年都是一种通过仪式，但是人们度过中年的方式似乎存在性别差异。在我带的高级经理人学习班上，通过对学员的观察，我发现，人们对中年的态度五花八门，有务实的，有焦虑的，女性偏务实，男性偏焦虑。有时可以看到，男性似乎把中年人生转变留作专门用途（以及借口），然而中年显然不是男性生理禁区。尤其是，中年女性会面临停经，而停经的生理影响和心理影响可能持续好几年。对那些有家庭的人来说，还有另外一个因素，必须放飞长大了的孩子，直面空巢体验。空巢体验有两层，一层是觉得家里很空，另外一层是丧失了情感寄托，觉得心理上很空。我们可以进一步揣测，为什么女性好像更擅长应对步入中年后的焦虑，一个解释可能是，女性更容易妥协、兴趣更广泛。一次工作坊上，一个学员说："我认为，大多数男性根据自己做的事情而不是自己本人来定义自己是谁，每当有人问我'你做什么'，我的答案很有可能取决于我那段时间正在做什么。所以，在工作中，我是公司里的行政副总裁，在家里，我是某个讨厌鬼的妻子或者母亲。如果是在外面碰到有人问我这个问题，我可能会说，我在买东西。"另外一个女性说（她是一家出版公司的共同所有人）："有人认为女人的兴奋点和男人一样，我不这么认为，至少从生理角度来说不是如此。当我们觉得烦死了、无聊死了或者郁闷死了，我们往往就是默默地忍受。但是，女性确实会改造自己，尽管有家庭拖累。几年前，我摔伤了腿，只能靠带有轮子的橡胶绑腿四处活动。有一天，一群小孩子看见我的样子，唱起了儿歌《汽车轮子》（Wheels on the Bus）。如果那个时候某人告诉我，我以后会创办自己的公司，那么我一定不会相信。"

做再生者：新的生活方式？

做再生者，仅仅意味着用不同的眼光看世界。它意味着用不同的眼光看待我们与他人、与社会的关系。它意味着改变我们的价值观——从外在富有变成内在富有，从分离感变成连接依赖感，从关注眼前变成关注长远。

我们的人生由很多切身经历组成，这些经历塑造着我们的人生、赋予我们的人生意义，是我们理解自己的关键，从文化角度看是如此，从个人角度看亦如此。我们的世界观决定了我们如何记录并润色这些经历。连那些我们无法控制的事情，也可以从无限种角度去诠释。我们可以允许别人把他们眼中的真理灌输给我们，我们也可以创造我们自己的真理。如果我们不掌握自己的命运、不质疑权威，我们就有可能一直处于假死状态。

不幸的是，我们这些 X 代人，在"二战"的阴霾下出生，在"冷战"的阴影下长大，被迫安分守己。进入学校后，当我们解决别人让我们解决的问题，当我们读别人让我们读的书，当我们写别人想要我们写的文章，我们变得更加安分守己。个人能动性受到打压。渐渐地，消极被动成为生活方式。乖顺变得比自我实现更重要。我们了解到，通往成功之路，就要按照老师的规则游戏，而不是按照自己的规则。我们实际上反对变化，因为赞成变化给人的感觉就像从悬崖坠入深渊。

然而，中年时期，我们很多人不愿继续装乖顺，于是抛弃自学校时期就形成的被动消极模式。有了孩子之后就隐退在家相夫教子的女人，在孩子长大后会觉得自己解放了。很多男人开始一直忠于婚姻、忠于家庭，可是在孩子长大离家后，变得十分放纵。做出巨大改变的想法变得更有吸引力。

很难说，Y 代人（1961—1981 年期间出生）、Z 代人（1982—1998 年间出生）如果改造自己、重新认识变老、运用聪明才智追求健康和幸福，会在死后留下什么。与前辈相比，这两代人见识更广、发展得更好。最有可能的是，他们会拥有一种不同于前辈的工作方式。他们会有不同的目标、不同的理念，挽留他们需要不同的领导方式。他们不太会人云亦云。他们活得太长、太好，所以不会安分守己，哪怕只有很短一段时间，哪怕对现状满意。随着经验的增长，他们会把每个人生阶段遭遇的危机用作全新开始的机会。侦探小说家阿加莎·克里斯蒂（1977）在自传中写道："那段主要任务是经营感情和关系的人生结束后，生命之花为我第二次盛开，我非常享受其中；突然发现——在 50 岁，比方说——你面前敞开了一个全新的生活，充满你可以思考、学习或者阅读的东西……新思想、新观念不断涌入，就像在你身上注入元气。"我们都应该希望能够说同样的话。随着我们渐渐变老，我们唯一感到后悔的事情，就是我们没有做的事情。我们不能控制自己的生，也不能控制自己的死，但是我们可以控制从生到死的这段时间。当死亡的一天来临，我们必须确保，我们没做的事情只剩濒死了。用哲学家塞内卡（Seneca）的话说，就是"活得好，就够本"。

致谢

本书是《随曼弗雷德·凯茨·德·弗里斯进行精神分析》三部曲中的第二部，收集了我在过去 30 年间写的有关领导力与生涯发展的文章。本书大部分章节，是对以前发表过的文章进行修订、更新、改编而成的。本书第 3 篇，"领导力与生涯发展"，糅合了数篇发表在各类杂志上的小文章，以及从我的某些书中节选出来的内容。我要感谢我的编辑 Sally Simmons 及其在剑桥编辑公司（Cambridge Editorial Partnership）的同事 Carol Schaessens 和 Mary Conochie，感谢她们帮我整理这么多材料。在整个过程中，Sally 都设法保持着幽默感，这是她处理生活之荒谬的一种方式。

另外，我要特别感谢 Stanislav Shekshnia，因为本书第 5 章对普京的探讨，是根据我和他共同写下的一篇文章改编而成的。Stanislav 为我对普京的精神分析提供了很多背景性的材料。我还要谢谢 Elizabeth Florent-Treacy 在本项目工作期间的支持。

像往常一样，我要特别感谢我的助手 Sheila Loxham。她果断、乐观，帮我挡下了来自外界的很多麻烦，也帮我补救了我自己制造的很多麻烦。

译后感

看到曼弗雷德·凯茨·德·弗里斯的这本书，我真有相见恨晚的感觉，它解答了我在工作过程中积累下来的很多困惑。

我正式工作之后参加的第一个项目，是我们公司受国资委委托调研央企董事会治理问题。记得跟着老总访谈了一家大型企业的董事长、总经理以及其他数个董事会成员后，爱好八卦的老总私下神秘地说起，刚刚访谈过的那个董事长有"X霸天"之称。老总进一步解释道：那个董事长带领那家大型企业走出困境、获得成功后，成了土皇帝，大权独揽，一手遮天；总经理是那个董事长一手调教起来的，根本不敢对他说个"不"字；其他董事会成员，特别是非执行董事，只是在董事会开会时陪着装装样子；董事会议只是形式，很多问题都在会前私下定好了。这个项目结束了一段时间后的某天，老总又神秘地说起，那个"X霸天"被革掉了。

第二个项目，是某大型企业战略重组咨询项目，邀请我们的是那家企业的董事长。看得出来，这位董事长非常不适应这个职位。他是从同一行业另外一家企业调过来的，以前的工作都与劳资、工会有关，习惯于关注细节——连给其他高管的配车问题都要操心，并且再三斟酌。坐上董事长职位后，他关注细节的习惯给下属的工作造成了很大的困扰。他本人也很困扰，在访谈过程中，他数次提到他很"惶恐""焦虑",害怕企业在自己的手中出了问题,担心自己成为罪人,最大的愿望是安然熬到退休。

第三个项目,是某企业人力资源改革项目。该企业所在行业,原先受到国家的政策保护,属于垄断暴利性质,随着国家加入WTO,一些保护性政策渐渐取消,这个行业的企业不得不进行市场化改革。这个企业很不像企业,更像政府办事机构,从其职位名称就可以看出来——部门负责人叫"科长"。日常协助我们的就是人事科的科长,这个40多岁的科长跟我们聊起,人力资源改革是他们总经理要求的,总经理是一个很有想法的人,他们这群中层干部总怕跟不上总经理的想法,更怕跟不上时代,想学习,又不知道从何处着手。

......

显然,我提到的这些现象或者问题,核心都与人有关,确切地说,是与处于领导职位的人有关。而我原先所在的那家公司,也就是承接这些调研或者咨询项目的公司,关注的是组织的体制,基本不关注组织中的人,所以很难从根本上解决组织的问题。难怪中国很多企业,怀着很大的希望找到咨询公司,最后得出咨询公司大都是骗子的结论。

当然,中国也有一些咨询公司,特别是测评咨询公司,关注的是组织中的人,比方说我工作的第二家公司。可是测评咨询公司,不论是国外的还是国内的,十有八九是从胜任特征模型角度来考察组织中的人,而这个角度很难深入了解人。具体地说,胜任特征建模的方式有战略推演法、标杆比照法、工作分析法,稍微深入一些的是行为事件访谈法。即使是行为事件访谈法,关注的也不够深——访谈时间太短,没法深入。

我之所以加入第一家公司,是因为在研究生期间发现,我们从心理学角度学习人力资源管理的，欠缺商业管理背景，于是想去那种咨询公司取经。进去之后，发现老总、同事们要么对心理学嗤之以鼻，要么以为心理学特别神秘，尽管我取到了一些商业管理的经，但是很难把学到的心理学知识糅合进咨询项目中。他们以为心理学提供的工具只是测验，殊不知有心理学背景的咨询师本身就是很好的工具。极大可能是我才疏学浅，没有让他们见识到心理学家在咨询中的宝贵价值。于是，我加入了第二家公司，想磨炼自己这方面的技能。很不幸，在残酷的市场竞争中，这家公司没有时间给我磨炼——它醉心于制造速成品。在长时间的闭门造车中，我不时祈祷，神啊，给我指点指点吧。

曼弗雷德也许就是被上帝派来为我指点迷津的人。（开个玩笑！）他出生于"企业世家"，有经济学、管理学、心理学背景，是管理学教授、精神分析师、领导力教练，因此有充分的能力和很好的机会研究"经济学、管理学和精神分析的交叉领域"，深入分析工作中的人，"把人带回组织"。他从临床视角研究领导力长达40年，逐渐成为该领域的领军人物。他不仅研究领导者，而且研究领导者与追随者的互动。他在本书中对领导力起源、领导力与人格以及领导力与生涯发展等问题的探讨，相信会为我在前面提到的国资委、"X霸天"式人物、焦虑中的董事长、迷茫中的科长，以及有志于了解领导者行为的人，带来很大的启示。

如果在我做那些项目的时候，我就看到了这本书，我一定会毫不犹豫地介绍给那些困惑中的人。

丁丹

2011.3

参考文献

Ackerman, N.W(1958)*The Psychodynamics of Family Life.*New York : Basic Books.

Adler, A.(1956).*The Individual Psychology of Alfred Adler.* H.L.Ansbacher and R.R.Ansbacher(eds).New York : Harper Torchbooks.

American Psychiatric Association(1994).*Diagnostic and Statistical Manual of the Mental Disorders.DSM-IV.Washington,* D.C. : American Psychiatric Association.

American Psychiatric Association.(2000) *Diagnostic and statistical manual of the mental disorders*,*DSM-IV-TR.*(4th edn)Washington,D.C.: American Psychiatric Association.

Auletta, K.(1994)"The Human Factor." *New Yorker,*September, pp.54—69.

Baker, P.and Glasser, S.(2007)*Kremlin Rising : Vladimir Putin's Russia and the End of Revolution.Dulles* : Potomac Books.

Balint, A.and Balint, M.(1939)"On Transference and Countertransference." *International Journal of Psychoanalysis.*20, pp.223—230.

Bass, Bernard M.(1960) Leadership, *Psychology,and Organizational Behavior*,New York : Harper.

Bass, B.M.(1981)*Stogdill's Handbook of Leadership*.New York : The Free Press.

Bass, B.M.(1985) *Leadership and Performance Beyond Expectations*.New York : Free Press.

Bass, B.M.and Avolo, B.J.(1994) *Improving Organizational Effectiveness through Transformational Leadership*.Thousand Oaks, C.A. : Sage Publications.

Baumeister, R.F.(1989) *Masochism and the Self.Hillsdale*, N.J. : Lawrence Erlbaum.

Belbin, R.M.(1996) *Team Roles at Work*.Oxford : Butterworth Heinemann.

Belbin, R.M.(2003) *Management Teams : Why they Succeed or Fail*.Oxford : Butterworth Heinemann.

Bion, W.R.(1959) *Experiences in Groups*.London : Tavistock.

Bion, W.R.(1970) *Attention and Interpretation*.London, Tavistock.

Blake, R.R.and Mouton, J.S.(1985) *The Managerial Grid III : The Key to Leadership Excellence*.Houston : Gulf Publishing Company.

Bollas, C.(1987) *Shadow of the Object : Psychoanalysis of the Unthought Known*. London, Free Associations Books.

Borgatta, E.F., Couch, A.S., and Bales, R.F.(1954)"Some Findings relevant to the Great Man Theory of Leadership" .*American Sociological Review*,19(6), pp.755—759.

Bowlby, J.(1969)*Attachment and Loss.Vol.*I : *Attachment*.New York : Basic Books.

Bowlby, J.(1973) *Attachment and Loss.Vol.II : Separation :
Anxiety and Anger*.New York : Basic Books.

Breuer, J.and Freud, S.(1895) *Studies on Hysteria.The Standard
Edition of the Complete Psychological Works of Sigmund Freud*.
J.Strachey.London : Hogarth Press and the Institute of Psvchoanalvsis.2,
pp.3—311.

Burns, J.M.(1978) *Leadership*, New York : Harper and Row.

Camus, A.(1991) *The Myth of Sisyphus*.New York : Vintage.

Carver, C.S.and Scheier, M.F.(2001) *Perspectives on Personality*.
New York : Allvn & Bacon.

Casement, P.(1985) *On Learning from the Patient*.London,
Tavistock.

Cath, S.H., Gurwitt, A.R., and Ross, J.M.(eds)(1982) *Father
and Child*. Boston : Little, Brown.

Christie, A.(1977) *An Autobiography*.New York : Collins.

Dean Parsons, R., and Wicks, R.J.(eds)(1975) *Passive-
Aggressiveness : Theory and Practice*.New York : Brunner/Mazel.

De Gaulle, Charles.(1975) *The Eage of the Sword*, Westport,
Conn : Greenwood Press.

Deutsch, H.(1965) *Neuroses and Character Types*.New York.
International Universities Press.

Dicks, H.V.(1967) *Marital Tensions : Clinical Studies Toward a
Psychological Theory of Interaction*.New York : Basic Books.

Dotlich, D., Noel, J., and Walker, N.(2004) *Leadership
Passages : The Personal and Professional Transitions that Make or
Break a Leader*.San Francisco : Jossey–Bass.

Dumas, A.(2004) *The Count of Monte Cristo*.New York : Barnes & Nobles Classics.

Epstein, L.and Feiner, A.H.(eds)(1979) *Countertransference*.New York, Jason Aronson.

Erikson, E.H.(1963) *Childhood and Society*.New York:W.W.Norton and Co.

Erikson, E.H.(1978) *Life History and the Historical Moment*.New York : W.w. Norton & Co.

Fairbairn, W.R.D.(1952)*An Object-relations Theory of Personality*, New York : Basic Books.

Ferenczi, S.(1988) *The Clinical Diary of Sandor Ferenczi*. Cambridge MA, Harvard University Press.

Fiedler, F.E.(1967) *A Theory of Leadership Effectiveness*.New York : MCGraw-Hill.

Freud, S.(1899)"Interpretation of dreams" (*The Standard Edition of the Complete Psychological Works of Sigmund Freud*).vol.4.London : The Hogarth Press and the Institute of Psychoanalysis.

Freud, S.(1915) *Observations on Transference Love*.London, The Hogarth Press and the Institute of Psychoanalysis.

Freud, S.(1917) *A Childhood Recollection from Dichtung and Wahrheit. The standdrd edition of the complete psychological works of Sigmund Freud* (Vol.XVII). London : The Hogarth Press and the Institute of Psychoanalysis.

Freud, S.(1921) *Group Psychology and the Analysis of the Ego. The standard edition of complete psychological works of Sigmund Freud* (Vol.XV Ⅷ).London : The Hogarth Press and the Institute of

Psychoanalysis.

Freud, S.(1953)"Some character–types met in psychoanalytic work." *The Standard Edition of the Complete Psychological Works of Sigmund Freud*.Vol.14. London : The Hogarth Press and the Institute of Psychoanalysis.

Gabbard, G.O.(ed.)(1999)*Countertransference Issues in Psychiatric Treatment*. Washington D.C. : American Psychiatric Press.

Geertz, C.(1973) *The Interpretation of Cultures*.New York : Basic Books.

Geertz, C.(1983) *Local Knowledge*.New York : Basic Books.

Glick, R.A.and Meyers, D.I.(1988) *Masochism : Current Psychoanalytic Perspectives*.Hillsdale, NJ. : Analytic Press.

Goethe, J.W(1994) *Faust*.New York : Oxford University Press.

Goldstein, W.N.and Goldberg, S.T.(2004).*Using the Transference in Therapy*. New York, Jason Aronson.

Goleman, D.(1995) *Emotional Intelligence*.London : Bloomsbury.

Gouldner, A.(1964) *Patterns of Industrial Democracy*.New York : The Free Press.

Graft,H.F.(1988)"When the term's up, it's better to go gracefully." *International Heraid Tribune*, 26 January, p.5.

Greenberg, J.R.and Mitchell, S.A.(1983) *Object Relations in Psychoanalytic Theory*.Cambridge, M.A. : Harvard University Press.

Greenson, R.R.(1967) *The Technique and Practice of Psychoanalysis*.New York : International University Press.

Grossman, W(1986)"Notes on Masochism : A Discussion of the History and Development of a *Psychoanalytic Concept*." Psychoanalytic

Quarterly,55, pp.379—413.

Grover, R.(1994)"Jeffrey Katzenberg : No More Mr.Tough Guy?" *Business Week*, January 31, p.46.

Guntrip, H.(1969) *Schizoid Phenomena, Object Relations and the Self.*New York : International Universities Press.

Hedges, L.(1987) *Interpreting the Countertransference.*Northvale N.J., Jason Aronson.

Heimann, P.(1950)"On Countertransference." *International Journaf of Psychoanalysis*, 31, pp.81—84.

Hinshelwood, R.D.(1999)"Countertransference." *International Journal of Psychoanalysis*, 80, pp.797—818.

Hoffman, Stanley(1967)"Heroic Leadership : The Case of Modern France." In : Lewis J.Edinger(ed.), *Political Leadership in Industrialized Societies*, New York : John Wilev and Sons Inc.

Hoffman, E.(1994)*The Drive for Self : Alfred Adler and the Founding of Individual Psychology.*Boston : Addison-Wesley.

Horowitz, M.J.(ed.)(1991) *Person Schemas and Maladaptive Interpersonal Patterns.* Chicago : University of Chicago Press.

House, Robert J.(1977)"A 1976 Theory of Charismatic *Leadership, in Leadership:The Cutting Edge*, James G.Hunt and Lars L.Larson(eds). Carbondale, Ill : Southern Illinois University Press.

House, R · J.and Baetz, M.L.(1979)"Leadership : Some empirical generalisations and new *research directions."Research in Organizational Behavior*, I, pp.341—423.

House, R.J.and Shamir, B.(1993)"Toward the Integration of Charismatic, Transformational, Inspirational, and Visionary Theories of

Leadership." In : M.Chemmers and R.Ayman(eds), *Leadership Theory and Research Perspectives and Directions*(pp.81—107).New York : Academic Press Inc.

Huy, J.(1995)"Eisner Explains Everything." *Fortune*, April 17, pp.33—48.

Huxley,A.(1954) *The Doors of Perception*.New York : Harper & Brothers.

Isenberg, Daniel J.(1984)"How Senior Managers Think." *Harvard Business Review*,November–December.

IJzendoorn, V(1995)"Adult Attachment Representations, Parental Responsiveness and Infant Attachment : A Meta–analysis on the Predictive validity of the Adult Attachment Interview." *Psychological Bulletin*, 117, pp.387—483.

Jack, A.(2005) *Inside Putin's Russia : Can There Be Reform Without Democracy* ? New York : Oxford University Press.

Jacobi,J.(19.71)*COMPLEX/Archetype/Symbol in the Psychology of C.G.Jung*.Princeton : Princeton University Press.

Jacobson, E.(1964) *The Self and the Object World*.New York : International Universities Press.

Jaques, E.(1965)"Death and the Mid–Life Crisis." *International Journal of psychoanalysis*.XLVI, pp.502—514.

James, W.(1902) *The Varieties of Religious Experience, a Study of Human Nature—A Psychology Classic on Religious Impulse* (2008). New York : ExPosure Publishers.

Jardim, Anne.(1970) *The First Henry Ford : A Stuny in Personality and Busiess Leadership*.*Cambridge*, Mass : MIT Press.

Jennings, Eugene E.(1960) *An Anatomy of Leadership : Princes, Heroes, and Supermen.*New York : Harper.

John, O.P, Robins, R.W, and Pervin, L.A.(2008) *Handbook of Personality : Theory and Research*(3rd edition).New York : The Guilford Press.

Jung, C.G.(1923) *Psychological Trpes.*New York : Harcourt, Brace. Jovanovich.

Jung, C.G.(1971a)"Psychological Types", (*Collected Works of C.G.Jung*). Volume 6.Princeton : Princeton Universitv Press.

Jung, C.G.(1971b)"Description of the Archetypes and the Coilective Uncon scious" (*The Collected Works of C.G.Jung*), Vol.9.Princeton : Princeton University Press.

Jung, C.G.(1983) *Aspects of the Feminine.*G.Adler and R.F.C.Hull (Translators).Princeton : Princeton University Press.

Kearns, D.(1976) *Lyndon Johnson and the American, Dream.* New York : HarperCollins.

Kernberg, O.(1975) *Borderline Conditions and Pathological Narcissism.*New York : Jason Aronson.

Kernberg, O.(1976) *Object Relations Theory and Clinical Psychoanalysis.*New York : Jason Aronson.

Kernberg, O.(1979)"Regression in organizational leadership." *Psychiatry*, 42, pp.29—39.

Kernberg, O.(1985) *Internal world and External Reality.*New York : Jason Aronson.

Kernberg, O.(1988)"Clinical Dimensions of Masochism" *Journal of the American Psychoanalytic Association*, 36, pp.1005—1029.

Kets de Vries, Manfred F.R.(1978)"Folie à Deux : Acting Out Your Subordinates" Fantasies. *Human Relations*, 31(10), pp.905—924.

Kets de vries, M.F.R.(1979)."Managers can Drive their Subordinates Mad." *Harvard Business Review*, pp.125—134.

Kets de Vries, M.F.R.(1987)"Interpreting organizational Texts." *Journal of Management Studies*, 24(3), pp.233—247.

Kets de vries, M.F.R.(1989) *Prisoners of Leadership*.New York : Wiley.

Kets de vries, M.F.R.(1991) *Organizations on the Couch*.San Francisco : Jossey-Bass.

Kets de vries, M.F.R.(1993) *Leaders, Fools, and Impostors*.San Francisco : Jossey-Bass.

Kets de vries, M.F.R.(1995) *Life and Death in the Executive Fast Lane : Essays on Irrational Organizations and Leadership*.San Francisco : Jossey-Bass.

Kets de vries, M.F.R.(1996) *Family Business: Human Dilemmas in the Family Firm*.London : International Thompson Business Press.

Kets de vries, M.F.R.(2001) *The Leadership Mystique*.London : Financial Times/Prentice Hall.

Kets de vries, M.F.R.(2006) *The Leader on the Couch*.Chichester : Jossey Bass.

Kets de Vries, M.F.R.(2007)."The Leadership Assessment Questionnaire." INSEAD Working Paper.Fontainebleau.

Kets de Vries, M.F.R.(2009) *Sex, Money,Happiness, and Death : The Quest for Authenticity*.Basingstoke : Palgrave.

Kets de Vries, M.F.R., Carlock, R., and Florent, E.(2007) *Family Business on the Couch* : *A Psychological Perspective.* Chichester : John Wiley and Sons Ltd.

Kets de Vries, M.F.R.and Miller, D.(1984) *The Neurotic Organization* : *Diagnosing and Changing Counterproductive Styles of Management.*San Francisco : Jossey Bass.

Kets de Vries, M.F.R.and Miller, D.(1985)"Narcissism and Leadership : An Object Relations Perspective." *Human Relations,*38(6), pp.583—601.

Kets de Vries, M.F.R., and Miller, D.(1987) *Unstable at the Top.* New York : New American Library.

Kets de Vries, M.F.R.and Perzow, S.(1991) *Handbook of Character Studies.* Madison.Conn. : International Universities Press.

Kets de Vries, M.F.R., Sheksnia, S., Korotov,K., and Florent—Treacy, E.(2004) *The New Russian Business Leaders.*Cheltenham : Edwar Elgar.

Klein, M.(1946) *Notes on some Schizoid Mechanisms.*The Writings of Melanie Klein.(Vol.3).H.Segal.London, The Hogarth Press.

Klein, M.(1948) *Contributions to Psychoanalysis,* 1921—1945. London : The Hogarth Press.

Kobasa, Suzanne R.(1979)"Stress Life Events, Personality and Health : An Inquiry into Hardiness" *Journal of Personality and Social Psychology,*37(1), pp.1—11 Kohut, H.(1971) *The Analysis of the Self.* New York : International Universities Press.

Kohut, H.(1977) *The Restoration of the Self.*New York : International Universities Press.

Kohut.H.(1978)"Creativeness, charisma, group psychology." In Paul H.Ornstein(ed)*The Search for the Self*(Vol.2).New York : International Universities Press.

Kohut, H.and Wolf,E.S.(1978)"The disorders of the self and their treatment : An outline." *The International Journal of Psychoanalysis*.59, pp.413—426.

Kotter, John P.(1982) *The General Managers*, New York : The Free Press.

Lachkar, J.(1992) *The Narcissistic/Borderline Couple*.New York : Brunner/Mazel.

Langs, R.and Searles H.F.(1980).*Intrapsychic and Interpersonal Dimensions of Treatment : A Clinicaf Dialogue*.New York, lason Aronson.

Levinson, Harry(1980)"Criteria for choosing Chief Executives." Harvard Business Review,July—August, pp.113—120.

Likert, R.(1961) *New Patterns of Management*.New York : McGraw—Hill.

Lipowski, z.J.(1975)"Sensory and Information Inputs Overload : Behavioral EffeCtS." *Comprehensive Psychiatry*, 16(3), pp.199—221.

Luborsky, L.P.(1990) *Understanding Transference*.New York : Basic Books.

Luborsky,L.P,Crits—Christoph,P.,Minz,J.,and Auerbach,A.(1988) *Who Will Benefit from Psychotherapy?*New York : Basic Books.

Luborsky,L.and Crits—Cristoph P.(1998).*Understanding Transference : The Core Conflictual Relationship Theme Method*. Washington : American Psychological Organization.

Luthans, Fred, Rosenkrantz, Stuart A., and Hennessey, Harry W.(1985)"What Do Successful Managers Really Do? An Observation Study of Managerial Activities." *The Journal of Applied Behavioral Science*, 21(3), pp.255—270.

MacArthur, Douglas(1964), *Reminiscences*, New York : Da Capo Press.

MacGregor Burns, James(1978), *Leadership*, New York : Harper Colophon.

Mahler, M.S., Pine, F., and Bergman, A.(1975) *The Psychological Birth of the Human Infant*.New York : Basic Books.

Manchester, William(1978), *American Caesar*.Boston : Little. Brown and Company.

Maroda, K.J.(2004).*The Power of Countertransference*.Hillsdale, N.J. : The Analytic Press.

Marshall, R.J.and Marshall S.V(1988).*The Transference— Countertransference Matrix*.New York : Columbia University Press.

Masterson, J.F.(1981) *The Narcissistic and Borderline Disorders*. New York : Brunner/Mazel.

Mccall Jr., Morgan W.(1976), "Leadership Research : Choosing Gods and Devils on the Run." *Journal of Occupational Psychology*, 49, pp.139—153.

McCall Jr., Morgan w.and Lombardo, Michael M.(1983), "What Makes a Top Executive." *Psychology Today*, February,pp.26—31.

McClelland, David C.(1961), *The Achieving Society*.Princeton : Van Nostrand.

McDougall, J.(1985) *Theaters of the Mind*.New York : Basic

Books.

McGregor, D.(1960) *The Human Side of Enterprise*.New York : McGraw-Hill.

McKinley Runyan, W.(1982) *Life Histories and Psychobiography*. New York : Oxford University Press.

McWilliams, N.(1994) *Psychoanalytic Diagnosis*.New York : The Guilford Press.

Meissner, W.W.(1978) *The Paranoid Process*.New York : Jason Aronson.

Meltzer, D.(1967) *The Psychoanalytic Process*.London : Heinemann.

Miller, A.(1975) *Prisoners of Childhood : The Drama of the Gifted Child and the Search for the true Self*.New York : Basic Books.

Miller, A.(1981) *Prisoners of Childhood*.New York : Basic Books.

Miller.D.and Friesen, P H.(1980)"Momentum and revolution in organizational adaptation." *Academy of Management Journal*, 24, pp.591—614.

Miller, D.and Freisen, P.H.(1984) *Organizations : A quantum view.Englewood Cliffs*, N.J. : Prentice-Hall.

Millon, T.(1981) *Disorders of Personality*.New York : John Wiley and Sons Inc.

Millon, T.(1996)*Disorders of Personality : DSM IV and Beyond*. New York, John Wiley and Sons Inc.

Mintzberg, H.(1973) *The Nature of Managerial Work*.New York : Harper & Row.

Minuchin, S.(1974)*Families and Family Therapy*.Cambridge :

Harvard University Press.

Monnet, Jean(1976) *Mémoires*.Paris : Fayard.

Mumford, E.(1909)*The Origins of Leadership*.Chicago : University of Chicago Press.

Murphev, A.J.(1941)"A Study of the Leadership Process." *American Sociological Review*,6, pp.674—687.

Neustadt.Richard (1960) *Presidential Power*.New York : John Wiley and Sons Inc.

Ogden, T.H.(1982) *Projective Identification and Psychotherapeutic Technique*.New York : Jason Aronson.

Pervin, L.and Oliver, J.E.(eds)(2001) *Handbook of Personality* : *Theory and Research*.New York : The Guilford Press.

Petrie, A.(1967) *Individuality in Pain and Suffering*.Chicago : University of Chicago Press.

Pfeffer, Jeffrey(1977)"The Ambiguity of Leadership." *Academy of Management Review*, pp.104—111.

Pfeffer, J.and Salancik, Gerald R.(1978)*The External Control of Organizations* : *A Resource Dependency Perspective*.New York : Harper and Row.

Putin.v., Gevorkyan, N., Timakova, N., and Kolesnikov, A.(2000) First Person : *An Astonishingly Frank Self-Portrait by Russia's President Vladimir Putin*.Moscow : Publicaffairs.

Racker, H.(1968) *Transference and Countertransference*.New York : International Universities Press.

Reich, W.(1949) *Character Analysis*.New York : Farrar, Straus and Giroux.

Reik, T.(1983) *Listening with the Third Ear*.New York : Farrar. Straus and Giroux.

Rizzolatti, G.and Fogassi, L.et al.(2001)"Neurophysiological Mechanisms Underlying the Understanding and Imitation of Action." *Nature Reviews*. Neuroscience, 2(9), pp.661—670.

Rotter, Julian B.(1966)"Generalized Expectancies for Internal versus External Control of Reinforcement.*Psychological Monographs*, 80(1, Whole No. 609).

Ruszczynski, S.(ed.)(1993) *Psychotherapy with Couples*.London : Karnac Books.

Ruszczynzki, S.(1995)"Narcissistic Object Relating." In S.Ruszczynski and P.Fisher(eds), *Intrusiveness and Intimacy in the Couple*.London : Kamac Books.

Sager, C.J.(1991)"Couples Therapy and Marriage Contracts." In A.S.Gurman and D.P.Knisper(eds), *Handbook of Family Therapy*, Vol.1.New York : Brunner/Mazel.

Sakwa, R.(2004) *Putin : Russia's Choice*.New York : Routledge.

Salzman, L.(1980) *Treatment of the Obsessive Personality*.New York : Jason Aronson.

Schore, A.N.(1994) *Affect Regulation and the Origin of the Self : The Neurobiology of Emotional Development.Mahweh*, NJ. : Erlbaum.

Searles, R.(1979).*Countertransference and Related Subjects. Selected Papers*.New York : International Universities Press.

Shapiro, D.(1965) *Neurotic Styles*.New York : Basic Books.

Sharpe, S.A.(1981)"The Symbiotic Marriage : A Diagnostic Profile." *Bulletin of the Menninger Clinic*, 45(2), pp.89—114.

Sharpe, S.A.(1992)"The Oppositional Couple : A Developmental Object Relations Approach to Diagnosis and Treatment." In R.A.Nemiroff and C.A.Colarusso(eds), *New Dimensions in Adult Development*.New York : Basic Books.

Simon, Herbert A.(1967) *Administrative Behavior,(*3rd edn), New York : The Free Press.

Smith, S.(1977)"The Golden Fantasy : A Regressive Reaction to Separation Anxiety." *International Journal of Psychoanalysis*, 58(3), pp.311—324.

Stern, D.N.(2004) *The Present Moment in Psychotherapy and Everday Life*.New York : w.w.Norton.

Storr, A.(1979) *The Art of Psychotherapy*.New York : Methuen.

Stogdill, Ralph M.(1948)"Personal Factors Associated with Leadership : A Survey of the Literature" .The Journal of Psychology, 25(2), pp.35—11.

Strean, H.S.(1985)*Resolving Marital Conflict : A Psychodynamic Perspective*.New York : John Wiley and Sons Inc.

Suedfeld, Peter and Rank, A.Dennis(1976), "Revolutionary Leaders : Long term Success as a Function of Changes in Conceptual Complexity." *Journal of Personality and Social Psychology*,34(2), pp.169—178.

Sullivan, H.S.(1953) *The Interpersonal Theory of Psychiatry*.New York : Norton.

Symonds, M.(2003) Softwar : *An Intimate Portrait of Larry Ellison and Oracle*.New York.Simon & Schuster.

Tannenbaum, R.and Schmidt, W.(1958)"How to Choose a

Leadership Pattern." *Harvard Business Review*,36, pp.95—101.

Trevarthen, C.(1999/2000)"Musicality and the Intrinsic Motive Pulse : Evidence from Human Psychobiology and Infant Communication." *Musicae Scientiae* : Special Issue, Rhythm, Musical Narrative, and the Origin of Human Communication : pp.155—211.

Tucker, Robert C.(1981) *Politics as Leadership*.Columbia : University of Missouri Press.

Val é ry Giscard d' Estaing(1991)Le Pouvoir et la Vie, Vol.11 : *L'affrontement.Paris*: France Loisirs, quoted in *The Economist*, June 8, 1991, p.110.

Weber, M.(1947) *The Theory of Social and Economic Organizations*.New York : Oxford University Press.

Weber, Max(1964) *The Theory of Social and Economic Organizations*.New York : The Free Press.

Weick, Karl E.(1979) *The Social Psychology of Organising*(2nd edn).Reading, Mass : Addison—Wesley Publishing Co.

Whittaker, C.A.(1958)"Psychotherapy with Couples." *American Journal of Psychotherapy*,12(1), pp.18—23.

Wildavsky, Aaron(1980) *The New York Times Book Review*,April 27.

Willi, J.(1984) *Dynamics of Couples Therapy.Northvale*, N.J. : Jason Aronson.

Willner, Ann R.(1984) *The Spellbinders*, New Haven : Yale University Press.

Wilson, M.(2003) *The Difference Between God and Larry Ellison : God Doesn't Think He's Larry Ellison*.New York : Collins

Business.

Winnicott, D.W.(1975) *Through Paediatrics to Psycho-analysis.*
New York : Basic Books.

Wolfe, T.(1988) *The Bonfire of the Vanities.*London : Bantam.

Wolstein, B.(ed.)(1988) *Essential Papers on Countertranference.*
New York : New York University Press.

Zaleznik, Abraham(1977)"Managers and Leaders : Are They
Different?" *Harvard Business Review,*55, pp.67—78.

Zaleznik, A.(1990) *Executive's Guide to Motivating People.*
Chicago : Bonus Books.

Zaleznik, A.and Kets de Vries, M.F.R.(1975) *Power and the*
Corporate Mind. Boston : Houghton Mifflin.

Zaleznik, A.and Kets de Vries, M.F.R (1985) *Power and the*
Corporate Mind (rev.edn).Chicago : Bonus Books.